3分　7分　15分

レパートリー10倍！
野菜の人気おかず
478品

主婦の友社

目次

この本のルール … 8

PART 1 いつも大活躍！定番野菜20

■ キャベツ
- キャベツと厚揚げのホイコーロー風 … 10
- キャベツとミートボールのコンソメ煮 … 10
- 春キャベツと蒸し鶏の和風サラダ … 10
- キャベツとやりいかのピリ辛いため … 11
- キャベツと納豆のヘルシー春巻き … 11
- 春キャベツと冷しゃぶのトマトスープ煮 … 12
- キャベツとコーンの塩いため … 12
- キャベツとあさりのトマトスープ煮 … 12
- せん切りキャベツの豚肉巻き焼き … 13
- キャベツとしめじのサーモンサラダ … 13
- ツナとキャベツのチャンプルー風 … 13
- ゆでキャベツと桜えびのあえ物 … 14
- キャベツのさばみそあえ … 14
- ちぎりキャベツと焼ききのりのサラダ … 14
- 塩キャベツ … 15
- 春キャベツの豚ひき肉のそぼろかけ … 15
- いり大豆入りコールスローサラダ … 15
- キャベツとベーコンのスープ … 16
- キャベツととうふのコールスロー … 16
- 春キャベツのカレーコールスロー … 16
- キャベツチーズスープ … 17
- いためキャベツのごまみそ煮 … 17

■ にんじん
- にんじんと細切り牛肉のかき揚げ … 17
- にんじんとひき肉のコーンクリーム煮 … 18
- にんじんと豚こまのチヂミ … 18
- にんじんとりんごの鶏肉のハーブ蒸し焼き … 19
- にんじんとソーセージのソースいため … 19
- にんじんのホイル焼き ローズマリー風味 … 20
- にんじんとコーンのホイル焼き … 20
- にんじんと小松菜、しめじの煮物 … 20
- にんじんととうふの中華風あえ … 21
- にんじんとしらす干しのサラダ … 21
- にんじんのきんぴら … 21
- にんじんのチーズ白あえ風 … 22
- にんじんのみそ味しりしり風 … 22
- にんじんととうふのポタージュ … 22
- おろしにんじんのミルクスープ … 23
- せん切りにんじんのスープ … 23
- にんじんとブロッコリーのごまみそ汁 … 23
- にんじんと生ハムのバジルドレッシング … 24
- にんじんとセロリのレモンドレッシング … 24
- にんじんとしらたきの明太子いため … 24
- にんじんの煮びたし … 25

■ 大根
- 大根と豆苗、豚肉のエスニックいため … 25
- 大根と鶏もも肉のクリームなべ … 26
- 大根と手羽元の韓国風みそ煮 … 26
- 大根と豚肉の揚げだし風 … 26
- 大根とすね肉のスープ煮 … 27
- 大根と豚肉の高菜いため … 27
- 肉巻き大根のガリバタソテー … 28
- 大根とこんにゃくのオイスター煮 … 28
- 大根のペペロンチーノいため … 28
- せん切り大根の揚げだし風 … 29
- 切り込み大根とじゃこの塩もみ … 29
- 大根のザーサイあえ … 30
- 大根とハムのナムル … 30
- 大根とりんごのマリネ … 31
- 大根と冬野菜のミックスピクルス … 31
- スティック大根と赤玉ねぎのみそクリームチーズ … 31
- 大根と赤玉ねぎの甘酢漬け … 32
- 大根のピリ辛中華漬け … 32
- 大根の即席漬け … 32
- 大根の葉とツナのソフトマヨふりかけ … 33
- 大根の葉の梅おかかあえ／大根の葉とじゃこの卵いため／★大根葉を活用してレパートリーをふやす … 33

■ 玉ねぎ
- 新玉ねぎのステーキ 牛肉ソースかけ … 34
- 玉ねぎと牛肉のとんカツソースいため … 34
- 玉ねぎのチヂミ風 … 35
- 新玉ねぎとグレープフルーツ、サーモンのサラダ … 35
- まるごと玉ねぎグリル … 35
- 玉ねぎまるごとスープ煮 … 36
- 玉ねぎのえびあんかけ … 36
- 新玉ねぎの和風スープ … 36
- 新玉キムチ … 37
- 新玉ねぎのサラダ めんつゆドレッシング … 37
- 新玉ねぎとあさりのみそ汁 … 37

■ トマト
- トマトと豚肉のバジルいため … 38
- かつおのたたき 酢トマトソースがけ … 38
- トマトの肉巻き照り焼き … 39
- まるごとトマトと卵の冷やし鉢 … 39
- トマトとゆで卵、ピクルスのサラダ … 40
- ミニトマトとあさりの白ワイン蒸し … 40
- トマトとチーズのカルパッチョ … 40
- トマトのグリル … 41

■ じゃがいも

- トマトチーズしらす焼き … 41
- トマトととうふのカプレーゼ … 41
- トマトと玉ねぎのシンプルサラダ … 42
- トマトとわかめの酢じょうゆあえ … 42
- ミニトマトのマスタードビネガーあえ … 42
- トマトのバジルマリネ … 43
- 塩こぶトマト … 43
- ミニトマトのピクルス … 43
- トマトとカリフラワーのかき玉スープ … 44
- トマトと卵の中華風スープ … 44
- トマトとザーサイのはるさめスープ … 44
- フレッシュトマトのミネストローネ … 45
- トマトみそ汁 … 45
- トマトとわけぎの冷たいお吸い物 … 45

■ じゃがいも

- 塩バター肉じゃが … 46
- ポテトの油揚げコロッケ風 … 46
- じゃがいもとえびの粉チーズいため … 47
- 新じゃがと手羽先の韓国風煮物 … 47
- いかじゃが … 47
- 新じゃがとそら豆のエッグサラダ … 48
- じゃがいもとブロッコリーのクリーム煮 … 48
- じゃがいもと鶏ささ身の塩バター煮 … 49
- 新じゃがいもとグリーンピースのしょうが煮 … 49
- じゃがいものカレー煮ころがし … 49
- じゃがいもとソーセージのケチャップいため … 50
- 細切りじゃがいものマヨグラタン … 50
- じゃがいもと鶏ささ身のエスニックサラダ … 51
- アボカドポテトサラダ … 51
- 中華風ポテトサラダ … 51
- ベーコン入りポテトサラダ … 52
- じゃがいものラペ … 52
- シャキシャキ和風タラモサラダ … 52
- じゃがいものザーサイあえ … 52
- じゃがいもとしいたけのミルクスープ … 53
- すりおろしじゃがいもの豆乳スープ … 53
- じゃがいもとにらのスープ … 53

■ 白菜

- 白菜とえびの中華風ミルク煮 … 54
- 白菜と豚バラ肉のはさみ焼き … 54
- 白菜と鶏肉、とうふの白湯なべ … 55
- 白菜と鶏ひき肉の中華あえ … 56
- 白菜と焼きささ身のしょうが中華あえ … 56
- 白菜とツナの梅ドレッシングサラダ … 56
- 白菜とひじきのマスタード蒸し煮 … 57
- 白菜のシーザーサラダ … 57
- 白菜とじゃこの和風サラダ … 57
- 白菜の簡単水キムチ … 58
- ラーパーツァイ … 58
- 浅漬けガリ白菜 … 58
- 白菜と豚バラ肉のとろとろスープ … 59
- 白菜と桜えびの豆乳スープ … 59
- 白菜たっぷりはるさめスープ … 59

■ ほうれんそう

- ほうれんそうと豚バラ肉のチヂミ … 60
- ほうれんそうといわし缶のピリ辛トマト煮 … 60
- 蒸し焼きほうれんそうの
- タルタルソースかけ … 61
- ほうれんそうとベーコンのサラダ … 61
- ほうれんそうと白菜のカリカリじゃこサラダ … 61
- ほうれんそうととくるみのソテー … 62
- ほうれんそうとまいたけの中華いため … 62
- ほうれんそうとコーンのごまあえ … 62
- ほうれんそうと韓国のりたらこ酢あえ … 63
- ほうれんそうとしらたきの温玉あえ … 63
- ほうれんそうのくるみあえ … 63
- ほうれんそうときのこの粒マスタードあえ … 64
- ほうれんそうのごま酢あえ … 64
- ほうれんそうのごまみそだれかけ … 64
- ほうれんそうのなめたけあえ … 64
- ほうれんそうのかき玉スープ … 65
- ほうれんそうとじゃがいものミルクスープ … 65

■ きのこ

- きのことかじきのトマトマリネ … 65
- きのこ入り豚肉の一口つくね焼き … 66
- マッシュルームと豚肉のクリーム煮 … 66
- えのきの肉巻き照り焼き … 67
- きのことマカロニのパセリマヨサラダ … 67
- しめじきのこのバルサミコソテー … 68
- しめじとはるさめのオイスターソース煮 … 68
- えのきレモンバター … 69
- きのこ3種のオイル蒸し … 69
- マッシュルームのガーリックソテー … 69
- しいたけの粉チーズ焼き … 70
- しめじと糸こんにゃくのごまいため … 70
- エリンギとにんじんのおかかきんぴら … 71
- えのきとめかぶの簡単酢の物 … 71
- えのきのレモンマリネ … 71
- えのきもずく … 72
- きのこの梅おかかあえ … 72
- えのきのカレーミルクスープ … 72
- えのきときくらげの中華スープ … 73
- えのきとオクラのみそ汁 … 73
- きのことのろ〜りかき玉汁 … 73
- 焼きまいたけのお吸い物 … 73

■ きゅうり

- いためきゅうりとあじのおかずサラダ … 74
- きゅうりと豚しゃぶのエスニックサラダ … 74
- きゅうりの肉巻き焼き … 75

- きゅうりとツナのゆで卵サラダ ... 75
- きゅうりごまだれ中華やっこ ... 75
- たたききゅうりとトマトのサラダ ... 76
- きゅうりとセロリのヨーグルトサラダ ... 76
- きゅうりとしいたけのマヨ白あえ ... 76
- きゅうりの和風ピクルス ... 77
- きゅうりのピリ辛漬け ... 77
- きゅうりのヨーグルトスープ ... 77

■ **ブロッコリー**
- ブロッコリーとハムの卵グラタン ... 78
- ブロッコリーとはるさめの中華いため ... 78
- ブロッコリーミートボール ... 78
- ブロッコリーとアスパラの豆乳みそかけ ... 79
- ブロッコリーと豆のホットサラダ ... 79
- 焼きブロッコリーとれんこんの
  ガーリックマリネ ... 80
- ブロッコリーのオイル蒸し ... 80
- ブロッコリーのごまチーズあえ ... 80
- ブロッコリーとポテトのミルクスープ ... 81
- ブロッコリーのチーズみそ汁 ... 81

■ **かぼちゃ**
- かぼちゃとコンビーフのチーズ焼き ... 82
- かぼちゃと牛肉の甘辛煮 ... 82
- かぼちゃの鶏そぼろ煮 ... 83
- かぼちゃと鶏肉のココナッツカレー ... 83
- かぼちゃのフライパン焼き シナモン風味 ... 84
- かぼちゃとオクラのカレー南蛮 ... 84
- かぼちゃのいとこ煮 ... 84
- かぼちゃのソテー ... 85
- かぼちゃのごまあえ ... 85
- かぼちゃの白みそスープ ... 85

■ **もやし**
- もやし肉だんごのケチャップ煮 ... 86
- もやしと豚肉のカレーいため ... 86
- ジャージャーもやし ... 87
- もやしと豚バラ肉のレモン包み焼き ... 87
- もやしと牛肉のマヨカレーしょうゆいため ... 88
- もやし入り鶏つくね焼き ... 88
- もやしとあさりのにらキムチいため ... 89
- もやしと厚揚げのガドガド風サラダ ... 89
- もやしときのこのホイル蒸し焼き ... 89
- もやしとひじき、ちくわのザーサイナムル ... 90
- もやしとチンゲンサイのマヨあえ ... 90
- もやしのめかぶあえ ... 90
- もやしと豆苗の桜えびいため ... 91
- 大豆もやしのナムル ... 91
- もやしとわかめのスープ ... 91

■ **ねぎ**
- 豚肉のねぎ塩のっけ ... 92
- ねぎと鶏肉のねぎま風オーブン焼き ... 92
- ねぎとじゃこの卵いため ... 93
- ねぎの生ハム巻き ... 93
- ねぎといわしのマリネサラダ ... 93
- 焼きねぎと長いものブルーチーズソース ... 94
- ねぎのマリネ ... 94
- ねぎとブロッコリーのスープ煮 ... 94
- ねぎ塩のせとうふ ... 95
- ねぎとかにかまの簡単スープ ... 95
- ねぎ塩ごまの中華風スープ ... 95

■ **ピーマン**
- ピーマンの肉詰め煮込み ... 96
- チンジャオロースー ... 96
- まるまるピーマンと豚バラ肉のいため煮 ... 97
- ピーマンとなす、豚肉の甘辛みそいため ... 97
- ピーマンとたこのキムチあえ ... 98
- ピーマンとしめじのバターみそいため ... 98

■ **ごぼう**
- ごぼうと鶏手羽元の梅煮 ... 98
- ゆでピーマンのマヨネーズあえ ... 99
- 焼きピーマンのキムチみそあえ ... 99
- しらすピーマン ... 99
- 焼きピーマンとちくわのからしあえ ... 99
- ごぼうと鶏手羽元の梅煮 ... 100
- ごぼうと牛こまの黒こしょういため ... 100
- ごぼうとひじきのファイバーサラダ ... 101
- 新ごぼうのさんしょう漬け ... 101
- 新ごぼうの竜田揚げ ... 102
- ごぼうの酢じょうゆ煮 ... 102
- たっぷりごぼうと揚げさばの南蛮漬け風 ... 102
- ごぼうのバルサミコきんぴらと
  ルッコラのサラダ ... 103
- ささがきごぼうと油揚げのみそ汁 ... 103
- いためごぼうと油揚げのみそ汁 ... 103

■ **なす**
- マーボーなす ... 104
- なすと豚しゃぶ、香菜のエスニックサラダ ... 104
- なすのひき肉はさみ揚げ ... 105
- なすと豚肉のしょうが焼き ... 105
- なすとパプリカのいためマリネ ... 106
- なすと鶏肉の煮びたし しょうが風味 ... 106
- なすのフライパン焼き 中華だれがけ ... 106
- 蒸しなすとボイルえび 中華風 ... 107
- 蒸しなすのエスニック ... 107
- 蒸しなすのごまみそマヨあえ ... 107
- なすのみそチーズ焼き ... 108
- なすの焼きびたし風 ... 108
- なすと豚バラ肉の甘辛みそいため ... 108
- なすのフライパン焼き おかかのせ ... 108
- なすのピリ辛浅漬け ... 109
- 焼きなすのみそ汁 ... 109
- いためなすと油揚げのみそ汁 ... 109

■ 小松菜

- 小松菜と厚揚げのみそクリーム焼き ... 110
- 小松菜と豚バラ肉のキムチ煮 ... 110
- 小松菜と牛ひき肉のチャプチェ ... 111
- 小松菜とちくわのオイスターソースいため ... 111
- 小松菜ときくらげの卵いため ... 111
- 小松菜とアボカドのオリーブじょうゆあえ ... 112
- 小松菜とハムの煮びたし ... 112
- 小松菜ともみのりのからしあえ ... 113
- 小松菜の黒ごまみそ汁 ... 113
- 小松菜とベーコンのスープ ... 113

■ かぶ

- かぶとソーセージのオーブン焼き ... 114
- かぶと鶏手羽のゆずこしょう煮 ... 114
- かぶと鶏だんごの和風カレー煮 ... 115
- かぶと豚こまの塩いため ... 115
- かぶと油揚げのあんかけ煮 ... 116
- かぶのミルクチーズ煮 ... 116
- かぶとオイルサーディンのソテー ... 116
- かぶのサラダ ゆずドレッシング ... 117
- かぶと桜えびの中華風すり流しスープ ... 117
- かぶの中華風スープ ... 117

■ チンゲンサイ

- チンゲンサイといかの中華サラダ ... 118
- チンゲンサイととうふの明太子煮 ... 118
- チンゲンサイ入り塩マーボー ... 119
- チンゲンサイとボイルほたての中華風煮物 ... 119
- チンゲンサイときくらげ、ゆでえびのごまあえ ... 120
- チンゲンサイとちくわの塩いため ... 120
- チンゲンサイとれんこんの黒こしょういため ... 120
- チンゲンサイのにんにくいため ... 121
- チンゲンサイとじゃこのおひたし ... 121

野菜の缶詰&乾燥野菜 ... 122

PART 2
マンネリ解消！人気野菜24

■ アボカド

- アボカドと鶏ささ身のにんにくいため ... 124
- アボカドとえびのアヒージョ ... 125
- アボカドとミニトマトのパン粉焼き ... 125
- アボカドのチーズ焼き ... 125
- 冷製アボカド豆乳スープ ... 125

■ 香菜

- 香菜と牛しゃぶのおかずサラダ ... 126
- 香菜とベーコンの卵いため ... 126
- 香菜と新ごぼうのサラダ ... 127
- 香菜とツナのクリームチーズあえ ... 127
- 香菜と豚ひき肉の塩スープ ... 127

■ グリーンアスパラガス

- アスパラガスと鮭のクリーム煮 ... 128
- アスパラガスとえびのペペロンチーノ ... 128
- アスパラガスのベーコンドレッシングサラダ ... 129
- アスパラガスのガーリックソテー ... 129
- アスパラガスの白あえ ... 129

■ ズッキーニ

- ズッキーニといかのエスニックいため ... 130
- ズッキーニと鶏手羽のスープ煮 ... 130
- ズッキーニと入り卵のチーズ焼き ... 131
- ズッキーニとトマトのチーズ焼き ... 131
- ズッキーニのにんにく風味焼き ... 131
- ズッキーニのピリ辛漬け ... 131

■ パプリカ

- パプリカのカポナータ風 ... 132
- パプリカとレモンのせかじきのソテー ... 132
- パプリカのたらこチーズあえ ... 133
- パプリカの生ハム巻き ... 133
- パプリカの甘酢いため ... 133

■ 豆苗

- 豆苗ときくらげ、いり卵のサラダ ... 134
- 豆苗とじゃがいものにんにくいため ... 134
- 豆苗とさつま揚げのエスニックいため ... 135
- 豆苗とクリームチーズの磯辺あえ ... 135
- 豆苗とミニトマトのスープ ... 135

■ 水菜

- 水菜の肉巻きフライ ... 136
- 水菜と鶏ささ身のナムル風 ... 136
- 水菜とちくわのからしあえ ... 137
- 水菜ともやしの中華サラダ ... 137
- 水菜といかそうめんの梅あえ ... 137

■ にら

- にらとうなぎの卵いため ... 138
- にらと桜えびのチヂミ ... 138
- にらと豚肉の塩いため ... 139
- にらと玉ねぎの卵とじ ... 139
- にらみそ温やっこ ... 139

■ スナップえんどう

- スナップえんどうとあさりのサラダ ... 140
- スナップえんどうとキャベツの卵とじ ... 140
- スナップえんどうとたいのあえ物 ... 141
- スナップえんどうのタルタルソースかけ ... 141
- スナップえんどうとショートパスタのスープ ... 141

■ セロリ
- セロリと牛こまのペペロンチーノ風 …… 142
- たっぷりセロリとたいのカルパッチョ …… 142
- セロリのクリームチーズあえ …… 143
- セロリと桜えびのサラダ …… 143
- セロリとベーコンのスープ …… 143

■ オクラ
- オクラと鶏胸肉のカレー煮 …… 144
- オクラとトマトのもずくサラダ …… 144
- オクラのなめたけあえ …… 145
- オクラの焼きびたし …… 145
- オクラザーサイやっこ …… 145

■ さやいんげん
- いんげんと鶏胸肉のくず引き冷やし鉢 …… 146
- いんげんとエリンギのチーズしょうゆ煮 …… 146
- いんげんのくたくた煮 …… 147
- 揚げいんげんのザーサイあえ …… 147
- いんげんのガーリック焼き …… 147

■ 長いも
- 長いもの豚肉巻きフライ …… 148
- 長いもの明太フワフワ焼き …… 148
- 長いもと厚揚げのエスニックトマト煮 …… 149
- 長いもとまぐろのユッケ風 …… 149
- せん切り長いものカレーしょうゆかけ …… 149
- たたき長いもともずくの梅酢がけ …… 150
- フライド長いも …… 150
- 長いもの納豆あえ …… 150
- 長いもとオクラのレモンじょうゆ漬け …… 151
- 長いものポン酢焼き …… 151

■ レタス
- スモークサーモンのレタス巻き …… 152
- 長いものとろろみそ汁 …… 151

- レタスのひき肉のせサラダ …… 152
- レタスと牛肉のオイスターソースいため …… 153
- レタスとちくわのさっと煮 …… 153
- レタスのジンジャースープ …… 153

■ ルッコラ
- ルッコラ&さばソテーのサラダ …… 153
- ルッコラとくるみのサラダ …… 162

■ クレソン
- クレソンとあさりのみそスープ …… 162
- クレソンと鶏肉のマヨサラダ …… 162

■ せり
- せりと鶏肉のもち麦スープ …… 161
- せりと鶏ささ身のさっぱりあえ …… 161

■ わけぎ
- わけぎと鶏ささ身の塩こぶあえ …… 160
- わけぎとたこのぬた …… 160
- わけぎと油揚げのみそ汁 …… 160

■ おかひじき
- おかひじきと桜えびのエスニックあえ …… 159
- おかひじきと新玉ねぎの酢の物 …… 159

■ モロヘイヤ
- モロヘイヤとオクラの和風ガスパチョ …… 158
- モロヘイヤスープ …… 158

■ にんにくの茎
- にんにくの茎と厚揚げの中華風トマトいため …… 157
- にんにくの茎と厚揚げのスープ …… 157

■ ししとうがらし
- ししとうと豚肉のみそいため …… 156
- ししとうの梅びたし …… 156

■ 三つ葉
- 三つ葉としらすの卵焼き …… 155
- 根三つ葉とたいのエスニックサラダ …… 155
- 三つ葉のおかかポン酢 …… 155

■ 絹さや
- 絹さやと厚揚げのチャンプルー風 …… 154
- 絹さやと小松菜のナムル …… 154

脇役野菜で簡単おかず&常備菜
- 万能ねぎ 万能ねぎの梅おかかあえ …… 164
- 青じそ 青じそとたこのバターしょうゆいため …… 165
- 貝割れ菜 貝割れ菜の梅すまし汁 …… 165
- しょうが しょうがのじゃこ煮 …… 166
- にんにく にんにくのアンチョビソース …… 166

PART 3
季節を満喫！旬の野菜15

春

■ 菜の花
- 菜の花といかのキムチいため …… 168
- 菜の花のシンプルかき揚げ …… 168
- 菜の花の明太子サラダ …… 169
- 菜の花とサーモンのサラダ …… 169
- 菜の花のからしじょうゆあえ …… 169

■ たけのこ
- たけのこの肉巻き 香りフリット …… 170
- たけのこのそぼろ煮 …… 170
- たけのこのギリシャ風マリネ …… 171
- 焼きたけのこと グリーンピースのピーナッツあえ …… 171
- たけのこのベーコン巻き …… 171

■ ふき
- ふきのみそおかかいため …… 172
- ふきのナムル …… 172

夏

■ グリーンピース
- グリーンピースの鶏つくね照り焼き …… 173
- カリカリグリーンピース …… 173

■ そら豆
- そら豆とマッシュルームのアヒージョ …… 174
- そら豆のカレーチーズ焼き …… 174
- そら豆とささ身のサラダ …… 175
- そら豆のチーズいため …… 175

■ ゴーヤー
- ゴーヤーチャンプルー …… 176
- ゴーヤーの肉詰めのスープ煮 …… 176
- ゴーヤーと豚肉、ミニトマトの煮物 …… 177
- ゴーヤーと豚肉のみそいため …… 177
- ゴーヤーとにんじんのきんぴら風 …… 178
- 塩もみゴーヤーの梅オイルあえ …… 178
- 塩もみゴーヤーのしょうゆあえ …… 179
- ゴーヤーと油揚げのおかかサラダ …… 179
- 焼きゴーヤーのおかかあえ …… 179

■ とうもろこし
- とうもろこしと桜えびのスープ …… 180
- とうもろこしの豚しゃぶサラダ …… 180
- とうもろこしとベーコンのいため物 …… 181
- とうもろこしの白あえ …… 181
- とうもろこしのバターしょうゆ煮 …… 181
- ヤングコーンのグリル焼き …… 182

■ 枝豆
- 枝豆の紹興酒漬け …… 182
- 枝豆のペペロンチーノ風 …… 182
- 枝豆のポタージュ …… 182

秋

■ みょうが
- みょうがの甘酢漬け …… 183
- みょうがの卵とじスープ …… 183
- みょうがともずくのみそ汁 …… 183

■ とうがん
- とうがんと豚肉のオイスターソースいため …… 184
- とうがんとえびの煮物 …… 184
- とうがんと鶏肉のスープ煮 …… 185
- とうがんときゅうりのマヨサラダ …… 185
- おろしとうがんとベーコンのスープ …… 185

■ さつまいも
- さつまいもと牛こまの肉じゃが風 …… 186
- さつまいもとベーコンの バターじょうゆいため …… 186
- さつまいもとレーズンのヨーグルトあえ …… 187
- さつまいものゆずはちみつ煮 …… 187
- さつまいもとセロリのポタージュ …… 187

■ 里いも
- 里いもの和風コロッケ …… 188
- 里いもと豚肉のソースいため …… 188
- 里いものたらこチーズあえ …… 189
- 里いもとミックスビーンズのサラダ …… 189
- 里いもと油揚げのごまみそ汁 …… 189

冬

■ カリフラワー
- カリフラワーのピリ辛そぼろいため …… 190
- カリフラワーと ガーリックシュリンプのサラダ …… 190
- カリフラワーとキドニービーンズのサラダ …… 191
- カリフラワーのタルタルサラダ …… 191
- カリフラワーの豆乳ポタージュ …… 191

■ れんこん
- れんこんとローストポークの温サラダ …… 192
- れんこんとごまのトマト煮 …… 192
- れんこんのはさみ揚げあんかけ …… 193
- 肉巻きれんこんの黒酢煮 …… 193
- れんこんの甘辛焼き …… 194
- れんこんとひじきの梅甘酢あえ …… 194
- れんこんとわかめのサラダ …… 194
- れんこんピカタ …… 195
- れんこんとにんじんの甘酢漬け …… 195
- おろしれんこんとしいたけのとろみ汁 …… 195

■ しゅんぎく
- しゅんぎくと焼きどうふ、鮭缶のみそ煮 …… 196
- しゅんぎくとむきえびのフリッター …… 196
- しゅんぎくとひじきのごま油いため …… 197
- しゅんぎくと水菜のベーコンソース …… 197
- しゅんぎくとわかめのおひたし …… 197

赤い野菜で食卓に簡単アクセント
- 赤大根とグレープフルーツのマリネ …… 198
- 赤キャベツとベーコンのレモン煮 …… 199

材料別さくいん …… 207

この本のルール

- 大さじ1は15mℓ、小さじ1は5mℓ、1カップは200mℓです。

- 材料は、2人分、4人分、作りやすい分量で表記しています。

- カロリーと糖質の数値は、表示の分量で作った場合の1人分、または全量分の目安です。好みで添えるつけ合わせなどは計算に含まれていません。

- 表示の調理時間は、調理を始めてからでき上がるまでの手作業の時間です。「切る」「いためる」「包む」など、手を動かす時間の目安にしてください。「煮る」「冷ます」「味をなじませる」など手をかけていない時間や「野菜を洗う」「調味料をはかる」など準備の時間も含まれていません。

- 野菜類は、特に表記のない場合、「洗う」「皮をむく」「種をとり除く」「へたをとる」などの作業をすませてからの手順を説明しています。

- フライパンは、フッ素樹脂加工のものを使用しています。

- 火かげんは特に指定のないかぎり中火です。

- 電子レンジの加熱時間は600Wの場合の目安です。電子レンジ、オーブントースターなどは機種によって傾向があるので、様子をみて時間を調整してください。

- 材料表のだしとは和風だしのことです。こぶと削り節などでとった和風だしか市販の即席和風だしを使用してください。スープは、コンソメ、ブイヨンなどの商品名の洋風スープのもと（顆粒、固形など）を規定の量の湯でといたもので、中華スープは鶏ガラスープのもとなどを規定の量の湯でといたものでOKです。市販の即席だしやスープを使用する場合、商品によって塩分量に差があるので、味を確認してから調味してください。

- 調味料について特に指定がない場合は、しょうゆは濃口しょうゆ、砂糖は上白糖、小麦粉は薄力粉を使用しています。こしょうは、白こしょう、黒こしょうを好みでお使いください。

- 本書は、弊社刊行のロングセラー家計簿『主婦の友365日のおかず家計簿』に掲載されて人気のあったレシピに、弊社刊行のレシピおよび新規撮影分を加えて編集したものです。

PART 1
いつも大活躍！
定番野菜20

ほぼ毎日、ヘビーローテーションで活躍する
定番野菜 TOP20種の人気レシピを集めました。
定番野菜のレパートリーが広がるほど、
作る人も食べる人も笑顔がふえるはず。
野菜を使いきりたいときにも要CHECK！

- キャベツ
- にんじん
- 大根
- 玉ねぎ
- トマト
- じゃがいも
- 白菜
- ほうれんそう
- きのこ
- きゅうり
- ブロッコリー
- かぼちゃ
- もやし
- ねぎ
- ピーマン
- ごぼう
- なす
- 小松菜
- かぶ
- チンゲンサイ

キャベツ

調理法も味つけも自由自在！
マルチに活躍する万能野菜

手作業 **7分**
☑ 食費節約
☑ ボリュームあり

肉のかわりに厚揚げで
ボリュームアップ！

キャベツと厚揚げの
ホイコーロー風

1人分247kcal　糖質10.5g

材料（4人分）と作り方

1. **キャベツ300g**を3cm角のざく切りに、**ピーマン3個**を乱切りにする。**玉ねぎ1/2個**を横半分に切ってから、繊維に沿って薄切りにする。
2. **厚揚げ2枚**を縦半分に切って5〜7mm厚さに切る。
3. フライパンに**ごま油大さじ1**、種を除いた**赤とうがらし1本**を入れて熱し、**2**を焼く。両面に焼き色がついたら**1**を加えていため合わせる。
4. 野菜がしんなりしたら**テンメンジャン大さじ2**、**酒**、**しょうゆ各大さじ1**、**砂糖小さじ1**、**こしょう少々**、**かたくり粉小さじ1/2**を加えて、からめるようにいため合わせる。

（牛尾）

手作業 **7分**
☑ 作りおきOK
☑ ボリュームあり

ひき肉のうまみを吸った、
くったり感がおいしい！

キャベツとミートボールの
コンソメ煮

1人分461kcal　糖質11.5g

材料（2人分）と作り方

1. **キャベツ250g**を大きめの一口大に切る。
2. ボウルに**合いびき肉250g**、**玉ねぎのみじん切り1/4個分**、**パン粉大さじ4**、**牛乳大さじ2**、**とき卵1/2個分**、**塩**、**こしょう各少々**を入れ、粘りが出るまでねりまぜ、12等分して丸める。
3. フライパンに**オリーブ油大さじ1/2**を熱し、**2**を入れて片面2分ずつ焼く。余分な油をふき、**水2カップ**、**顆粒スープ大さじ1/2**、**塩小さじ1/2**、**こしょう少々**、**ローリエ1枚**を加えてまぜる。
4. **1**をのせ、煮立ったら弱火にし、ふたをして10分ほど煮る。器に盛り、**粉チーズ適量**を振る。

（市瀬）

栄養

胃炎に効果のあるビタミンUをはじめ、ビタミンC、カリウム、カルシウムなど、ミネラルが多く含まれている。また、腸活に欠かせない食物繊維も豊富。

見分け方

秋冬のキャベツは葉の巻きがしっかりして重量感のあるものが◎。春のキャベツは巻きがゆるく、外葉の緑色が鮮やかなものを選ぶ。

保存方法

切ったものはラップで包み、冷蔵保存する。まるごとの場合、寒い季節なら新聞紙などで包んで涼しい場所に。

VEGETABLE DISH CATALOG　10

PART1 キャベツの主菜

手作業 7分 ☑低カロリー ☑糖質オフ

春キャベツならではのフレッシュ＆
やわらかい食感を楽しめる

春キャベツと蒸し鶏の和風サラダ

1人分129kcal　糖質3.6g

材料（4人分）と作り方

1. 鶏胸肉1枚の水けをふき、耐熱皿にのせて塩、こしょう各少々をまぶす。わけぎ3本分の根元、にんにくの薄切り1かけ分をのせて酒大さじ2を回しかける。ラップをかけて電子レンジで3分加熱し、上下を返してさらに2分加熱する。そのまま2分ほどおき、一口大のそぎ切りにする。
2. 1の耐熱皿に残った汁をボウルに入れ、ごま油小さじ1、薄口しょうゆ小さじ2、塩小さじ1/4、こしょう少々をまぜる。
3. 春キャベツ5枚をざく切りに、わけぎ3本分の葉を4cm長さに切る。合わせて塩小さじ1/3をまぶしてもみ、10分ほどおく。
4. 2に3を加えてまぜ、1を加えてあえ、塩、こしょう各少々、いり白ごま適量を振ってあえる。

（上島）

にんにくと赤とうがらしで
ペペロンチーノ風の味わいに

キャベツとやりいかのピリ辛いため

1人分168kcal　糖質3.7g

材料（4人分）と作り方

1. キャベツ400gを4〜5cm角に切る。
2. やりいか小4はい（正味250g）の足を抜いて、胴は3〜4cm幅の輪切りにする。
3. フライパンにオリーブ油大さじ1を熱し、1を少ししんなりするまで強火でいためてとり出す。
4. 3のフライパンにオリーブ油大さじ2、にんにくの薄切り2かけ分を入れて弱火でいためる。香りが立ったら、2、半分に切った赤とうがらし1本分を加えて強火でいためる。いかの色が変わったら、3を戻し入れていため合わせ、塩小さじ1/2、こしょう少々を振る。　（大庭）

意外な組み合わせでキャベツのおいしさ再発見！

キャベツと納豆のヘルシー春巻き

1人分458kcal　糖質22.6g

手作業 15分 ☑おつまみにも ☑お弁当にも

材料（4人分）と作り方

1. **キャベツ400g**を細切りにし、耐熱ボウルに入れてラップをかけ、電子レンジで6分加熱する。あら熱がとれたら水けをしぼる。
2. ボウルに**1**、**納豆3パック**、缶汁をきった**ツナ缶小1缶**、**ピザ用チーズ50g**を入れてまぜ合わせる。
3. **小麦粉**、**水各適量**をまぜ合わせる。
4. **春巻きの皮1袋**（10枚）に**2**を等分してのせて巻き、巻き終わりに**3**をつけてとめる。
5. 170度に熱した**揚げ油適量**で**4**をこんがりと揚げる。油をきって器に盛り、好みで**パセリ**、**トマトケチャップ各適量**を添える。

（牛尾）

ホイコーロー風の味つけをした豚肉をキャベツにからめて

春キャベツと冷しゃぶの中華みそソース

1人分403kcal　糖質31.7g

手作業 7分 ☑おつまみにも ☑ボリュームあり

材料（2人分）と作り方

1. **春キャベツ1/2個**を大きめに切り、**塩少々**（分量外）を加えた熱湯でさっとゆで、ざるに上げて湯をきり、器に盛る。
2. **豚肩ロース肉**（しゃぶしゃぶ用）**150g**をほぐして熱湯に入れ、さっとゆでて氷水にとり、水けをきる。
3. ボウルに**テンメンジャン大さじ3**、**みそ**、**はちみつ各大さじ1**を入れてまぜ、**2**を加えてあえる。
4. **1**にのせ、**いり白ごま大さじ1/2**を振る。

（上島）

相性のよいマヨネーズ味でオーブントースター仕上げ♪

せん切りキャベツの豚肉巻き焼き

1人分284kcal　糖質4.0g

手作業 7分 ☑糖質オフ ☑おつまみにも

材料（4人分）と作り方

1. **キャベツ400g**をせん切りにし、ボウルに入れて**マヨネーズ大さじ3**、**塩小さじ1/2**、**こしょう少々**を加えてまぜる。
2. **豚ロース肉**（しゃぶしゃぶ用）**20枚**を広げて**塩**、**こしょう各少々**を振る。**1**を等分してのせ、巻くようにして包む。
3. オーブントースターの天板に**2**を並べ、上に**マヨネーズ少々**を塗り、5～6分焼く。

（大庭）

PART1 キャベツの主菜&副菜

手作業 5分
☑ 低カロリー
☑ ワインのおともに

素材のうまみがしみ出たスープもしみじみおいしい

キャベツとあさりのトマトスープ煮

1人分35kcal　糖質4.0g

材料（4人分）と作り方

1. **春キャベツ1/4個**を大きめのざく切りに、**トマト1/2個**を一口大のくし形に切る。
2. なべにキャベツ、**顆粒スープ小さじ1**、**水2カップ**を入れて強火にかける。煮立ったら中火にし、ふたをして10分ほど煮る。
3. **あさり**（砂出ししたもの）**200g**、トマト、**白ワイン大さじ2**を加え、再びふたをして5分ほど煮る。あさりの口があいたら、アクを除き、**塩少々**を振る。　　　　　（あまこ）

手作業 5分
☑ おつまみにも
☑ お弁当にも

全体に味がからむようにかたくり粉でとろみをつけるのがコツ

キャベツとコーンの塩いため

1人分98kcal　糖質10.8g

材料（4人分）と作り方

1. **キャベツ1/2個**を3cm角に切る。**コーン缶**（粒）**1缶**（155g）の缶汁をきる。
2. フライパンに**サラダ油大さじ1**を熱し、キャベツを2～3分いためる。コーン、**鶏ガラスープのもと小さじ1**、**塩小さじ1/4**を加えてまぜる。
3. **かたくり粉小さじ1**を**水大さじ1**でといて加え、まぜながら煮立て、薄くとろみをつける。　　　　　　　　　　（夏梅）

手作業 5分
☑ おつまみにも
☑ 食費節約

相性のよいツナと合わせるヘルシーないため物

ツナとキャベツのチャンプルー風

1人分177kcal　糖質3.0g

材料（4人分）と作り方

1. **木綿どうふ1丁**に重しをして水けをよくきり、食べやすい大きさにちぎる。
2. **キャベツ200g**をざく切りに、**にら60g**を4cm長さに切る。
3. フライパンに**ツナ缶大1缶**のオイルの半量を注いで熱し、**1**を焼く。焼き色がついたらとり出す。
4. **3**のフライパンにツナ缶の残りのオイルを熱し、**2**をいためる。全体にしんなりしたらツナを加え、**3**を戻してさっといため合わせ、**塩小さじ1/2**、**こしょう少々**、**しょうゆ小さじ1**で調味する。　　　　　　　　　　　　　　　　　　　　　　（牛尾）

サーモンをプラスするだけでワンランク上の味わいに

ゆでキャベツとしめじの
サーモンサラダ

1人分129kcal　糖質3.6g

手作業 7分　☑ 子どもも大好き　☑ おつまみにも

材料（4人分）と作り方

1. たっぷりの熱湯に**塩少々**を加え、**キャベツ250g**を入れてしんなりするまで1分ほどゆでる。冷水にとって冷まし、水けをふいて3〜4cm角に切る。
2. **1**の湯で、2〜3本ずつにほぐした**しめじ150g**を3分ほどゆで、ざるに上げて冷ます。
3. ボウルに**スモークサーモン6枚（50g）**を3cm幅に切って入れ、**1**、**2**を加えてまぜ、器に盛る。
4. **マヨネーズ大さじ2、フレンチドレッシング大さじ3（市販品）**をまぜて、**3**にかける。　　　　　　　　　　（大庭）

ごま油の風味＆桜えびの香ばしさが食欲をそそる

ゆでキャベツと桜えびのあえ物

1人分103kcal　糖質5.9g

手作業 7分　☑ 食費節約　☑ ＋もう1品に

材料（4人分）と作り方

1. **キャベツ1/2個（700g）**を1枚ずつはがしてかたい軸を除き、**塩少々**を加えた熱湯で4〜5分ゆで、ざるに上げる。冷めたら水けをかたくしぼり、食べやすく切る。
2. ボウルに**1**を入れ、**桜えび10g**、**塩小さじ1/3**、**ごま油大さじ2**を加えてあえる。　　　　　　　　　　　　　（夏梅）

さばのみそ煮缶で味つけするから失敗なし

キャベツのさばみそあえ

1人分133kcal　糖質6.9g

手作業 3分　☑ 食費節約　☑ おつまみにも

材料（4人分）と作り方

1. **キャベツ400g**を1cm幅に切り、**塩少々**を加えた熱湯で1分ほどゆで、ざるに上げる。あら熱がとれたら水けをしぼり、ボウルに入れる。
2. **さばのみそ煮缶1缶（200g）**をほぐして缶汁ごと加え、**酢、しょうゆ各小さじ1**を加えてあえる。　　　　　（牛尾）

PART1 キャベツの副菜

手作業 7分
☑ ボリュームあり
☑ 低カロリー

はるさめ入りのキャベツサラダに肉みそをまぜて

春キャベツの豚ひき肉のそぼろかけ

1人分125kcal　糖質8.4g

材料（4人分）と作り方

1 **春キャベツ3枚**を細切りに、**玉ねぎ20g**を薄切りにする。**はるさめ20g**を熱湯でもどして食べやすい長さに切る。

2 フライパンに**ごま油小さじ1**を熱し、**赤とうがらしの小口切り、にんにくのみじん切り各少々、豚ひき肉100g**をいためる。**しょうゆ小さじ2、こしょう少々**を加えてまぜ、冷ます。

3 ボウルに玉ねぎを入れ、**塩小さじ1/5**をまぜ、しんなりしたらキャベツを加えてさらにまぜる。**ごま油小さじ2、砂糖小さじ1.5、しょうゆ小さじ1、こしょう少々、酢大さじ1.5**、はるさめを加えてまぜ合わせ、器に盛って 2 をのせる。（岩﨑）

手作業 3分
☑ 火を使わずに
☑ ＋もう1品に

ボウルひとつに材料を入れていくだけで完成

いり大豆入りコールスローサラダ

1人分113kcal　糖質5.6g

材料（4人分）と作り方

1 **キャベツ5枚**を5mm幅の細切りに、**玉ねぎ30g**を薄切りにする。

2 ボウルに玉ねぎ、**塩小さじ1/2**を入れてもみ、しんなりしたらキャベツ、**マヨネーズ大さじ3、酢小さじ1、砂糖小さじ1/3、こしょう少々**を加えてまぜる。

3 **いり大豆（節分の豆など）30g**を加えてさっとまぜる。（岩﨑）

手作業 7分
☑ 火を使わずに
☑ 食費節約

とうふの使いきりにも便利

春キャベツととうふのコールスロー

1人分348kcal　糖質13.8g

材料（2人分）と作り方

1 **木綿どうふ1丁**を1/2〜2/3の厚みになるまでしっかりと水けをきる。

2 **春キャベツ1/4個**を5mm幅の細切りに、**新玉ねぎ1/2個**を縦5mm厚さに切る。合わせて**塩少々**をまぶし、しんなりしたらしっかり水けをしぼる。

3 ボウルに 2 、**桜えび3g**を入れ、1 をくずし入れ、**マヨネーズ大さじ2、しょうゆ大さじ1/2、砂糖小さじ1、すり白ごま大さじ2**を加え、全体をよくまぜる。（上島）

カレー粉と白ワインビネガーで新鮮な味わい

キャベツのカレーコールスロー

1人分52kcal　糖質3.5g

材料（4人分）と作り方

1. **キャベツ400g**を5mm幅の細切りにし、**塩小さじ2**を振って軽くもむ。しんなりしてきたらしっかり水けをしぼる。
2. ボウルに**オリーブ油大さじ1、カレー粉小さじ1/2、白ワインビネガー小さじ2、こしょう少々**をまぜ合わせ、**1**を加えてあえる。　　　　（牛尾）

包丁も火も使わない絶品の超簡単レシピ

ちぎりキャベツと焼きのりのサラダ

1人分44kcal　糖質2.3g

材料（4人分）と作り方

1. **キャベツ200g、焼きのり全形1枚**をそれぞれ食べやすく手でちぎりながらボウルに入れる。
2. **にんにくのすりおろし1かけ分、ごま油大さじ1、塩小さじ2/3、こしょう少々**を加え、さっくりとまぜ合わせる。（牛尾）

簡単すぎておいしすぎだから絶対リピート

塩キャベツ

1人分33kcal　糖質1.7g

材料（4人分）と作り方

1. **キャベツ200g**を食べやすい大きさのざく切りにする。
2. ボウルに**ごま油小さじ2、いり白ごま小さじ1、塩小さじ1/2**を入れて**1**を加え、さっくりとあえる。　　　（牛尾）

PART1 キャベツの副菜

手作業7分 ☑朝食にも ☑食費節約

忙しい朝にも夜ごはんにも！栄養バランスもOK

キャベツとベーコンのスープ

1人分130kcal　糖質1.9g

材料（4人分）と作り方

1. **キャベツ200g**を3cm角に、**ベーコン6枚**を2cm幅に切る。
2. なべに**サラダ油大さじ1**を熱してベーコンをいため、脂が出てきたらキャベツを加えてさっといためる。
3. **水4カップ**、**顆粒スープ小さじ1/2**を加え、煮立ったら**塩小さじ1**、こしょう少々で調味し、ふたをして6〜8分煮る。

（大庭）

手作業3分 ☑食費節約 ☑低カロリー

好みで余ったにんじんや玉ねぎを加えても

キャベツチーズスープ

1人分43kcal　糖質2.0g

材料（4人分）と作り方

1. **キャベツ2枚**を短冊切りにする。
2. なべに**水4カップ**、**固形スープ1個**を入れて煮立てる。1を加えてふたをし、弱火で7〜8分煮る。
3. 塩、こしょう各少々で調味し、**ピザ用チーズ40g**を加え、とけたら火を止める。

（岩﨑）

手作業3分 ☑食費節約 ☑朝食にも

いためて甘みを引き出してから、ごま風味に仕上げる

いためキャベツのごまみそ汁

1人分76kcal　糖質4.4g

材料（4人分）と作り方

1. **キャベツ3枚**を2cm角に切る。
2. なべに**サラダ油大さじ1**を熱し、1をいためる。全体に油が回って少し焼き色がついたら**だし4カップ**を加えて煮立てる。
3. **みそ大さじ3〜4**をとき入れてひと煮する。器に盛り、**すり白ごま適量**を振る。

（市瀬）

にんじん

毎日使いたい栄養満点の緑黄色野菜。自然な甘みを生かして使いきりたい

手作業 7分
- 子どもも大好き
- ボリュームあり

コーンの甘さがやわらかな
コロコロにんじんにぴったり！

にんじんとひき肉のコーンクリーム煮

1人分286kcal　糖質24.6g

材料（4人分）と作り方

1. にんじん400gを小さめの乱切りに、玉ねぎ100gをみじん切りにする。
2. フライパンにオリーブ油大さじ1を熱し、豚ひき肉200gをいためる。火が通ったら1を加えていため、白ワイン大さじ1、ローリエ1枚、タイム（パウダー）少々、水1カップを加える。ふたをして、にんじんがやわらかくなり、汁けがほとんどなくなるまで10〜15分煮る。
3. コーン缶（クリーム）360g、牛乳1/2カップを加え、まぜながらひと煮して塩、こしょう各少々を振る。器に盛り、あればタイム（生）適量を添える。

（検見﨑）

手作業 15分
- おつまみにも
- お弁当にも

油で揚げると甘さが増して、
β-カロテンの吸収率もアップ

にんじんと細切り牛肉のかき揚げ

1人分583kcal　糖質25.5g

材料（2人分）と作り方

1. にんじん小1本（100g）を4cm長さ、5mm角の棒状に、玉ねぎ1/4個を縦5mm厚さに切る。牛こまぎれ肉100gを約8mm幅の細切りにして表面の水けをふく。
2. ボウルに1の野菜を入れ、小麦粉50g、かたくり粉大さじ1/2を加えてまぜる。
3. 別の容器にとき卵1/2個分、冷水大さじ5をまぜ、2に加えてさっくりとまぜ、牛肉を加えてまぜる。
4. 170〜180度に熱した揚げ油適量に、3を6等分して木べらなどで滑らせるように入れ、3〜4分揚げる。油をきって器に盛り、塩、レモン各適量を添える。（きじま）

栄養

高い抗酸化作用があり、免疫機能を高める働きのあるβ-カロテンが豊富。カリウム、カルシウム、食物繊維なども多く含まれている。

見分け方

全体に色鮮やかで張りのあるものが良品。上部が緑色のものは日に当たった証拠で、味が落ちる。茎の切り口が太いものは芯の部分がかたいことが多い。

保存方法

水けをふいて、冬は新聞紙などで包んで涼しい場所に。暑い季節はポリ袋に入れて冷蔵庫の野菜室に立てて保存する。切ったものはラップで包み、冷蔵庫へ。

PART1 にんじんの主菜

手作業 15分
☑ おつまみにも
☑ 子どもも大好き

カリッと香ばしくて、箸が止まらない！

にんじんと豚こまのチヂミ
1人分324kcal　糖質30.2g

材料（2人分）と作り方

1. **にんじん1本**をスライサーでせん切りにする。**豚こまぎれ肉100g**に**しょうゆ小さじ1**をからめる。
2. ボウルに**とき卵1/2個分**、**塩小さじ1/4**、**水大さじ3**を入れてよくまぜ、**小麦粉**、**かたくり粉各大さじ3**を加えてさらにまぜる。
3. フライパンに**ごま油適量**を熱し、豚肉、にんじんを順に広げて入れ、2を流し入れて厚みが均一になるように広げる。周囲が固まって焼き色がついたら上下を返し、焼き色がつくまで焼く。
4. 食べやすく切って器に盛り、好みで**酢じょうゆ適量**を添える。　　　　　　　　　　（あまこ）

手作業 7分
☑ ボリュームあり
☑ ワインのおともに

ホイルで包んで蒸し焼きにするからとってもラク

にんじんと鶏肉のハーブ蒸し焼き
1人分429kcal　糖質7.0g

材料（2人分）と作り方

1. **にんじん1本**をピーラーで薄切りに、**鶏もも肉1枚**を一口大に切る。**くるみ30g**を小さく砕く。
2. アルミホイルを2枚用意し、それぞれ等分に、にんじんを敷いて鶏肉をのせる。くるみを等分に散らし、**ローズマリー2枝**を1枝ずつのせ、**オリーブ油小さじ2**、**塩小さじ1/3**、**こしょう少々**を等分に振って包む。
3. 魚焼きグリルまたはオーブントースターで10〜15分焼く。　　　　　　　　　　（牛尾）

隠し味のカレー粉でスパイシーな仕上がりに
にんじんとソーセージの
ソースいため

1人分 166kcal 糖質8.9g

材料（4人分）と作り方

1. **にんじん2本**を6cm長さの太めのせん切りに、**ウインナソーセージ5本**を細切りにする。
2. フライパンに**サラダ油大さじ1.5**を熱し、にんじんをいため、油がなじんだらソーセージを加えてさっといためる。
3. **ウスターソース大さじ1.5**、**カレー粉小さじ1/5**、**塩少々**を加えていため合わせる。 （岩﨑）

鶏ひき肉と組み合わせた、ごはんによく合う甘辛味
にんじんとしらたきの
そぼろいため

1人分 130kcal 糖質11.1g

材料（4人分）と作り方

1. **にんじん2本**を細切りにする。**しらたき1袋（180g）**を熱湯で2分ほどゆで、ざるに上げて湯をきり、食べやすく切る。
2. フライパンに**ごま油大さじ1**を熱し、**鶏ひき肉100g**をいためる。色が変わったら1を加えていため合わせ、にんじんがしんなりしたら、**しょうゆ、みりん各大さじ2**を加えてからめる。 （牛尾）

明太子のプチプチ食感とピリ辛味がアクセント
にんじんとしらたきの明太子いため

1人分 68kcal 糖質5.2g

材料（4人分）と作り方

1. **にんじん1本**を細切りにする。**しらたき1袋（180g）**をざく切りにする。**からし明太子1腹**の薄皮を除く。
2. フライパンでしらたきをからいりする。余分な水分がとんでプリッとしてきたら**ごま油小さじ2**、にんじんを加えていため合わせる。
3. からし明太子を加えて手早くいため、**しょうゆ、みりん各小さじ2**で味をととのえる。 （牛尾）

PART1 にんじんの副菜

手作業 7分
☑ ワインのおともに
☑ 火を使わずに

生ハムのうまみ&バジルの香りのデリ風サラダ
にんじんと生ハムのバジルドレッシング

1人分97kcal　糖質6.7g

材料（4人分）と作り方

1. **にんじん2本**をせん切りにし、**塩小さじ1/3**を振ってまぜ、10分ほどおいて水けをしぼる。**生ハム20g**は太めのせん切りにする。
2. ボウルにみじん切りにした**バジルの葉20～30枚（1株分）**、**オリーブ油大さじ1.5**、**レモン汁大さじ1**、**パルメザンチーズ小さじ2**、**塩小さじ1/6**、にんにくのみじん切り、こしょう各少々をまぜてドレッシングを作り、にんじんをあえる。
3. 生ハムを加えてさっくりまぜる。　　　　　　　　　　（岩﨑）

手作業 7分
☑ おつまみにも
☑ 火を使わずに

まぜるだけ！レモンの酸味でフレッシュな味わい
にんじんとセロリのレモンドレッシング

1人分65kcal　糖質4.5g

材料（4人分）と作り方

1. **にんじん大1本**をせん切りにする。**セロリ1/2本**を薄切りにする。
2. ボウルに**塩小さじ1/3**、こしょう少々、**レモン汁1/2個分**、**オリーブ油大さじ1**をまぜてドレッシングを作り、**1**をあえる。
3. 器に盛り、食べる直前に**粉チーズ大さじ1**を振り、パセリのみじん切り少々を散らす。　　　　　　　　　（夏梅）

手作業 3分
☑ +もう1品に
☑ 食費節約

手作業も煮るのもたった3分！スライサーで簡単
にんじんの煮びたし

1人分18kcal　糖質2.8g

材料（4人分）と作り方

1. **にんじん150g**をスライサーで薄い輪切りにする。
2. なべに**だし1カップ**、**みりん小さじ1/2**、**しょうゆ**、**塩各小さじ1/4**を合わせて火にかける。煮立ったら**1**を入れ、まぜながら2～3分煮る。
3. にんじんがしんなりしたら適当な長さに切った**貝割れ菜少々**を加えてひと煮し、煮汁ごと器に盛る。　　　　（検見﨑）

コーンの甘さとにんじんの風味が相性抜群！
にんじんとコーンのホイル焼き

1人分76kcal　糖質10.0g

手作業 **3分**　☑ 子どもも大好き　☑ 食費節約

材料（4人分）と作り方
1. にんじん**2本**を7～8mm厚さの輪切りにする。
2. アルミホイルに**1**、汁けをきった**コーン缶（粒）100g**、**バター10g**をのせ、**塩小さじ1/4**、**こしょう少々**を振って包む。
3. 魚焼きグリルまたはオーブントースターで10分ほど焼く。

（牛尾）

ハーブの香りで、簡単なのに大満足の副菜
にんじんのホイル焼き ローズマリー風味

1人分46kcal　糖質4.7g

手作業 **3分**　☑ ワインのおともに　☑ ビタミン補給に

材料（4人分）と作り方
1. **にんじん小2本**を一口大の乱切りにし、アルミホイルにのせる。
2. **ローズマリー2本**をちぎってのせ、**オリーブ油大さじ1**を回しかけ、**塩小さじ1/3**、**こしょう少々**を振って包む。
3. 魚焼きグリルまたはオーブントースターで15分ほど焼く。

（牛尾）

野菜やきのこのうまみがしみ出た煮汁もおいしい
にんじんと小松菜、しめじの煮物

1人分60kcal　糖質7.9g

手作業 **7分**　☑ 食物繊維補給に　☑ 低カロリー

材料（4人分）と作り方
1. **にんじん1本**をピーラーでリボン状に削る。**小松菜300g**は根元の太いものは縦に十文字の切り込みを入れ、3～4cm長さに切る。**しめじ1パック**を2～3本ずつにほぐす。
2. なべに**だし2.5カップ**を煮立て、**みりん大さじ2**、**しょうゆ大さじ1/2**、**塩小さじ1**で調味する。しめじを加え、再び煮立ったら弱火にして3～4分煮る。
3. 中火にしてにんじん、小松菜を加え、ひと煮立ちしたらふたをして弱火で5～6分煮る。器に盛り、煮汁を注ぐ。（大庭）

PART1 にんじんの副菜

手作業 **7分**
- ☑ 低カロリー
- ☑ 糖質オフ

ごま油の香りと塩こぶのうまみで味つけ簡単
にんじんととうふの中華風あえ
1人分96kcal　糖質5.0g

材料（4人分）と作り方
1. **木綿どうふ1丁**を食べやすい大きさにくずし、キッチンペーパーにのせて水けをきる。
2. **にんじん1本**を細切りにし、熱湯でさっとゆでてから冷ます。
3. ボウルに**1**、**2**を入れ、**塩こぶ10g**、**ごま油**、**しょうゆ各小さじ2**を加えてあえる。　　　　　（牛尾）

手作業 **3分**
- ☑ 火を使わずに
- ☑ ＋もう1品に

切ってまぜるだけだから、大急ぎのときにも！
にんじんとしらす干しのサラダ
1人分86kcal　糖質6.5g

材料（4人分）と作り方
1. **にんじん2本**をせん切りに、**しょうが1/2かけ**を細めのせん切りにする。
2. ボウルに**1**、**しらす干し大さじ4**を合わせ、**酢**、**サラダ油各大さじ1.5**、**塩小さじ1/4**、**こしょう少々**を加えてあえる。
　　　　　（岩﨑）

手作業 **7分**
- ☑ お弁当にも
- ☑ 作りおきOK

永遠の定番こそおいしいシンプルレシピで
にんじんのきんぴら
1人分63kcal　糖質7.2g

材料（4人分）と作り方
1. **にんじん小2本**を細切りにする。
2. フライパンに**ごま油小さじ2**、**赤とうがらしの小口切りひとつまみ**を熱し、香りが立ったら**1**を加えていためる。火が通ってしんなりしたら**しょうゆ**、**みりん各大さじ1**を加えて煮からめる。
3. 器に盛り、**いり白ごま適量**を振る。　　　　　（牛尾）

簡単なのにチーズ＋白みそでコクのあるおいしさ
にんじんのチーズ白あえ風

1人分52kcal　糖質5.0g

手作業 7分 / ☑おつまみにも ☑＋もう1品に

材料（4人分）と作り方

1. **にんじん1本**を細切りにし、熱湯でさっとゆでてざるに上げ、湯をきってあら熱がとれたら水けをしぼる。
2. ボウルに**カッテージチーズ（裏ごしタイプ）、白みそ各大さじ2、すり白ごま小さじ2、薄口しょうゆ小さじ1/2**を合わせてよくまぜ、**1**を加えてあえる。　　　　　　　　　（牛尾）

沖縄風のソウルフードをみそ味にアレンジ
にんじんのみそ味しりしり風

1人分63kcal　糖質4.9g

手作業 7分 / ☑おつまみにも ☑お弁当にも

材料（4人分）と作り方

1. **にんじん1本**を長さを2〜3等分に切ってせん切りにする。
2. フライパンに**ごま油大さじ1**を熱して**1**をいため、しんなりしたら**酒、みそ各大さじ1、しょうゆ、みりん各小さじ1**を加えていりつける。
3. 器に盛り、**七味とうがらし適量**を振る。　　　（藤井）

とうふでヘルシーにボリュームアップ
にんじんととうふのポタージュ

1人分69kcal　糖質5.2g

手作業 7分 / ☑子どもも大好き ☑低カロリー

材料（4人分）と作り方

1. **にんじん1本、玉ねぎ1/4個**を薄切りにする。
2. なべに**バター大さじ1**をとかし、**1**をいためる。しんなりしたら**水2.5カップ、固形スープ1個**を加えてふたをし、弱火で15分ほど煮る。
3. ミキサーに**2**、**絹ごしどうふ1/2丁**を入れ、なめらかにかくはんする。なべに戻し入れてあたため、**塩、こしょう各少々**で調味する。　　　　　　　　　　　　　（岩﨑）

PART1 にんじんの副菜

| 手作業 7分 | ☑ 朝食にも ☑ 子どもも大好き |

ミキサーいらずで簡単ポタージュ風

おろしにんじんのミルクスープ

1人分122kcal　糖質11.4g

材料（4人分）と作り方

1. **にんじん2本**をすりおろす。**玉ねぎ1/2個**を横半分に切って縦に薄切りにする。
2. なべに**バター20g**をとかし、**1**を2〜3分いためる。玉ねぎがしんなりしたら**水2.5カップ**、**顆粒スープ大さじ1**、**塩小さじ1/4**、**こしょう少々**を加えて5分ほど煮る。
3. **牛乳1カップ**を加えてあたためる。　　　　　（市瀬）

| 手作業 3分 | ☑ ＋もう1品に ☑ 朝食にも |

仕上げの粉チーズでリッチさアップ！

せん切りにんじんのスープ

1人分31kcal　糖質4.4g

材料（4人分）と作り方

1. **にんじん1本**を4cm長さのせん切りに、**玉ねぎ1/4個**を薄切りにする。
2. なべに**1**、**水4カップ**、**顆粒スープ小さじ1**を入れ、強火にかける。煮立ったら中火にし、5分ほど煮て**塩小さじ1**、**こしょう少々**で味をととのえる。
3. 器に盛り、**粉チーズ大さじ1**を振る。　　　　（牛尾）

| 手作業 7分 | ☑ 朝食にも ☑ ミネラル補給に |

緑黄色野菜のダブル使いで野菜不足を解消

にんじんとブロッコリーのごまみそ汁

1人分59kcal　糖質3.0g

材料（4人分）と作り方

1. **にんじん1/3本**を短冊切りにする。**ブロッコリー100g**を小房に分けてゆでる。
2. なべに**だし3.5カップ**、にんじんを入れてやわらかくなるまで煮る。
3. ブロッコリーを加え、**みそ大さじ2**をとき入れ、**すり白ごま大さじ1**を加えてひと煮立ちさせる。　　　　（岩﨑）

大根

レパートリーをふやせばふやすほど、料理上手に＆食費節約に

手作業 **7分**
☑ ビタミン補給に
☑ おつまみにも

にんにく＆ナンプラー風味で少しピリ辛。
ごはんにもビールにも合うタイ風おかず

大根と豆苗、豚肉のエスニックいため

1人分374kcal　糖質6.4g

材料（2人分）と作り方

1. **大根300g**を5cm長さ、1〜1.5cm角の棒状に切る。**豆苗100g**の根元を落とし、長さを半分に、**にんにく1かけ**をあらみじんに切る。**豚バラ薄切り肉150g**を3cm幅に切り、**塩、こしょう各少々**を振る。
2. フライパンに**サラダ油大さじ1/2**を強めの中火で熱し、大根を入れて3分ほど焼きつける。こんがりとしたら端に寄せ、あいているところに豚肉、にんにくを加え、肉の色が変わるまでいためる。
3. 豆苗、**赤とうがらしの小口切り1/2本分**、**ナンプラー、酒各大さじ1、塩ひとつまみ**を加えていため合わせる。器に盛り、**あらびき黒こしょう少々**を振る。　（市瀬）

手作業 **15分**
☑ おもてなしに
☑ 冷え対策

うまみたっぷりでクリーミー！
大根を大きく切るのがおいしさのポイント

大根と鶏もも肉のクリームなべ

全量で1319kcal　全量で糖質69.8g

材料（作りやすい分量）と作り方

1. **大根600g**を皮を厚めにむいて6cm長さに切り、縦に6等分に切る。**にんじん150g**を1cm厚さの輪切りに、**パプリカ（黄）1個**、**鶏もも肉300g**を一口大に切る。
2. なべに**バター20g**をとかし、鶏肉をいためる。肉の色が変わったら、大根、にんじんを加えていため、油がなじんだら**小麦粉大さじ3**を振り入れ、粉っぽさがなくなるまでいためる。
3. **顆粒スープ大さじ1/2、塩小さじ2/3、こしょう少々、水、牛乳各2カップ**、パプリカを加え、煮立ったら弱火にし、ときどきまぜながら20分ほど煮る。　（市瀬）

栄養

95％が水分。生で食べると、胃もたれや胸やけを防ぐデンプン分解酵素が含まれているのが特徴。葉にはβ-カロテンや葉酸が豊富。

見分け方

張り、つやがあり、ずっしりと重みのあるものが◎。ひげ根の跡が少なく、まっすぐに並んでいるものは辛みが少ない。

保存方法

葉から水分が失われるので、その日のうちに葉を切り落とす。水けがあったらふいてキッチンペーパーなどで包み、ポリ袋に入れて冷蔵庫へ。

PART1 大根の主菜

手作業 15分
☑ お弁当にも
☑ ボリュームあり

鶏手羽元のうまみとこってり甘辛味で
ラクにおいしく使い切れる

大根と手羽元の韓国風みそ煮

1人分263kcal　糖質20.4g

材料（4人分）と作り方

1. **大根小1本（800g）** を2cm厚さの半月切りにする。**鶏手羽元8本** を骨に沿って切り込みを入れる。
2. にんにくのすりおろし、しょうがのすりおろし各**1/2かけ**分、**コチュジャン大さじ1**、**粉とうがらし小さじ1/2**（なければ一味とうがらし少々）をまぜ合わせる。
3. フライパンに**サラダ油大さじ1/2**を強めの中火で熱し、手羽元を皮を下にして焼く。3分ほど焼いたら大根を加え、油が回るまでいためる。
4. **水3カップ、酒、みりん、しょうゆ各1/4カップ、砂糖大さじ1.5**を加えてまぜ、煮立ったらアクをとり、落としぶたをして弱めの中火で25分ほど煮る。
5. 2を加えてまぜ、煮汁が少し残る程度に煮詰める。器に盛り、**万能ねぎの斜め切り適量**をのせる。

（市瀬）

手作業 15分
☑ 食費節約
☑ ボリュームあり

居酒屋の人気メニューを大根で。
豚肉は少量でも食べごたえ＆満足感あり

大根と豚肉の揚げだし風

1人分483kcal　糖質18.8g

材料（2人分）と作り方

1. **大根500g**を用意し、400gは1cm厚さの半月切りにし、残りの100gはすりおろし、ざるに上げて水けを軽くきる。
2. **豚ロース薄切り肉150g**に**酒、しょうがのしぼり汁各大さじ1/2、塩少々**をもみ込み、長さを半分に折って**かたくり粉適量**をまぶす。
3. フライパンに**揚げ油適量**を深さ2～3cmまで注いで170度に熱し、半月切りの大根を入れて4分ほど揚げ、油をきる。同じ油に2も入れて3～4分揚げ、油をきる。
4. **めんつゆ（3倍濃縮）大さじ3.5、熱湯1カップ**をまぜる。
5. 器に3を盛って**大根おろし、しょうがのすりおろし適量**をのせ、4をかける。好みで万能ねぎの小口切り、一味とうがらし各適量を振る。

（市瀬）

煮るだけで極上！煮ている間に別の料理も作れる♪

大根とすね肉のスープ煮

1人分122kcal　糖質4.1g

手作業 **7分**　☑低カロリー　☑糖質オフ

材料（4人分）と作り方

1. **大根500g**を4cm長さに切って、縦4等分に切り、下ゆでして湯をきる。**牛すね肉250g**を4等分に切る。
2. 厚手のなべに牛肉、**水5カップ**、**しょうがの薄切り10g**、**鶏ガラスープのもと小さじ1**を入れて火にかけ、煮立ったら弱火にしてアクを除き、ふたをして1時間煮る（圧力なべを使う場合は10分加圧）。
3. 大根を加え、ふたをしてさらに30分煮る（圧力なべなら5分）。味をみて、足りなければ**塩少々**を加える。　（夏梅）

高菜漬けの素朴なうまみと塩けがかけ合わさってコクが出る

大根と豚肉の高菜いため

1人分134kcal　糖質5.4g

手作業 **7分**　☑低カロリー　☑冷めても◎

材料（4人分）と作り方

1. **大根400g**を細切りにする。**豚こまぎれ肉150g**を1cm幅に切る。**高菜漬け50g**をあらく刻む。
2. フライパンに**ごま油大さじ1**を熱し、豚肉、大根、高菜漬けを順に加えていため合わせ、**しょうゆ**、**みりん各大さじ1**を加えて全体にからめる。
3. 器に盛り、**七味とうがらし少々**を振る。　（牛尾）

大根はレンチンでOK！豚肉が焼けたらでき上がり

肉巻き大根のガリバタソテー

1人分437kcal　糖質5.7g

手作業 **7分**　☑糖質オフ　☑食費節約

材料（2人分）と作り方

1. 約1.5cm厚さの輪切りの**大根6枚**を用意し、皮を厚めにむく。耐熱皿にのせてラップをかけ、電子レンジで6分ほど加熱し、冷水にとって水けをふく。
2. 大根1切れに**豚バラ薄切り肉6枚**を1枚ずつ巻き、**塩**、**あらびき黒こしょう各少々**を振る。
3. フライパンに**サラダ油大さじ1/2**を熱し、2を巻き終わりを下にして焼く。焼き色がついたら上下を返し、ふたをして弱火で3分蒸し焼きにし、器に盛る。
4. 3のフライパンに**しょうゆ大さじ1.5**、**にんにくのすりおろし1/4かけ分**、**バター15g**を入れてひと煮立ちさせ、3にかける。好みで**バター適量**をのせ、**クレソン適量**を添える。　（市瀬）

PART1 大根の副菜

手作業 7分
☑ おつまみにも
☑ 作りおきOK

中華風の濃いめの味つけがしみた大根の味は格別

大根とこんにゃくのオイスター煮

1人分54kcal　糖質4.5g

材料（4人分）と作り方

1. **大根200g**を1.5cm厚さのいちょう切りにする。**こんにゃく1枚**を食べやすい大きさにちぎり、熱湯で2分ほどゆでてアク抜きする。
2. なべを熱してこんにゃくをいため、余分な水分がとんだら**ごま油小さじ2**、大根を加えていため合わせる。油が回ったら**鶏ガラスープ1.5カップ**を加え、煮立ったら**オイスターソース、酒各大さじ1、しょうゆ、砂糖各小さじ2**、好みで**八角1個、赤とうがらし1本**を加え、10分ほど煮る。
3. **絹さや10枚**を斜め半分に切り、**2**に加えて火を止め、余熱で火を通す。　　　　　　　　　　　　　　　（牛尾）

手作業 3分
☑ おつまみにも
☑ 糖質オフ

ダイエット中でも大丈夫！ショートパスタがわりにベジで

大根のペペロンチーノいため

1人分46kcal　糖質2.8g

材料（4人分）と作り方

1. **大根400g**を5cm長さ、1cm幅の棒状に切る。
2. フライパンに**オリーブ油大さじ1、にんにくの薄切り2かけ分**を入れて熱し、きつね色になったらにんにくをとり出す。
3. **2**のフライパンに**1**を入れて2～3分焼きつけ、こんがりとしたら**赤とうがらしの小口切り1本分**を加え、大根が透き通ってくるまでいためる。
4. **2**を戻し入れ、**塩小さじ1/3、こしょう少々**を加えてさっといためる。　　　　　　　　　　　　　　　（市瀬）

手作業 3分
☑ ＋もう1品に
☑ 火を使わずに

塩もみしてシャキッとさせた大根にごま風味がよく合う

せん切り大根とじゃこのごまあえ

1人分72kcal　糖質3.0g

材料（4人分）と作り方

1. **大根300g**を4cm長さのせん切りにし、**水1カップ**に**塩小さじ1**をとかした塩水に10分つけ、水けをかたくしぼる。
2. ボウルに**1、ちりめんじゃこ20g、すり白ごま大さじ2、しょうゆ大さじ1**をまぜ合わせ、器に盛って**青のり少々**を振る。
　　　　　　　　　　　　　　　　　　　　　　　　（夏梅）

大根の表面の切り込みがポイント。これで味がなじむ!
切り込み大根とわかめの塩もみ
1人分38kcal 糖質1.5g

手作業 **7分** ☑ +もう1品に ☑ おつまみにも

材料(4人分)と作り方
1. **大根200g**を1cm厚さの輪切りにし、両面に斜めに切り込みを入れ、1cm角の棒状に切る。**塩少々**を振って10分おき、洗って水けをしぼる。
2. **わかめ(塩蔵)20g**は水でもどして塩を抜く。熱湯にくぐらせて水けをしぼり、一口大に切る。
3. ボウルに**塩小さじ1/4**、**酢大さじ1.5**、**ごま油大さじ1**をまぜ合わせ、1、2をあえる。　　　　　　　　　　(夏梅)

ザーサイのうまみとごま油の香りをきかせて中華風に
大根のザーサイあえ
1人分27kcal 糖質2.2g

手作業 **3分** ☑ +もう1品に ☑ 火を使わずに

材料(4人分)と作り方
1. **大根300g**を繊維に沿って5mm厚さの短冊切りにする。**水1カップ**に**塩小さじ1**をまぜた塩水に大根を10分ほどつけ、もんで水けをかたくしぼる。
2. **ザーサイ(びん詰)20g**を細切りにする。
3. ボウルに**酢大さじ1**、**ごま油小さじ1**、**塩、こしょう各少々**をまぜ合わせ、1、2をあえる。　　　　　　　　(夏梅)

相性のよいハムと組み合わせたピリ辛味の簡単あえ物
大根とハムのナムル
1人分55kcal 糖質2.2g

手作業 **3分** ☑ おつまみにも ☑ 火を使わずに

材料(4人分)と作り方
1. **大根300g**を3cm長さの細切りにし、**塩小さじ1/3**を振ってまぜ、しんなりしたら水けをしぼる。**ハム2枚**も細切りにする。
2. ボウルに**ごま油小さじ2**、**粉とうがらし、にんにくのみじん切り、いり白ごま各少々**をまぜ合わせ、1をあえる。(岩﨑)

PART1 大根の副菜

| 手作業 3分 | ☑ 子どもも大好き
☑ ＋もう1品に |

サラダ感覚でフレッシュな食感

大根とりんごのマリネ
1人分102kcal　糖質4.0g

材料（4人分）と作り方

1. 大根250gを3mm厚さのいちょう切りにし、塩小さじ1/2を振ってまぜ、10分ほどおいて水けをしぼる。
2. りんご1/6個（正味30g）を皮つきのまま3mm厚さのいちょう切りにする。
3. バットにオリーブ油大さじ3、レモン汁大さじ1.5、はちみつ小さじ1/2、塩小さじ1/3、こしょう少々を入れてまぜ、1、2を加えてあえ、味をなじませる。　　　（市瀬）

| 手作業 7分 | ☑ 作りおきOK
☑ ビタミン補給に |

つけ合わせやカレーの薬味に、箸休めにと大活躍

大根と冬野菜のミックスピクルス
1人分74kcal　糖質11.8g

材料（4人分）と作り方

1. 大根200gを3cm長さ、2cm角に切る。にんじん1本を8mm厚さの輪切りに、きゅうり1本を1cm厚さの斜め切りにする。カリフラワー200gを小房に分け、さっとゆでる。
2. ボウルに水2.5カップ、塩大さじ1を入れてまぜ、1を加えて皿などをのせ、3時間〜一晩おく。
3. ステンレスなべに酢1カップ、水2カップ、砂糖大さじ2、ローリエ1枚、赤とうがらし1本、粒こしょう4〜5粒を入れてひと煮立ちさせ、冷ます。
4. 2の水けをきって保存容器に入れ、3を注いで3〜4時間漬ける。　　　（大庭）

| 手作業 3分 | ☑ おつまみにも
☑ 火を使わずに |

大根のカリッとした食感に、このディップがよく合う！

スティック大根の
みそクリームチーズ
1人分44kcal　糖質2.4g

材料（4人分）と作り方

1. 大根200gを食べやすい長さのスティック状に切る。
2. クリームチーズ大さじ2、みそ大さじ1をよくまぜる。
3. 器に1を盛り、2を添える。　　　（牛尾）

辛みの少ない赤玉ねぎの香りと色をアクセントに
大根と赤玉ねぎの甘酢漬け

1人分29kcal　糖質6.0g

手作業 3分 ☑火を使わずに ☑作りおきOK

材料（4人分）と作り方

1. **大根300g**を拍子木切りにし、**塩小さじ1/2**をまぜてしんなりさせる。
2. **赤玉ねぎ1/4個**を薄切りにする。
3. ボウルに**レモン汁、はちみつ各小さじ2**をまぜ、**1**、**2**を加えてからめ、30分ほどおいて味をなじませる。　　（岩﨑）

3〜4日おいしく食べられるから、まとめ作りがおすすめ！
大根のピリ辛中華漬け

1人分90kcal　糖質6.6g

手作業 7分 ☑おつまみにも ☑作りおきOK

材料（4人分）と作り方

1. **大根300g**を6〜7mm厚さのいちょう切りにする。ボウルに入れて**塩小さじ1/4**を振り、10分ほどおいて水けをしぼる。
2. ファスナーつき保存袋に**しょうゆ大さじ2、酢大さじ1、砂糖大さじ1.5、ごま油大さじ2、赤とうがらしの小口切り1本分**、あれば**八角1個**をまぜ合わせる。
3. **1**、**しょうがのせん切り1/2かけ分**を加え、袋の上からもんでなじませ、30分以上漬けて味をなじませる。　（市瀬）

甘酢とこぶのうまみがしみて、あとを引くおいしさ！
大根の即席漬け

1人分23kcal　糖質3.9g

手作業 3分 ☑火を使わずに ☑作りおきOK

材料（4人分）と作り方

1. **大根200g**を拍子木切りにし、ポリ袋に入れて**塩小さじ1**を加え、軽くもむ。5分ほどおいて余分な水分が出てきたらしぼる。
2. **酢1/4カップ、砂糖大さじ1、こぶ3cm、赤とうがらし1本**を加え、余分な空気を抜いて口をしばり、30分ほど漬ける。
　　　　　　　　　　　　　　　　　　　　　　　　（牛尾）

PART1 大根の副菜

大根葉を活用して レパートリーをふやす

大根の葉はビタミンや食物繊維がたっぷり。ムダにしないで新鮮なうちに食べ切りたいので、お弁当おかずや常備菜に便利なレシピをぜひ。

手作業 **7分**

卵いためにしたら立派なおかずに

大根の葉とじゃこの卵いため

全量で358kcal　糖質2.5g

材料（作りやすい分量）と作り方

1. **大根の葉150g（大1/2本分）**を熱湯でさっとゆでて冷水にとり、水けをしぼって刻む。
2. フライパンに**ごま油大さじ1**を熱し、**ちりめんじゃこ20g**をいため、カリッとしたら**1**を加えてよくいため、**塩少々**を振る。
3. **卵2個**を割りほぐして流し入れ、手早くまぜて好みのかげんに火を通し、**いり白ごま適量**を振ってまぜる。　　（検見﨑）

手作業 **3分**

さっぱり味がうれしいヘルシー箸休め

大根の葉の梅おかかあえ

全量で96kcal　糖質4.3g

材料（作りやすい分量）と作り方

1. **大根の葉100g（大1/3本分）**を熱湯でさっとゆでて冷水にとり、水けをしぼって3〜4cm長さの斜め切りにする。
2. ボウルに**梅干し大1個**は種を除いて包丁でこまかくたたき、**削り節5g**、**みりん小さじ1/2**、**しょうゆ少々**、**ごま油小さじ1**とまぜ、**1**、**しょうがのせん切り大1かけ分**を加えてあえる。　　（検見﨑）

手作業 **7分**

冷蔵で5日間保存OK

大根の葉とツナのソフトマヨふりかけ

全量で379kcal　糖質6.7g

材料（作りやすい分量）と作り方

1. **大根の葉150g**を熱湯でさっとゆでて冷水にとり、水けをしぼって小口切りにする。**ツナ小1缶**は缶汁をきる。
2. フライパンに**マヨネーズ大さじ1**を入れて熱し、**1**をいためる。全体になじんだら**いり白ごま大さじ1**、**しょうゆ**、**砂糖各小さじ1**、**塩少々**を加え、さっといため合わせる。　　（市瀬）

ごちそう感満点！煮込まなくてOKで
味わいはビーフストロガノフ

新玉ねぎのステーキ 牛肉ソースかけ

手作業 15分 ☑おもてなしに ☑ワインのおともに

1人分386kcal　糖質19.4g

材料（4人分）と作り方

1. **新玉ねぎ4個**を横半分に切り、根元の部分に浅く十文字の切り込みを入れ、バラバラにならないようにようじを刺す。
2. フライパンに**オリーブ油大さじ2**を熱して**1**を並べ、両面に焼き色をつけ、ふたをして3分ほど蒸し焼きにし、**塩少々**を振って器に盛る。
3. フライパンをふき、**バター大さじ2**をとかして**牛切り落とし肉200g**をいためる。色が変わったら**小麦粉大さじ1.5**を振っていため、**白ワイン大さじ2**、**水1/2カップ**を加え、ふたをして弱火で3分ほど煮る。
4. **3**に**牛乳1カップ**、**塩小さじ1/2**、**こしょう少々**を加えてまぜ、弱火でとろりとするまで煮る。**2**にかけ、**クレソン8本**を添える。　　（大庭）

ごはんによく合う濃厚な
とんカツソース味

玉ねぎと牛肉のとんカツソースいため

手作業 7分 ☑ボリュームあり ☑お弁当にも

1人分303kcal　糖質17.2g

材料（4人分）と作り方

1. **新玉ねぎ3〜4個**を縦半分に切り、横に1cm幅に切ってほぐす。**牛切り落とし肉200g**に**かたくり粉大さじ1**をまぶす。
2. フライパンに**サラダ油大さじ1**を熱し、玉ねぎを入れて強火で少ししんなりするまでいため、とり出す。
3. フライパンに**サラダ油大さじ1**を足して牛肉をいため、色が変わったら、**酒大さじ2**、**とんカツソース大さじ3〜4**、**こしょう少々**を加えていため、**2**を戻し入れていため合わせる。　　（大庭）

玉ねぎ

1年を通して味も価格も安定！おかずバリエが多いと助かる

栄養

新陳代謝を高め、疲労回復に役立つ硫化アリルをはじめ、ビタミンB₁、C、カリウム、カルシウム、食物繊維などが豊富。

見分け方

皮がパリッと乾燥していて、つやがあり、重みのあるものがよい。軽く押してやわらかいものは中が傷んでいることがあるので注意。

保存方法

新聞紙などに包んで涼しい場所で常温保存を。新玉ねぎは水分が多く、傷みやすいので冷蔵保存が◎。使いかけはラップで包んでポリ袋に入れて冷蔵庫へ。

PART1 玉ねぎの主菜&副菜

手作業 7分
☑ おつまみにも
☑ 食費節約

粉と水、削り節をまぜて香ばしく焼くだけ！

玉ねぎのチヂミ風

1人分96kcal　糖質13.7g

材料（4人分）と作り方

1. 玉ねぎ1個を薄切りにし、ボウルに入れて**削り節5g**、**小麦粉**、**水各1/2カップ**を加えてまぜ合わせる。
2. フライパンに**サラダ油大さじ1**を熱し、**1**を全体に広げる。焼き色がつくまでじっくりと焼いて上下を返し、さらにこんがりと焼く。
3. 食べやすく切って器に盛り、好みで**しょうゆ**、**豆板醤**、**酢各適量**を添える。　　　　　　（牛尾）

手作業 7分
☑ ワインのおともに
☑ 火を使わずに

デリでも人気のおしゃれサラダをさっと手作り

新玉ねぎとグレープフルーツ、サーモンのサラダ

1人分104kcal　糖質11.5g

材料（4人分）と作り方

1. **新玉ねぎ大1個**を薄切りにし、水にさっと通して水けをよくきる。**グレープフルーツ1個**の果肉をとり出して一口大に割る。**スモークサーモン（切り落とし）60g**を食べやすく切る。
2. ボウルに**玉ねぎのすりおろし1/4個分**、**オリーブ油大さじ1**、**レモン汁小さじ2**、**はちみつ小さじ1**、**塩小さじ1/5**、**こしょう少々**を入れてまぜる。
3. 1をさっくりまぜて器に盛り、2を回しかけてあえる。（岩﨑）

手作業 7分
☑ おつまみにも
☑ 食費節約

レンチン＋グリルで作る簡単レシピ！味つけはポン酢でラク

まるごと玉ねぎの和風グリル

1人分75kcal　糖質11.3g

材料（4人分）と作り方

1. **玉ねぎ小4個**の上部に十文字に深く切り込みを入れ、ラップで包んで電子レンジで3分ほど加熱する。
2. ラップをとってアルミホイルで包み、魚焼きグリルまたはオーブントースターで15分ほど焼く。
3. 器に盛り、**削り節5g**を等分に振り、**ポン酢しょうゆ小さじ4**を等分にかける。　　　　　　（牛尾）

煮るだけでラク！なのに驚きのおいしさ

玉ねぎまるごとスープ煮

1人分81kcal　糖質14.9g

手作業 **3分**　☑食費節約　☑作りおきOK

材料（4人分）と作り方

1. **玉ねぎ4個**に上から2/3くらいの深さまで十文字に切り込みを入れる。**にんにく1かけ**はつぶす。
2. なべに**1**、**ローリエ1枚**、**顆粒スープ小さじ2**を入れ、**かぶるくらいの水**を注ぎ、ふたをして強火にかける。煮立ったら弱火で30分ほど煮て**塩小さじ2/3**で味をととのえる。
3. 切り込みから開くようにして器に盛り、**あらびき黒こしょう少々**を振る。　　　　　　　　　　　　　　　（牛尾）

レンチン加熱した玉ねぎに、のどごしのよい和風あんを

新玉ねぎのえびあんかけ

1人分131kcal　糖質19.5g

手作業 **7分**　☑レンチンで　☑子どもも大好き

材料（2人分）と作り方

1. **新玉ねぎ2個**に上から2/3くらいの深さまで8等分の切り込みを入れる。耐熱皿にのせ、ラップをかけて電子レンジで5分加熱し、器に盛る。
2. **えび4尾**の背わた、殻を除き、こまかく刻む。
3. なべに**だし1カップ**、**しょうゆ小さじ1/4**、**みりん小さじ1**、**塩小さじ1/2**を合わせて火にかけ、煮立ったら**2**を入れる。色が変わったら、**かたくり粉小さじ2**を同量の水でといて加え、まぜながらとろみをつけて煮立て、**1**にかける。　（あまこ）

簡単すぎ！シャキシャキのさわやかな食感がクセになる

新玉ねぎのサラダ
めんつゆドレッシング

1人分70kcal　糖質5.0g

手作業 **3分**　☑火を使わずに　☑食費節約

材料（4人分）と作り方

1. **新玉ねぎ（またはサラダ玉ねぎ）1個**を薄切りにする。**貝割れ菜1パック**と合わせてボウルに入れ、水にさっとさらし、水けをよくきる。
2. **めんつゆ（3倍濃縮タイプ）**、**サラダ油**、**酢各大さじ1**をまぜ合わせる。
3. 器に**1**を盛り、**刻みのり適量**、**すり白ごま小さじ2**を振り、**2**をかける。　　　　　　　　　　　　　　　　（牛尾）

PART1 玉ねぎの副菜

手作業 3分
☑ おつまみにも
☑ 火を使わずに

あっという間に完成！覚えておくと助かる

新玉キムチ

1人分25kcal　糖質4.7g

材料（4人分）と作り方

1. 新玉ねぎ1個を薄切りにする。辛めなら少し水にさらし、水けをきる。
2. ボウルに**白菜キムチ80g**、**1**を入れてあえる。
3. 器に盛り、**万能ねぎの小口切り、刻みのり各適量**を散らし、**しょうゆ少々**をかける。　　　　　　　　　　　　　　　　（牛尾）

手作業 3分
☑ 朝食にも
☑ 食費節約

ふわふわ卵がからんだ玉ねぎの甘みが絶妙

玉ねぎと卵の和風スープ

1人分61kcal　糖質2.9g

材料（4人分）と作り方

1. 玉ねぎ小1個を薄切りにする。
2. なべに**だし3カップ**をあたため、**1**を加えて5分ほど煮る。火が通ってやわらかくなったら**しょうゆ、塩各小さじ1/2、こしょう少々**で調味する。**とき卵2個分**を回し入れ、さっと火を通す。
3. 器に盛り、**いり白ごま小さじ1**を振る。　　　　　　　（牛尾）

手作業 7分
☑ 朝食にも
☑ 子どもも大好き

ミニトマトを加えて、色みとうまみをプラス

新玉ねぎとあさりのみそ汁

1人分48kcal　糖質5.2g

材料（4人分）と作り方

1. 新玉ねぎ1/2個をくし形切りにする。**ミニトマト12個**のへたをとる。**あさり（砂出ししたもの）300g**を洗う。
2. なべに**だし3カップ**、あさり、玉ねぎを入れて火にかける。あさりの口があいたらミニトマトを加え、**みそ大さじ2**をとき入れてひと煮立ちさせる。　　　　　　　　　　　　　（岩﨑）

トマト

美人と元気の源！
まるごと1個食べてもたったの40kcal

栄養
トマトに含まれる赤い色素のリコピンをはじめ、ビタミンB群、C、E、β-カロテンなど、老化を抑制する抗酸化物質の宝庫。

見分け方
へたがきれいな緑色でみずみずしく、ピンとしているものが新鮮。持ってみて重量感があり、へたのそばまで赤いものが味も栄養も◎。

保存方法
冷やしすぎると味が落ちるので、ざるなどにのせて室温で保存する。完熟したものはポリ袋に入れて冷蔵庫の野菜室へ。

豚肉は少量でOK。
相性抜群のバジルと組み合わせて

トマトと豚肉のバジルいため

手作業 7分 / ビタミン補給に / 食費節約

1人分208kcal　糖質5.7g

材料（4人分）と作り方

1. **トマト小4個**を4等分のくし形に切る。
2. **豚バラ薄切り肉150g**を3cm幅に切り、**バジル20g**の葉をつむ。
3. フライパンに**オリーブ油大さじ1**を熱し、豚肉を弱めの中火で香りよくいためる。脂が出たらバジル、トマトを加えていため合わせ、**酒大さじ1/2**を振り、**塩小さじ1/2、こしょう少々**で調味する。（大庭）

酢トマトソースは、
魚や肉のソテーとも相性抜群

かつおのたたき酢トマトソースがけ

手作業 7分 / おもてなしに / 火を使わずに

1人分157kcal　糖質2.7g

材料（4人分）と作り方

1. **トマト1個**を1cm角に切り、**にんにくのすりおろし1かけ分、酢大さじ2、塩小さじ1、オリーブ油大さじ1**と合わせて15分ほどおく。
2. **青じそ5枚**はせん切りにする。
3. **かつおのたたき2さく**は1.5cm厚さに切って器に盛り、1をかけ、2をのせる。（牛尾）

VEGETABLE DISH CATALOG　38

PART1 トマトの主菜

| 手作業 15分 | ☑ 子どもも大好き ☑ ボリュームあり |

香ばしい豚肉に
トマトの酸味がベストマッチ

トマトの肉巻き照り焼き

1人分416kcal　糖質21.2g

材料（2人分）と作り方

1. **トマト2個**を6等分のくし形に切り、**しょうがのすりおろし1かけ分**をからめる。
2. **豚ロース薄切り肉12枚（約150g）**を用意し、トマト1切れに豚肉1枚をらせん状に巻きつけ、全体をしっかりと包む。12個作り、**小麦粉適量**を薄くまぶす。
3. フライパンに**サラダ油適量**を多めに熱し、2を並べて全体に焼き色がつくまで4〜5分焼く。フライパンの油をふき、**しょうゆ、酒各大さじ1、砂糖、みりん各大さじ1/2**を加えて照りが出るまで煮からめる。　　　　　（藤井）

| 手作業 15分 | ☑ 低カロリー ☑ おもてなしに |

だしのうまみを吸った
ひんやりトマトをまるごと味わう

まるごとトマトと卵の冷やし鉢

1人分122kcal　糖質7.2g

材料（2人分）と作り方

1. **トマト小4個**の皮に浅く切り込みを入れる。**オクラ6本**のがくを削りとる。**卵2個**を室温にもどし、沸騰した湯に入れて6分ゆで、冷水にとって殻をむく。
2. なべに湯を沸かし、オクラをさっとゆでてざるに上げる。同じ湯にトマトを入れ、皮がはじけたら冷水にとって皮をむく。
3. 別のなべに**だし1.5カップ、塩、しょうゆ各小さじ1**を合わせて火にかけ、煮立ったら保存容器に移し、2、ゆで卵を入れる。あら熱がとれたら冷蔵庫に入れ、ときどき上下を返しながら冷やす。　　　　　（藤井）

ピクルスの酸味と食感でおしゃれな味わいに
トマトとゆで卵、ピクルスのサラダ

1人分79kcal 糖質6.8g

手作業 **3分** / ☑ 朝食にも ☑ 子どもも大好き

材料（4人分）と作り方
1. **トマト大2個**をくし形に切り、器に盛る。
2. **ゆで卵1個**をあらめに刻み、**きゅうりのピクルス1本（50g）**を約7mm角に切って**1**にのせる。
3. **酢、オリーブ油各大さじ1、塩小さじ1/3、こしょう少々**をまぜ、食べるときに**2**にかける。　　（夏梅）

トマトの甘み＋あさりのうまみの相乗効果でプロ級の味わい
ミニトマトとあさりの白ワイン蒸し

1人分32kcal 糖質2.5g

手作業 **7分** / ☑ 低カロリー ☑ 糖質オフ

材料（4人分）と作り方
1. **ミニトマト1パック**のへたをとり除く。**あさり（砂出ししたもの）300g**をよく洗う。**にんにく1かけ**を薄切りにする。
2. フライパンに**1**を入れ、**白ワイン1/3カップ**を回しかけ、**塩小さじ1/2、こしょう**少々を振り、好みで**タイム**など**ハーブ適量**を散らす。
3. ふたをして火にかけ、5分ほど蒸し煮にし、あさりの口があいたら全体をざっとまぜる。　　（牛尾）

切って→まぜて→かけるだけ！ 簡単でおいしい前菜風
トマトとチーズのカルパッチョ

1人分110kcal 糖質5.3g

手作業 **3分** / ☑ ワインのおともに ☑ 火を使わずに

材料（4人分）と作り方
1. **トマト2個**を薄い輪切りに、**モッツァレラチーズ1個**を角切りにする。
2. ボウルに**青じそ8枚**をみじん切りにして入れ、**オリーブ油、レモン汁、しょうゆ各小さじ2、塩、あらびき黒こしょう各少々**を加えてまぜ合わせる。
3. 器に**1**を盛り、**2**を回しかける。　　（岩崎）

VEGETABLE DISH CATALOG

PART1 トマトの副菜

| 手作業 7分 | ☑ ワインのおともに
☑ ＋もう1品に |

ベーコンやにんにくの香ばしい香りが食欲をそそる

トマトのグリル

1人分84kcal　糖質9.2g

材料（4人分）と作り方

1. トマト4個にへたと反対のほうに十文字に切り込みを入れる。
2. **ベーコン2枚、玉ねぎ1/4個、にんにく1かけ**をそれぞれみじん切りにし、まぜ合わせる。**1**の切り込みに詰め、魚焼きグリルまたはオーブントースターで7分ほど焼く。
3. 器に盛り、**塩少々、バルサミコ酢大さじ1/2**を振り、**パルメザンチーズ適量**を振る。　　　　　　　　　　　　（牛尾）

| 手作業 3分 | ☑ おつまみにも
☑ 子どもも大好き |

熱々トマト＆とろ〜りチーズの最強の組み合わせ

トマトチーズしらす焼き

1人分67kcal　糖質5.9g

材料（4人分）と作り方

1. **トマト3個**を1cm厚さの輪切りにする。
2. オーブントースターの天板にクッキングシートを敷いて**1**を並べ、**しらす干し20g、ピザ用チーズ40g、万能ねぎの小口切り適量**を等分にのせる。
3. オーブントースターでこんがりするまで焼き、**好みでしょうゆ少々**を振る。　　　　　　　　　　　　　　　　（牛尾）

| 手作業 7分 | ☑ 低カロリー
☑ 火を使わずに |

超簡単バジルソースでOK！ イタリアンなオードブル

トマトととうふのカプレーゼ

1人分117kcal　糖質5.0g

材料（4人分）と作り方

1. **絹ごしどうふ1丁**を1〜2cm厚さに、**トマト2個**を1cm角に切る。
2. ボウルに**バジル15g（3〜4枝）**の葉をつんで入れ、すりこ木ですりつぶしながら、**オリーブ油大さじ2、塩小さじ1/3、こしょう少々**を加えてまぜる。
3. 器にとうふを盛り、トマトをのせて**2**をかける。　（夏梅）

ドレッシングは好みの味でアレンジしてもOK
トマトと玉ねぎのシンプルサラダ

1人分83kcal　糖質5.0g

材料（4人分）と作り方

1. トマト小2〜3個を冷蔵室で冷やす。
2. 玉ねぎ小1/2個を縦薄切りにして冷水にさらし、ざるに上げて水けをきる。
3. 1を横8mm〜1cm厚さの輪切りにして器に盛り、2をのせる。パセリのみじん切り大さじ2を散らし、フレンチドレッシング（市販品）大さじ4をかける。　　　　　　　（大庭）

きゅうりも加えてサラダ感覚で召し上がれ
トマトとわかめの酢じょうゆあえ

1人分22kcal　糖質3.8g

材料（4人分）と作り方

1. トマト1個を1cm厚さのくし形に切る。わかめ（塩蔵）40gをたっぷりの水でもどし、熱湯にさっとくぐらせてしぼり、4cm長さに切る。
2. きゅうり1本をせん切りにする。
3. ボウルに酢大さじ2、砂糖大さじ1/2、しょうゆ小さじ1、塩小さじ1/3、こしょう少々をまぜ合わせ、1、2をあえる。
　　　　　　　　　　　　　　　　　　　　　（夏梅）

超簡単！お気に入りのグラスに盛りつけて
ミニトマトのマスタードビネガーあえ

1人分26kcal　糖質4.1g

材料（4人分）と作り方

1. ミニトマト20個を半分に切る。
2. ボウルに酢大さじ1、砂糖小さじ1、塩小さじ1/4、粒マスタード小さじ2、パセリのみじん切り小さじ1/2をまぜ合わせ、1をあえる。　　　　　　　　　　　　　　　　（牛尾）

PART1 トマトの副菜

手作業 3分
☑ 火を使わずに
☑ ワインのおともにも

新鮮な香り！バジル&レモンのマリネ液であえるだけ
トマトのバジルマリネ
1人分46kcal　糖質4.1g

材料（4人分）と作り方

1 トマト2個を横半分に切って縦6等分に切る。

2 ボウルにバジルの葉8枚をちぎって入れ、オリーブ油大さじ1、にんにくのすりおろし1/2かけ分、レモン汁小さじ2、塩小さじ1/3、こしょう少々を加えてまぜ合わせ、1をあえる。　　　　　　　　　　　　　　　　　　　　　　　　（牛尾）

手作業 3分
☑ 火を使わずに
☑ ＋もう1品に

塩こぶの塩け&うまみ＋ごまの香ばしさで味つけ簡単
塩こぶトマト
1人分29kcal　糖質4.3g

材料（4人分）と作り方

1 トマト2個を食べやすい大きさのくし形に切り、器に盛る。

2 塩こぶ(細切り)5g、すり白ごま小さじ1、万能ねぎの小口切り適量を散らし、ごま油小さじ1を回しかける。　　　　　（牛尾）

手作業 3分
☑ 作りおきOK
☑ レンチンで

冷蔵庫で2〜3日保存できるから作りおきしても
ミニトマトのピクルス
1人分36kcal　糖質6.8g

材料（4人分）と作り方

1 耐熱容器に酢大さじ5、砂糖大さじ2、塩小さじ1/2、ローリエ1枚、粒こしょう5〜6粒、クローブ1粒を入れ、ふんわりとラップをかけて電子レンジで30秒加熱する。

2 熱いうちにミニトマト200gを加え、20分以上漬ける。（夏梅）

カリフラワーをプラスして食べごたえをアップ

トマトとカリフラワーのかき玉スープ

1人分37kcal　糖質2.8g

手作業 **7分**　☑朝食にも　☑＋もう1品に

材料（4人分）と作り方

1. **トマト1個**を2cm角に切る。
2. **カリフラワー100g**を小房に分け、縦5cm厚さに切る。
3. なべに**水3.5カップ**、**顆粒スープ小さじ1**を入れて煮立て、**塩小さじ2/3**、**こしょう少々**で調味する。
4. 2を加えて2分ほど煮て、**とき卵1個分**を流し入れ、好みのかげんに火を通し、1を加えてさっと煮る。　　　（大庭）

トマトのビタミンと卵のたんぱく質で栄養バランスも◎

トマトと卵の中華スープ

1人分31kcal　糖質2.5g

手作業 **7分**　☑子どもも大好き　☑糖質オフ

材料（4人分）と作り方

1. **トマト大1個**を縦4等分に切り、横に1cm厚さのいちょう切りにする。
2. なべに**水4カップ**、**鶏ガラスープのもと小さじ1/2**を入れて煮立て、1を加えてひと煮し、**塩小さじ2/3**、**こしょう少々**で調味する。
3. **とき卵1個分**を流し入れ、弱めの中火で卵に火を通して器に盛り、**パセリのみじん切り大さじ1**を振る。　　　（大庭）

うまみを吸うはるさめで大満足のボリューム感

トマトとザーサイのはるさめスープ

1人分60kcal　糖質10.1g

手作業 **7分**　☑ボリュームあり　☑子どもも大好き

材料（4人分）と作り方

1. **トマト小1個**を縦4等分に切って横に1cm厚さのいちょう切りにする。**ザーサイ（味つき）30g**を刻む。
2. **はるさめ40g**をはさみで6〜7cm長さに切る。
3. なべに**水4カップ**、**鶏ガラスープのもと小さじ1/2**を入れて煮立て、2を加えて3〜4分煮る。しんなりしたら1を加え、**塩小さじ1**、**こしょう少々**で調味し、**ごま油大さじ1/2**を加える。　　　（大庭）

PART1 トマトの副菜

手作業 15分
☑ ビタミン補給に
☑ 食費節約

冷蔵庫に半端に残った野菜を集めて作るイタリアン
フレッシュトマトのミネストローネ
1人分91kcal 糖質6.2g

材料（4人分）と作り方

1. トマト2個、かぶ1個、にんじん、セロリ各1/4本、玉ねぎ1/4個をすべて7mm角に切る。ベーコン2枚を1cm幅に切る。
2. なべにオリーブ油小さじ1、ベーコンを入れて火にかけ、ベーコンの脂が出たらトマト以外の野菜を加えてさっといためる。油がなじんだらローリエ1枚、塩小さじ1/2、水2.5カップを加え、10分ほど煮る。
3. トマトを加え、塩、こしょう各少々で味をととのえる。器に盛り、オリーブ油適量を回しかけ、好みであらびき黒こしょう少々を振る。　　　　　　　　　　　　　　（上島）

手作業 3分
☑ 朝食にも
☑ 子どもも大好き

加熱するとうまみが出る！ トマトとみそは好相性
トマトみそ汁
1人分41kcal 糖質5.4g

材料（4人分）と作り方

1. トマト2個を一口大に切る。
2. なべにだし3カップをあたため、1を加え、みそ大さじ2をとき入れる。
3. 器に盛り、あれば刻んだ万能ねぎ適量を散らす。　（牛尾）

手作業 7分
☑ 低カロリー
☑ おもてなしにも

真っ赤に熟した旬のトマトで作るとひと味違うおいしさに
トマトとわけぎの冷たいお吸い物
1人分47kcal 糖質8.1g

材料（4人分）と作り方

1. トマト4個を湯むきし、横半分に切って種を除く。手でざっとつぶして各自の器に入れ、しょうがのしぼり汁小さじ1を等分にかける。
2. わけぎ2本の長さを半分に切り、塩少々を入れた熱湯でゆでる。水にとってしぼり、小口切りにする。
3. 冷たいだし3カップ、塩小さじ1/2、しょうゆ小さじ1をまぜ、1の器に等分に注ぎ入れ、2をのせる。　　　　　（夏梅）

じゃがいも

調理法や味つけ、合わせる素材でおいしさがどんどん広がっていく！

豚肉は少量でOK！塩味と好相性のバターでコクをプラス

塩バター肉じゃが

手作業 15分 ☑食費節約 ☑子どもも大好き

1人分219kcal 糖質22.0g

材料（4人分）と作り方

1. **じゃがいも3個**を一口大に、**にんじん小1本**を乱切りに、**玉ねぎ1/2個**を2cm幅に切る。**コーン缶（粒）100g**をさっと水洗いし、水けをきる。
2. なべに**バター大さじ1**をとかして玉ねぎ、**豚ひき肉150g**の順に入れていため、肉の色が変わったらじゃがいも、にんじん、コーンを加えていため合わせる。
3. **だし1.5カップ、塩小さじ1強、みりん大さじ1**を加えてふたをし、煮立ったら弱火で20分ほど煮る。　　　　（岩崎）

パン粉の代わりに油揚げを使うので、油と糖質をカット

ポテトの油揚げコロッケ風

手作業 15分 ☑おつまみにも ☑お弁当にも

1人分310kcal 糖質21.0g

材料（4人分）と作り方

1. **じゃがいも4個**を一口大に切って耐熱ボウルに入れ、ラップをかけて電子レンジで7分加熱する。熱いうちにつぶし、**ホワイトソース（市販品）1カップ、塩、こしょう各少々**をまぜ合わせ、8等分する。
2. **ハム4枚**を半分に切る。
3. **油揚げ4枚**を半分に切って袋状にし、ハムを1枚ずつ入れ、1を詰め、ようじで口をとめる。
4. フライパンを熱して3の両面をこんがり焼く。器に盛り、**キャベツのせん切り適量**を添え、好みで**ソース適量**をかける。　　　　（牛尾）

栄養

ビタミンCの含有量が多く、主成分のデンプンに守られて加熱してもビタミンCが失われにくいのが特徴。ビタミンB1やカリウム、食物繊維も豊富。

見分け方

皮に傷がなく、重量感のあるものが良品。しわが寄っていたり、芽が出ているものは避ける。また、緑色に変色しているものは×。

保存方法

低温に弱いので冷蔵庫や野菜室での保存は不向き。紙袋に入れるか、新聞紙などで包み、風通しのよい室温で保存を。

PART1 じゃがいもの主菜

手作業 15分 ☑おつまみにも ☑お弁当にも

ホクホクのおいもと
プリッとしたえびの食感が絶妙

じゃがいもとえびの粉チーズいため
1人分306kcal　糖質27.4g

材料（2人分）と作り方

1. **じゃがいも3個**を一口大に切る。水にくぐらせて耐熱皿に広げ、ラップをかけて電子レンジで4分加熱する。あら熱がとれたら水けをふく。

2. **えび8〜10尾**の殻をむいて背わたを除き、長さを半分に切って**塩少々、酒、かたくり粉各小さじ1**をもみ込む。

3. フライパンに**オリーブ油大さじ1.5**を熱して**1**を入れ、少し色づくまでいためる。**2、にんにくのみじん切り小さじ2**を加えていため、**酒大さじ1**を振り、えびの色が変わったら、**塩小さじ1/4、こしょう少々、粉チーズ大さじ1**を加えていためる。器に盛り、**あらびき黒こしょう、粉チーズ各適量**を振る。　　（小林）

手作業 15分 ☑ボリュームあり ☑作りおきOK

皮ごとおいしくいただけて、
手間ナシなのにごちそう風

新じゃがと手羽先の韓国風煮物
1人分375kcal　糖質37.8g

材料（4人分）と作り方

1. **新じゃがいも小12個（800g）**を皮つきのままよく洗い、水けをふく。

2. **鶏手羽先8本（500g）**を関節から2つに切る。

3. なべに**サラダ油大さじ1**を熱し、**2**を強めの中火で焼く。**1**を加えていため、油がなじんだら**にんにくのみじん切り1かけ分、しょうがのみじん切り小さじ1、ねぎのみじん切り大さじ4**を加えていため合わせる。

4. **酒大さじ3**を振り、**水2カップ**を加えて煮立て、**砂糖大さじ1、しょうゆ大さじ3**をまぜ、ふたをして弱火で20〜25分煮る。**ごま油大さじ1、一味とうがらし小さじ1/2〜1**を振る。（大庭）

ごはんがすすむ甘辛味は、
ほっこりなごむ定番のおいしさ

いかじゃが

1人分225kcal　糖質27.6g

手作業15分　作りおきOK　冷めても◎

材料（4人分）と作り方

1. じゃがいも**4個**を一口大に、**玉ねぎ1個**をくし形に切る。
2. **いか1ぱい**の胴から足を抜く。胴は輪切り、足は2～3本ずつに切り分ける。
3. なべに**だし2.5カップ**をあたため、**2**を入れて2分ほど煮てとり出し、**1**を加えて5分ほど煮る。いかを戻し入れ、**しょうゆ、みりん各大さじ3**で調味し、さらに5分ほど煮る。
4. 筋をとった**絹さや12枚、バター20g**を加え、さっとまぜる。　　　　　　　　　　（牛尾）

レモン＆マスタード入りのドレッシングで
春を感じるデリ風おかず

新じゃがとそら豆の
エッグサラダ

1人分308kcal　糖質22.9g

手作業15分　作りおきOK　お弁当にも

材料（2人分）と作り方

1. **新じゃがいも4個**をよく洗い、皮つきのまま**塩少々**を加えた水に入れ、やわらかくゆでる。ざるに上げ、あら熱がとれたら一口大に切る。
2. **そら豆8～10粒**を**塩少々**を加えた熱湯でゆでてざるに上げ、あら熱がとれたら薄皮をむく。**セロリ1/2本**のかたいところはピーラーでむき、斜め薄切りにする。**ゆで卵2個**を一口大に切る。
3. ボウルに**1**、**2**を合わせ、**オリーブ油大さじ2、レモン汁大さじ1、粒マスタード、はちみつ各小さじ1、塩、こしょう各少々**をまぜたドレッシングであえる。　　　　　　　　　（上島）

PART1 じゃがいもの主菜&副菜

手作業15分 ☑作りおきOK ☑子どもも大好き

ミキサーなしでポタージュ風。クリーミーなやさしい口当たり！

じゃがいもとブロッコリーのクリーム煮

1人分154kcal 糖質19.1g

材料（4人分）と作り方

1. じゃがいも3個をくし形に、玉ねぎ1/2個を2cm幅に切る。
2. なべにサラダ油小さじ1を熱して玉ねぎ、じゃがいもの順にいためる。水1カップ、固形スープ1/2個を加えてふたをし、煮立ったら弱火にして10分煮る。ブロッコリー100gを小房に分けて加え、さらに4～5分煮る。
3. 耐熱容器にバター大さじ1、小麦粉大さじ1.5を入れ、ラップなしで電子レンジで1分加熱してまぜる。
4. 2に牛乳1カップを加え、煮立ってきたら3をとき入れてとろみをつけ、塩、こしょう各少々で味をととのえる。　（岩﨑）

手作業7分 ☑作りおきOK ☑朝食にも

シンプルな塩味だから、このままでも、つけ合わせにも

じゃがいもとグリーンピースの塩バター煮

1人分126kcal 糖質17.4g

材料（4人分）と作り方

1. じゃがいも4個を一口大に切る。グリーンピース50gをさやからとり出す。
2. なべにバター20gをとかし、1をさっといためる。
3. 全体にバターが回ったら水1.5カップ、顆粒スープ小さじ1/2、塩小さじ2/3を加え、煮汁が少なくなるまで10分ほど煮る。　（牛尾）

手作業15分 ☑食費節約 ☑お弁当にも

小粒の新じゃがを使って皮ごと煮るのがポイント

新じゃがのカレー煮っころがし

1人分173kcal 糖質29.3g

材料（4人分）と作り方

1. 新じゃがいも500gを皮ごとよく洗い、水けをふく。170度に熱した揚げ油適量で5分ほど素揚げにし、油をきる。
2. なべに1、つぶしたにんにく2かけ、水2カップ、みりん、しょうゆ各大さじ2、砂糖大さじ1/2、カレー粉小さじ1を入れて強火にかける。煮立ったら中火にし、ときどきなべを揺らしながら煮汁が少なくなるまで煮る。グリーンピース缶1缶（55g）を加えてひと煮する。　（牛尾）

買いおきしてある材料でパパッと作れる♪ しかも大好評！

じゃがいもとソーセージのケチャップいため

1人分193kcal　糖質22.2g

手作業 7分 ☑お弁当にも ☑子どもも大好き

材料（4人分）と作り方

1. **じゃがいも400g**を皮ごとよく洗い、1個ずつラップで包み、電子レンジで6〜8分加熱し、皮つきのまま6等分のくし形に切る。
2. **ウインナソーセージ4本**を1cm幅に、**玉ねぎ100g**をあらめのみじん切りにする。
3. フライパンに**サラダ油大さじ1**を熱して1をいため、焼き色がついたら2を加えていため合わせる。玉ねぎがしんなりしたら**トマトケチャップ大さじ3、塩、こしょう各少々**を加え、全体にからめながらいためる。器に盛り、あれば**パセリ少々**を添える。　　　　　　　　　　　（検見﨑）

材料を入れたら、あとはオーブントースターでラク！

細切りじゃがいものマヨグラタン

1人分160kcal　糖質8.6g

手作業 7分 ☑ボリュームあり ☑子どもも大好き

材料（4人分）と作り方

1. **じゃがいも2個**をスライサーで細切りにし、ボウルに入れ、**ツナ缶（オイル漬け）小1缶（55g）**の汁をきって加える。**卵1個、塩、こしょう各少々、マヨネーズ大さじ2**を加え、よくまぜる。
2. 耐熱容器に移し、**マヨネーズ大さじ1**を全体に細くしぼり、**あらびき黒こしょう少々**を振る。
3. オーブントースターで7〜8分こんがりするまで焼く。（検見﨑）

ごま油＋ナンプラー＋香菜で簡単アジアンメニュー

じゃがいもと鶏ささ身のエスニックサラダ

1人分116kcal　糖質12.9g

手作業 7分 ☑作りおきOK ☑子どもも大好き

材料（4人分）と作り方

1. **じゃがいも3個**をスライサーで太めのせん切りにして水で洗う。水けをきって熱湯に入れ、1分ほどゆで、冷水につけて水けをきる。
2. **鶏ささ身2本**を耐熱皿に並べて**酒小さじ1、塩少々**を振る。ラップをかけ、電子レンジで1分30秒ほど加熱する。そのまま冷ましてこまかくほぐす。
3. ボウルに1、2を入れ、**ごま油大さじ1**を、**ナンプラー大さじ1、赤とうがらし、塩、こしょう各少々、レモン汁大さじ1**、2cm長さに切った**香菜適量**を加えてあえる。　（大庭）

PART1 じゃがいもの副菜

手作業 **7分** / ☑ おつまみにも ☑ 子どもも大好き

ポテトの味が引き立つヨーグルト入りのマヨソースで

アボカドポテトサラダ

1人分203kcal　糖質14.1g

材料（4人分）と作り方

1. じゃがいも**3個**を一口大に切ってゆで、水けをきって**塩、こしょう各少々**を振る。
2. **キャベツ2枚**を3〜4cm長さのせん切りにし、**塩少々**をまぶし、しんなりしたら水けをしぼる。**アボカド1個**を一口大に切る。
3. ボウルに**1**、**2**を合わせ、**プレーンヨーグルト大さじ1、マヨネーズ大さじ3、塩、こしょう各少々**を加えてあえる。

（岩﨑）

手作業 **7分** / ☑ レンチンで ☑ 食費節約

コクのあるオイスターソース味で、あとを引くおいしさ

中華風ポテトサラダ

1人分107kcal　糖質9.5g

材料（4人分）と作り方

1. じゃがいも**2個**を洗ってラップで包み、電子レンジで3分加熱し、上下を返して3分加熱する。あら熱がとれたら皮をむき、一口大に切る。
2. ボウルに**マヨネーズ大さじ3、オイスターソース大さじ1**をまぜ、**1**をあえる。器に盛り、**万能ねぎの小口切り2本分**を散らす。

（夏梅）

手作業 **15分** / ☑ お弁当にも ☑ おつまみにも

マンネリになりがちなポテサラをベーコン味でシンプルに

ベーコン入りポテトサラダ

1人分155kcal　糖質14.2g

材料（4人分）と作り方

1. じゃがいも**3個**を4等分し、さっと洗う。なべにじゃがいも、かぶるくらいの水を入れて火にかけ、煮立ったら弱火にし、ふたをして15分ゆでる。竹ぐしが通ったら湯を捨て、再び火にかけて粉ふきにし、あたたかいうちにつぶす。
2. **オリーブ油大さじ1**を熱し、**ベーコンの細切り3枚分、玉ねぎの薄切り1/2個分**をしんなりするまでいためる。
3. ボウルに**塩小さじ1/3、こしょう少々、酢大さじ1.5、オリーブ油大さじ1/2**をまぜて**1**をあえ、**2**をまぜる。器に盛り、あれば**パセリのみじん切り少々**を振る。

（夏梅）

さっとゆでたじゃがいもをレモン風味のソースであえたら完成

じゃがいものラペ

1人分141kcal　糖質12.6g

手作業 7分 ☑子どもも大好き ☑＋もう1品に

材料（4人分）と作り方

1. じゃがいも**3個**をスライサーでせん切りにする。たっぷりの熱湯に入れて透き通るまで20秒ほどゆで、すぐに氷水にとって冷まし、水けをよくきる。
2. ボウルに**オリーブ油大さじ3、レモン汁大さじ1、塩小さじ1/2、こしょう少々**をまぜ合わせ、**1**、**パセリのみじん切り大さじ1**を加えてあえる。

（市瀬）

明太子のピリ辛とにんにくの香りで大人気

シャキシャキ和風タラモサラダ

1人分120kcal　糖質13.4g

手作業 7分 ☑おつまみにも ☑＋もう1品に

材料（4人分）と作り方

1. じゃがいも**3個**を細切りにする。**サラダ油、塩各小さじ2**を加えた熱湯で1分ほどゆで、ざるに上げて湯をきり、冷ます。
2. **貝割れ菜1パック**の長さを半分に切る。**万能ねぎ20g**を小口切りにする。**からし明太子1本**の薄皮を除く。
3. ボウルに**1**、**2**、**マヨネーズ大さじ2、にんにくのすりおろし1/2かけ分、薄口しょうゆ小さじ1/2**を加えてまぜる。

（牛尾）

淡泊な味わいのじゃがいもにザーサイ特有の風味が好相性

じゃがいものザーサイあえ

1人分74kcal　糖質8.5g

手作業 7分 ☑おつまみにも ☑＋もう1品に

材料（4人分）と作り方

1. じゃがいも**2個**を細切りにし、**サラダ油小さじ2**を加えた熱湯で30秒ほどゆで、ざるに上げて湯をきる。
2. **貝割れ菜1パック**の長さを半分に切る。**ザーサイ（味つき）30g**をあらみじんに切る。
3. ボウルに**1**、**2**を合わせ、**しょうゆ、酢各小さじ1、こしょう少々**を加えてあえる。

（牛尾）

PART1 じゃがいもの副菜

手作業 15分
☑ 子どもも大好き
☑ ビタミン補給に

ブロッコリーも加えて、野菜不足をおいしく解消

じゃがいもとしいたけのミルクスープ

1人分167kcal　糖質11.2g

材料（4人分）と作り方

1. じゃがいも2個を1cm角に切り、水にさらす。玉ねぎ小1個を1cm角に切る。しいたけ6個を軸ごと縦半分に切り、横3等分に切る。
2. ブロッコリー100gを小房に分け、塩少々を入れた熱湯でゆでてざるに上げる。
3. なべにサラダ油大さじ1、1cm幅に切ったベーコン60gを入れて弱めの中火でいため、1を加えていため合わせる。水2.5カップを加えて煮立ててアクをとり、塩小さじ2/3、こしょう少々を振って10分ほど煮る。2、牛乳1カップを加えてあたため、塩、こしょう各少々で調味する。　（大庭）

手作業 7分
☑ 子どもも大好き
☑ 朝食にも

ミキサーなしで簡単＆ヘルシーなポタージュ風

すりおろしじゃがいもの豆乳スープ

1人分133kcal　糖質13.3g

材料（4人分）と作り方

1. じゃがいも2個をすりおろす。
2. なべにだし1カップを煮立て、1を加えて煮る。
3. 豆乳2.5カップを加え、みそ大さじ2、塩小さじ1/2で調味する。器に盛り、あらびき黒こしょう少々を振る。　（牛尾）

手作業 7分
☑ 低カロリー
☑ 疲労回復に

中華風の味つけで、いつもの野菜が新鮮な味わいに

じゃがいもとにらのスープ

1人分67kcal　糖質9.2g

材料（4人分）と作り方

1. じゃがいも2個を細切りに、にら1/2束を3〜4cm長さに切る。
2. なべに鶏ガラスープ3カップを入れて煮立て、1を加えて3分ほど煮る。じゃがいもがやわらかくなったらオイスターソース、しょうゆ各小さじ2、塩、こしょう各少々で調味する。　（牛尾）

白菜

シャキシャキサラダから煮物まで、バリエーション豊かに使い切りたい

手作業 15分
☑ 子どもも大好き
☑ 低カロリー

コクのある中華風スープで、
おなかも気持ちもほっこり

白菜とえびの中華風ミルク煮

1人分121kcal　糖質6.8g

材料（4人分）と作り方

1. **白菜400g**を葉と軸に分け、葉は一口大、軸は一口大のそぎ切りにする。**えび12尾**の殻をむき、背を浅く開いて背わたをとる。
2. なべに**サラダ油大さじ1/2**を熱し、白菜の軸を2分ほどいため、白菜の葉を加えてさっといためる。
3. **水3/4カップ、鶏ガラスープのもと、オイスターソース各小さじ1、塩小さじ1/3、こしょう少々**を加えてふたをし、弱火で4〜5分蒸し煮にする。中火にしてえびを加え、色が変わるまで煮る。
4. **牛乳1カップ、かたくり粉大さじ1**をまぜ合わせて3に加え、軽くとろみがつくまでまぜながらあたため、ごま油少々を振る。
（市瀬）

手作業 7分
☑ 食費節約
☑ 子どもも大好き

材料2種類、
仕上げはオーブンおまかせで極ラク！

白菜と豚バラ肉のはさみ焼き

1人分481kcal　糖質3.9g

材料（2人分・13×20×4㎝の耐熱容器1個分）と作り方

1. **豚バラ薄切り肉200g**に、塩、こしょう各少々を振る。
2. **白菜1/8個**の芯を切らずに、葉と葉の間に豚肉を1枚ずつ詰める。手で全体をぎゅっとつかむようにしてなじませ、5㎝長さに切る。
3. 耐熱容器に切り口を上にして並べ入れ、**ごま油大さじ1**を回しかける。
4. 220度に予熱したオーブンに入れ、10〜15分焼く。器にとり分けて、**ポン酢しょうゆ適量**をかける。
（きじま）

栄養

95％が水分で、ビタミンCやカリウム、食物繊維が豊富。キャベツにくらべてカロリー＆糖質が少なく、ダイエット中にも安心、おさいふにもやさしい。

見分け方

まるごとなら、葉の巻きがよく締まり、重量感のあるものが○。カットされているものは、中央が盛り上がっているものは、鮮度が落ちている。

保存方法

まるごとなら新聞紙などで包み、日の当たらない涼しい場所へ。使いかけはラップで包み、冷蔵庫の野菜室で保存を。

PART1 白菜の主菜

手作業 15分　☑低カロリー　☑糖質オフ

大きめに切った白菜に
骨つき肉のうまみがしみ込む

白菜と鶏肉、とうふの白湯なべ

1人分252kcal　糖質5.5g

材料（4人分）と作り方

1. **白菜小1/2個**を1枚ずつはがし、縦半分に切って長さを半分にし、軸と葉を分ける。**鶏骨つきぶつ切り肉500g**を熱湯に入れ、すぐにざるに上げて洗う。
2. なべに鶏肉、**水6カップ**、**しょうがの薄切り10g**、**鶏ガラスープのもと大さじ1**、**塩小さじ1/2**を入れて火にかけ、煮立ったら弱火にしてアクを除き、ふたをして20分煮る。
3. 白菜の軸を加えて20分、葉を加えて10分煮る。食べやすく切った**絹ごしどうふ1丁**を加え、ひと煮する。　　　　　　　　　　（夏梅）

手作業 7分　☑食費節約　☑糖質オフ

塩こぶ、鶏ひき肉、削り節。
トリプルのうまみ成分が白菜に合う♪

白菜と鶏ひき肉の塩こぶいため

1人分274kcal　糖質6.1g

材料（2人分）と作り方

1. **白菜1/8個**は5cm長さ、3mm幅の細切りにする。
2. フライパンに**ごま油大さじ1/2**を熱して**鶏ひき肉（もも）200g**をいため、パラパラになったら1を加えていため合わせる。
3. 白菜がしんなりしたら、**みりん小さじ2**、**塩小さじ1/4**、**塩こぶ（細切り）10g**を加えて全体になじむまでいため、**削り節3g**を仕上げ用に少量残して加える。器に盛り、残りの削り節をのせる。　　　　　　　　　　（きじま）

しょうがやにんにくの風味をきかせて香りとコクをプラス

白菜とささ身の中華あえ

1人分 96kcal　糖質 4.0g

手作業 7分　☑お弁当にも　☑作りおきOK

材料（4人分）と作り方

1. **白菜400g**を1cm幅に切り、**塩少々**を加えた熱湯でさっとゆで、ざるに上げて湯をきり、あら熱がとれたらしぼる。
2. **鶏ささ身2本**の筋をとり、別のなべにぬるめの湯から5分ほどゆでて湯をきり、手でこまかく裂く。
3. ボウルに**酢、ごま油各大さじ1、しょうゆ大さじ1.5、酒小さじ2、砂糖小さじ1、にんにく、しょうが各1/2かけ分**のすりおろしを合わせてまぜ、**1**、**2**をあえる。器に盛り、**いり黒ごま大さじ1**を振る。　　　　（牛尾）

鮭は1人分半切れでOK！さわやかなしょうが風味をからめて

白菜と焼き鮭のしょうが ドレッシングサラダ

1人分 172kcal　糖質 2.4g

手作業 7分　☑食費節約　☑糖質オフ

材料（4人分）と作り方

1. **白菜4枚**の軸を3cm長さの細切りに、葉は食べやすくちぎる。**甘塩鮭2切れ**を焼いて大きめにほぐし、骨を除く。
2. ボウルに**サラダ油大さじ2、酢小さじ2、しょうがのすりおろし1かけ分、砂糖小さじ1/2、塩小さじ1/4、こしょう少々**をまぜ合わせ、**1**を加えてさっくりとあえる。（岩﨑）

ツナ缶と粒マスタードのおいしさをかけ算

白菜とツナの マスタード蒸し煮

1人分 94kcal　糖質 4.8g

手作業 7分　☑食費節約　☑低カロリー

材料（4人分）と作り方

1. **白菜700g**をざく切りにする。
2. なべに**1**、缶汁をきった**ツナ缶小1缶、粒マスタード大さじ2**を入れてまぜる。
3. **酒大さじ2、しょうゆ小さじ1、こしょう少々、ローリエ1枚**を加え、ふたをして火にかけ、煮立ったら弱火にし、10分ほど蒸し煮にする。　　　　（岩﨑）

PART1 白菜の副菜

手作業 7分
☑ ミネラル補給に
☑ ＋もう1品に

箸休めにぴったりのさっぱり梅風味
白菜とひじきの梅ドレサラダ

1人分45kcal　糖質2.0g

材料（4人分）と作り方

1. 白菜3枚をせん切りにする。ひじき(乾燥)大さじ2を水でもどし、熱湯でさっとゆでる。湯をきってボウルに入れ、しょうゆ大さじ1/2をまぜて冷ます。
2. 別のボウルに梅干し1個の種を除いて包丁でこまかくたたき、サラダ油大さじ1、酢小さじ2、塩、こしょう各少々をまぜる。
3. 1と2を合わせてまぜる　　　　　　　　　　（岩﨑）

手作業 7分
☑ ＋もう1品に
☑ 糖質オフ

にんにく風味のドレッシングが大人にも子どもにも大人気
白菜のシーザーサラダ

1人分122kcal　糖質2.5g

材料（4人分）と作り方

1. 白菜4枚の軸を細切りに、葉は食べやすくちぎる。
2. ベーコン2枚を短冊切りにし、フライパンにサラダ油小さじ1/2を熱してカリカリにいため、1とまぜて器に盛る。
3. ボウルににんにくのすりおろし少々、プレーンヨーグルト、粉チーズ各大さじ1、マヨネーズ大さじ3、こしょう少々をまぜ合わせ、2にかける。　　　　　　　　　　（岩﨑）

手作業 3分
☑ 火を使わずに
☑ ＋もう1品に

刻みのりをたっぷりトッピングして時短でラクうま居酒屋風
白菜とじゃこの和風サラダ

1人分84kcal　糖質1.6g

材料（4人分）と作り方

1. 白菜300gをざく切りにする。
2. ボウルにちりめんじゃこ20g、ごま油大さじ2、塩小さじ1/2、こしょう少々、しょうゆ小さじ1を入れてまぜ、1を加えてさっくりとまぜる。器に盛り、刻みのり適量をのせる。（牛尾）

時間とともに熟成＆味の変化が楽しい発酵食
白菜の簡単水キムチ
全量で139kcal　糖質23.3g

手作業 **7分**　☑作りおきOK　☑火を使わずに

材料（作りやすい分量）と作り方
1. 白菜**600g**を3cm角に切って**塩大さじ1/2**をまぶし、10分おく。
2. 保存容器ににんにくの薄切り、しょうがの薄切り各1かけ分、赤とうがらしの小口切り1本分、**塩大さじ1と1/3**、酢、砂糖各大さじ1、水5カップを入れてまぜる。
3. **1**をさっと水洗いしてしぼり、**2**に加えてまぜる。　（藤井）

★作ってすぐに食べられるが、時間がたつにつれて発酵が進み、味の変化が楽しめる。冷蔵庫で1～2週間保存可能。

ごま油香るピリ辛＆甘ずっぱい味が特徴の中華風漬け物
ラーパーツァイ
1人分27kcal　糖質3.0g

手作業 **3分**　☑食費節約　☑火を使わずに

材料（4人分）と作り方
1. 白菜**200g**は1cm幅の細切りにする。
2. ポリ袋に**1**、しょうがのせん切り1かけ分、赤とうがらしの小口切りひとつまみ、酢70㎖、砂糖小さじ2、**塩小さじ1.5**、ごま油小さじ1を入れてもみ込み、半日からひと晩おく。
（牛尾）

おすしに添える甘酢しょうがを使って作る超お手軽漬け物
浅漬けガリ白菜
1人分15kcal　糖質2.6g

手作業 **3分**　☑+もう1品に　☑火を使わずに

材料（2人分）と作り方
1. 白菜**250g**は小さめの一口大に切り、**塩小さじ1/2**を振ってざっくりとまぜ、10分ほどおいて水けをしぼる。
2. ボウルに**1**と甘酢しょうがの薄切り30g、塩こぶ（細切り）10gを入れてあえる。　（市瀬）

PART1 白菜の副菜

手作業 15分
☑ 糖質オフ
☑ 食費節約

豚肉を加えた具だくさんの汁物はおかずにもなる食べごたえ

白菜と豚バラ肉のとろとろスープ

1人分108kcal　糖質2.7g

材料（4人分）と作り方

1. 白菜250gを横に細切りに、ねぎ1/4本を斜め薄切りにする。豚バラ薄切り肉80gを5mm幅に切る。
2. なべにごま油小さじ1を熱し、豚肉、ねぎをいためる。豚肉の脂が出てきたらだし2.5カップ、塩小さじ1/2、白菜を加えて煮る。白菜がやわらかくなったら、しょうがのすりおろし小さじ1、薄口しょうゆ大さじ1/2を加え、塩、こしょう各少々を振る。
3. かたくり粉小さじ1.5を水大さじ1.5でといて2に加え、まぜながら煮立ててとろみをつける。器に盛り、あらびき黒こしょう少々を振る。　　　　　　　　　　　　　　（上島）

手作業 7分
☑ 低カロリー
☑ 子どもも大好き

豆乳のまろやかな口当たりに桜えびの香ばしさをプラス

白菜と桜えびの豆乳スープ

1人分59kcal　糖質3.7g

材料（4人分）と作り方

1. 白菜200gを縦半分に切り、2cm幅に切る。しょうが1/2かけの皮をむいてせん切りにする。
2. なべに白菜の軸の部分、桜えび10g、しょうが、水2カップ、顆粒スープ小さじ1/2を入れて火にかける。煮立ったら酒大さじ2を振り、塩小さじ2/3で調味し、火を弱めてふたをして15分ほど煮る。
3. 白菜の葉の部分を加えてしんなりするまで煮、豆乳1.5カップを加えてひと煮する。器に盛り、あらびき黒こしょう少々を振る。　　　　　　　　　　　　　　　　　（大庭）

手作業 7分
☑ ＋もう1品に
☑ 低カロリー

やさしい口当たりで朝食や夜食にも

白菜たっぷりはるさめスープ

1人分27kcal　糖質5.5g

材料（4人分）と作り方

1. 白菜200gを5mm幅に切る。はるさめ20gを湯でもどして水けをきり、食べやすく切る。
2. なべに鶏ガラスープ4カップを熱し、1を加えて5分ほど煮る。
3. 塩小さじ1、こしょう少々、オイスターソース小さじ1/2で調味し、器に盛り、万能ねぎの小口切り適量を散らす。（牛尾）

ほうれんそう

栄養満点！たっぷり食べられるレシピでレパートリーをふやしたい

手作業 15分
☑ ボリュームあり
☑ 子どもも大好き

ビールにもごはんにも合う
栄養＆食べごたえ満点！

ほうれんそうと豚バラ肉のチヂミ

1人分540kcal　糖質33.5g

材料（2人分）と作り方

1. ほうれんそう**200g**をラップでふんわりと包み、電子レンジで2分30秒加熱する。冷水にとって冷まし、水けをしぼって5cm長さに切る。**豚バラ薄切り肉100g**を5cm幅に切る。

2. ボウルに**とき卵1個分、小麦粉1/2カップ、かたくり粉大さじ4、塩小さじ1/4、冷水1/2カップ**を入れてまぜ合わせ、**1**を加えてざっくりとまぜる。

3. フライパンに**ごま油大さじ1**を熱して**2**を流し入れて均一に広げ、2～3分焼く。焼き色がついたら上下を返し、フライパンの縁から**ごま油大さじ1**を足し、さらに3分ほど焼く。食べやすく切って器に盛り、**ポン酢、コチュジャン各適量**を添える。

（市瀬）

手作業 7分
☑ 糖質オフ
☑ ビタミン補給に

カラダにいいものを食べている感じがうれしいヘルシーおかず

ほうれんそうといわし缶のピリ辛トマト煮

1人分162kcal　糖質7.0g

材料（4人分）と作り方

1. ほうれんそう**300g**を熱湯でゆで、冷水にとって冷まし、水けをしぼって2cm長さに切る。

2. フライパンに**オリーブ油大さじ1/2**を熱し、**にんにくのみじん切り1かけ分、玉ねぎのみじん切り100g**をいためる。玉ねぎがしんなりしたら**1**を加えていため、水けがとんだら**いわし缶（水煮）1缶（200g）**を缶汁ごと加える。

3. **トマト缶（カットタイプ）400g、ローリエ1枚、チリペッパー少々、トマトケチャップ大さじ1、しょうゆ小さじ1**を加え、ときどきまぜながらほとんど汁けがなくなるまで煮る。

（検見﨑）

栄養

β-カロテンの含有量が群を抜いて多く、ビタミンC、カルシウム、鉄、マグネシウム、葉酸なども豊富に含まれている。

見分け方

葉の緑色が濃くて厚みがあり、みずみずしく、全体に張りのあるものが良品。茎が細すぎず、株の部分が太く、根がきれいなピンク色をしているものが◯。

保存方法

鮮度が落ちると栄養も失われるので早めに食べ切る。保存するときは、軽く湿らせたキッチンペーパーなどで包んでポリ袋に入れ、冷蔵庫の野菜室へ。

VEGETABLE DISH CATALOG

PART1 ほうれんそうの主菜&副菜

手作業 3分
☑ +もう1品に
☑ 子どもも大好き

フライパン蒸しのほうれんそう＋簡単タルタルが◎

蒸し焼きほうれんそうの タルタルソースかけ

1人分90kcal　糖質0.6g

材料（4人分）と作り方

1. ほうれんそう**1束**を4cm長さに切り、フライパンに入れてふたをし、強火にかける。途中で一度まぜて2～3分加熱し、ざるに上げて水けをきり、器に盛る。
2. ボウルにあらく刻んだ**ゆで卵2個**、玉ねぎのみじん切り**小さじ1**、塩、こしょう各少々、マヨネーズ**大さじ2**をまぜ合わせ、**1**にかける。　　　　　　　　　　　　　　（岩﨑）

手作業 7分
☑ 朝食にも
☑ 子どもも大好き

サラダほうれんそうのフレッシュな味わいも大人気

ほうれんそうと ベーコンのサラダ

1人分100kcal　糖質2.0g

材料（4人分）と作り方

1. **サラダほうれんそう2束**を3～4cm長さに切り、**ベビーリーフ1パック**とともに水にさらし、シャキッとしたら水けをきる。
2. **ベーコン4枚**を1cm幅に切り、フライパンでカリカリにいためてとり出す。
3. フライパンに残った脂に**粒マスタード大さじ1/2**、**バルサミコ酢大さじ2**、**塩小さじ1/3**、こしょう少々を加えてまぜる。
4. 器に**1**を盛り、**2**をのせ、**3**をかける。　　（牛尾）

手作業 7分
☑ +もう1品に
☑ 糖質オフ

冬野菜を組み合わせて香ばしいじゃこをトッピング

ほうれんそうと白菜の カリカリじゃこサラダ

1人分85kcal　糖質1.8g

材料（4人分）と作り方

1. **ほうれんそう100g**を3cm長さに切り、**白菜3枚**を軸を短冊切りにし、葉はちぎり、合わせて器に盛る。
2. フライパンに**オリーブ油小さじ2**を熱し、**ちりめんじゃこ大さじ4**をきつね色になるまでいため、**1**にかける。
3. **酢大さじ1/2**、**バルサミコ酢小さじ1**、**塩小さじ1/4**、こしょう少々、**オリーブ油大さじ1.5**をまぜ合わせ、回しかける。

（岩﨑）

くるみのカリッとした食感とバターの香りが◎！

ほうれんそうとくるみのソテー

1人分110kcal　糖質0.6g

手作業 3分 ☑糖質オフ ☑子どもも大好き

材料（4人分）と作り方

1. ほうれんそう300gを5cm長さに切る。くるみ40gの大きいものは半分に割る。
2. フライパンにバター15gを熱し、1をいためる。ほうれんそうがしんなりしたら塩小さじ1/3、こしょう少々を加え、さっといため合わせる。　　　　　　　　　　　（市瀬）

シンプルな味つけで食材のもち味を引き出す

ほうれんそうとまいたけの中華いため

1人分66kcal　糖質1.9g

手作業 3分 ☑＋もう1品に ☑食物繊維補給に

材料（4人分）と作り方

1. ほうれんそう2束を5cm長さに切る。まいたけ200gを食べやすくほぐす。
2. フライパンにサラダ油大さじ1、にんにくの薄切り1かけ分を入れて火にかけ、香りが立ったら1を加えて強火でいためる。
3. 油がなじんだら酒、しょうゆ各大さじ1、塩小さじ1/2、鶏ガラスープのもと少々を加えていため合わせる。　　（市瀬）

いつものごまあえにコーンを加えて彩りよく栄養アップ

ほうれんそうとコーンのごまあえ

1人分147kcal　糖質9.7g

手作業 3分 ☑お弁当にも ☑子どもも大好き

材料（4人分）と作り方

1. ほうれんそう1束を塩少々を加えたたっぷりの熱湯でゆでて水にとり、水けをしぼって3cm長さに切り、さらに水けをしぼる。
2. コーン缶（粒）1缶（190g）の缶汁をきる。
3. ボウルにすり白ごま大さじ4、砂糖、しょうゆ、水各小さじ2をまぜ合わせ、1、2をあえる。　　　　　（市瀬）

VEGETABLE DISH CATALOG

PART1 ほうれんそうの副菜

手作業 7分 ☑おつまみにも ☑+もう1品に

たらこはほぐさずに小さく切ってあえるのがポイント

ほうれんそうとしらたきのたらこ酢あえ

1人分50kcal　糖質0.3g

材料（4人分）と作り方

1. ほうれんそう1束を塩少々を加えたたっぷりの熱湯でゆでて水にとり、水けをしぼって3cm長さに切り、さらに水けをしぼる。
2. しらたき1/2袋を下ゆでして食べやすい長さに切り、冷ます。
3. たらこ1/2腹を薄皮ごと5mm幅に切ってボウルに入れ、塩小さじ1/3、ごま油大さじ1、酢大さじ1/2をまぜ合わせ、1、2を加えてあえる。

（夏梅）

手作業 3分 ☑おつまみにも ☑子どもも大好き

温泉卵をソース使い♪　ごま油風味の新顔おかず

ほうれんそうと韓国のりの温玉あえ

1人分45kcal　糖質0.4g

材料（4人分）と作り方

1. ほうれんそう200gをたっぷりの熱湯でゆでて水にとり、水けをしぼって3cm長さに切り、さらに水けをしぼる。
2. 韓国のり4枚をちぎって1とまぜて器に盛る。
3. 温泉卵（市販）1個、しょうゆ小さじ1.5、ごま油小さじ1を加え、温泉卵をくずしながらまぜ合わせる。

（岩﨑）

★韓国のりの塩かげんでしょうゆの量は調節する。

手作業 7分 ☑おつまみにも ☑低カロリー

相性抜群のくるみを香ばしくいってから加えるのがコツ

ほうれんそうのくるみあえ

1人分76kcal　糖質2.4g

材料（4人分）と作り方

1. ほうれんそう1束を塩少々を加えた熱湯で1分ほどゆでて水にとり、水けをしぼって4cm長さに切ってさらに水けをしぼる。
2. くるみ30gをあらめに砕き、フライパンでいる。
3. ボウルにしょうゆ大さじ1、酒小さじ1、砂糖小さじ2をまぜ合わせ、1、2を加えてあえる。

（牛尾）

ゆで野菜＆きのこソテーでワンランク上の味わい

ほうれんそうときのこの粒マスタードあえ

1人分104kcal　糖質1.6g

手作業 **7分** ☑食物繊維補給に ☑おつまみにも

材料（4人分）と作り方

1. **ほうれんそう300g**をゆでて水にとり、水けをしぼって4～5cm長さに切り、さらに水けをしぼる。
2. **しめじ1パック**を小房に分け、**しいたけ4個**を四つ割りにする。**にんにく1かけ**はたたいてつぶす。
3. フライパンに**サラダ油小さじ2**、にんにくを入れて弱火にかける。香りが立ったらきのこを加えて焼きつけ、**塩、こしょう各少々**を振って冷ます。
4. ボウルに**オリーブ油大さじ2、白ワインビネガー大さじ1、粒マスタード大さじ1/2、塩小さじ1/3**をまぜ合わせ、**1、3**をあえる。

（藤井）

手作りのすりごまがいい香り

ほうれんそうのごま酢あえ

1人分109kcal　糖質3.4g

手作業 **7分** ☑糖質オフ ☑お弁当にも

材料（4人分）と作り方

1. **ほうれんそう300g**を1/3量ずつ、**塩少々**を加えたたっぷりの熱湯で30秒ほどゆでて水にとる。水けをしぼって3cm長さに切り、さらに水けをしぼる。同様に3回に分けてゆでる。
2. なべに**白ごま大さじ6**を入れて弱めの中火でいる。
3. **2**をすり鉢で半ずりにし、**砂糖大さじ1/2、酢大さじ2、しょうゆ、だし各大さじ2**を加えてまぜ、**1**を加えてあえる。（大庭）

みそ風味のごまだれが、お店みたいな味

ほうれんそうのごまみそだれかけ

1人分59kcal　糖質3.5g

手作業 **7分** ☑おもてなしに ☑＋もう1品に

材料（4人分）と作り方

1. **ほうれんそう250g**を**塩少々**を加えたたっぷりの熱湯でゆでて水にとり、水けをしぼって4～5cm長さに切る。さらに水けをしぼり器に盛る。
2. ボウルに**ねり白ごま、みそ、みりん各大さじ1、砂糖小さじ1/2**をまぜ合わせ、**1**にかける。

（夏梅）

VEGETABLE DISH CATALOG　64

PART1 ほうれんそうの副菜

手作業 3分 ／ ＋もう1品に ／ 朝食にも

味つけはなめたけだけ！超・超時短レシピ！

ほうれんそうのなめたけあえ

1人分16kcal　糖質2.1g

材料（4人分）と作り方

1 ほうれんそう**200g**は塩少々を加えたたっぷりの熱湯で1分ほどゆでて水にとる。水けをしぼって3cm長さに切り、さらに水けをしぼる。

2 ボウルに**1**を入れ、**なめたけ（市販）60g**であえる。　（牛尾）

手作業 7分 ／ 糖質オフ ／ 朝食にも

とろけるチーズ入りの卵がいい仕事ぶり

ほうれんそうのかき玉スープ

1人分80kcal　糖質0.8g

材料（4人分）と作り方

1 ほうれんそう**100g**を3cm長さに切る。

2 なべに**水3カップ**、**固形スープ（チキン）1個**を入れて煮立て、**1**を加える。再び煮立ったら、**塩小さじ1/2**、こしょう少々で味をととのえる。

3 **卵2個**を割りほぐして**ピザ用チーズ40g**をまぜ、**2**に回し入れ、好みのかげんに卵に火を通す。　（岩﨑）

手作業 7分 ／ 朝食にも ／ 子どもも大好き

クリーミーな舌ざわりで思わずおかわりしたくなる！

ほうれそうとじゃがいもの
ミルクスープ

1人分124kcal　糖質16.0g

材料（4人分）と作り方

1 ほうれんそう**100g**を2cm長さに切る。**じゃがいも大1個**、**玉ねぎ1/2個**を2cm角に切る。

2 なべにじゃがいも、玉ねぎ、**コーン缶（粒）100g**、**水2カップ**、**固形スープ1個**を入れ、ふたをして火にかける。煮立ったら弱火にして10分ほど煮、ほうれんそう、**牛乳1カップ**を加えてさっと煮る。

3 耐熱容器に**小麦粉大さじ1**、**バター小さじ2**を入れ、ラップなしで電子レンジで30秒加熱してまぜ、**2**にとき入れてとろみをつけ、**塩**、こしょう各少々を振る。　（岩﨑）

きのこ

食物繊維が豊富で低カロリー。ダイエット&カサましに大活躍

手作業 15分
☑ 作りおきOK
☑ ワインのおともに

冷蔵で3日間保存OK。
作りおきしておくと便利!

きのことかじきのトマトマリネ
1人分349kcal　糖質7.1g

材料(2人分)と作り方

1. **しいたけ100g**を半分のそぎ切りに、**トマト1個**を1cm角に切る。**かじき2切れ**の水けをふいて一口大に切り、**小麦粉適量**を薄くまぶす。

2. **しょうゆ小さじ2**、**酢大さじ3**、**オリーブ油大さじ2**をよくまぜ合わせる。

3. フライパンに**オリーブ油大さじ1/2**を熱し、かじきを入れて両面を強火で3〜4分焼いて火を通し、バットにとり出す。

4. フライパンをふいて**オリーブ油大さじ1/2**を足し、しいたけ、**マッシュルーム100g**を広げ入れ、へらで押さえながら5分ほど焼き、**塩小さじ1/2**、**こしょう少々**を振って全体をいためる。

5. **3**に**4**をのせてトマトを散らし、**2**をまぜて回しかけ、冷めるまでおく。　(小林)

手作業 15分
☑ お弁当にも
☑ 食費節約

えのきの食感が絶品!
たくさん食べても安心なヘルシーつくね

えのき入り豚肉の一口つくね焼き
1人分278kcal　糖質3.5g

材料(4人分)と作り方

1. **えのきだけ大1袋**を1cm長さに切り、**玉ねぎのみじん切り40g**をまぜ、**かたくり粉小さじ2**をまぶす。

2. ボウルに**豚ひき肉400g**、**卵1個**、**塩小さじ1/4**、**こしょう少々**を入れ、粘りが出るまでねり、**1**をまぜ合わせる。

3. フライパンに**サラダ油小さじ2**を熱し、**2**を一口大の丸く平らな形にととのえながら入れる。ふたをして中火から弱火で4〜5分焼き、上下を返して同様に焼く。

4. 器に盛り、**ねりがらし**、**しょうゆ各適量**を添える。　(岩﨑)

栄養

不溶性の食物繊維が豊富で低カロリー。しいたけにはビタミンD、まいたけにはβ-グルカン、えのきだけにはギャバなど、それぞれ特徴のある栄養成分が含まれている。

見分け方

しいたけやしめじは笠が開きすぎず、裏側が変色していないものを選ぶ。しいたけは軸が太く短めを選ぶ。まいたけは触ると折れるくらいのものが新鮮。エリンギは軸が真っ白で太く締まったものが◎。

保存方法

水けに弱いので、よく水けをふいてポリ袋、または保存容器に入れ、冷蔵保存する。長期保存は、石づきなどを除き、保存袋に入れて空気を抜いて冷凍保存がおすすめ。

PART1 きのこの主菜

手作業 15分 ☑子どもも大好き ☑おもてなしに

コロコロきのこ＆豚肉で
ごちそう感満点！

マッシュルームと豚肉のクリーム煮

1人分602kcal　糖質6.2g

材料（2人分）と作り方

1. **マッシュルーム150g**に石づきがあれば切り落とす。**玉ねぎ1/2個**を縦1cm厚さに、**豚肩ロースかたまり肉200g**を一口大に切る。
2. なべに玉ねぎ、豚肉、**ローリエ1枚**を入れて**ひたひたの水**を加える。ふたをして火にかけ、煮立ったら弱火にして20分ほど煮る。
3. マッシュルーム、**生クリーム3/4カップ、粉チーズ大さじ2**を加えてひと煮立ちさせ、**塩小さじ1/2、こしょう少々**で調味する。器に盛り、**パセリのみじん切り適量**を振る。（牛尾）

手作業 15分 ☑ボリュームあり ☑お弁当にも

甘辛味をからめて焼き上げた
ごはんがすすむ一品

えのきの肉巻き照り焼き

1人分333kcal　糖質7.4g

材料（2人分）と作り方

1. **えのきだけ100g**を食べやすくほぐし、**しいたけ3個**を薄切りにする。
2. **しょうゆ大さじ1、みりん小さじ2、砂糖小さじ1**をまぜ合わせる。
3. **豚ロース薄切り肉12枚**を1枚ずつ広げて**塩、こしょう各少々**を振り、**1**をそれぞれ12等分してのせ、きっちりと巻く。
4. フライパンに**サラダ油大さじ1**を熱し、**3**の巻き終わりを下にして並べ、転がしながら焼く。全体に焼き色がついたら**2**を加え、からめながらさっと焼く。**青じそ2枚**を敷いた器に盛る。（牛尾）

マカロニを加えて大満足のボリュームサラダ

きのことマカロニのパセリマヨサラダ

1人分218kcal　糖質19.6g

手作業 15分 / 食物繊維補給に / 子どもも大好き

材料（4人分）と作り方

1. **しめじ1パック**を小房に分け、**エリンギ1パック**の軸は輪切りにし、笠の部分は四つ割りにする。
2. 耐熱皿にキッチンペーパーを敷いて**1**をのせ、上からもキッチンペーパーをかけて電子レンジで3分30秒加熱し、冷ます。
3. **マカロニ100g**を塩適量を加えた熱湯で表示どおりにゆで、ざるに上げる。**塩、こしょう各少々、酢小さじ2**をまぜて冷ます。
4. ボウルに**パセリのみじん切り大さじ6、マヨネーズ大さじ3、プレーンヨーグルト大さじ2、塩小さじ1/3、こしょう少々**をまぜ、**2**、**3**、缶汁をきった**ツナ缶小1缶**を加えてさっくりまぜる。

（岩崎）

3種類のきのこを合わせて、うまみ倍増！

ミックスきのこのバルサミコソテー

1人分61kcal　糖質3.2g

手作業 7分 / 低カロリー / 糖質オフ

材料（4人分）と作り方

1. **しめじ1パック**を小房に分け、**エリンギ2本**を縦6等分に切り、長ければ半分に切る。**しいたけ5個**を3等分に切る。
2. フライパンに**バター10g、にんにくのみじん切り1かけ分、赤とうがらし1本**を入れて熱し、香りが立ったら**1**を加えて広げ、焼き色がついたら全体をいため合わせる。
3. きのこがしんなりしたら**バター10g、バルサミコ酢大さじ1.5、しょうゆ小さじ2**を加えてさらにいため、**塩、こしょう各少々**を振る。

（上島）

ちょっぴりピリ辛のボリュームおかず

しめじとはるさめのオイスターソース煮

1人分275kcal　糖質26.9g

手作業 15分 / お弁当にも / 作りおきOK

材料（4人分）と作り方

1. **しめじ1パック**を食べやすくほぐす。**はるさめ100g**を熱湯でもどす。
2. **にんじん1/2本**を細切りに、**豚こまぎれ肉200g**を1.5cm幅に切る。
3. フライパンに**ごま油大さじ1、豆板醤小さじ1**を熱し、**2**をいためる。火が通ってきたら**1**を加えていため合わせ、**水1カップ、酒、オイスターソース、しょうゆ各大さじ1、鶏ガラスープのもと、砂糖各小さじ2、塩、こしょう各少々**を加えて煮含める。

（牛尾）

レモン&バターで簡単おしゃれな一皿
えのきレモンバター

1人分63kcal　糖質4.3g

手作業7分　☑低カロリー　☑糖質オフ

材料（4人分）と作り方

1. **えのきだけ400g**を食べやすくほぐす。**レモンの薄切り4枚**をいちょう切りにする。
2. フライパンに**バター20g**を熱し、えのきをいためる。しんなりしたらレモンを加え、さっといため合わせる。
3. **塩小さじ1/2、こしょう少々、しょうゆ小さじ1**を加えて全体になじませる。　　　　　　　　　　　　　　　　（牛尾）

超簡単！材料を入れたら、蒸し煮にするだけ
きのこ3種のオイル蒸し

1人分86kcal　糖質2.6g

手作業7分　☑糖質オフ　☑＋もう1品に

材料（4人分）と作り方

1. **エリンギ2本**の長さを2～3等分に切り、縦に薄切りにする。**しいたけ8個**を薄切りに、**しめじ200g**を食べやすくほぐす。**にんにく1かけ**を薄切りにする。
2. 厚手のなべに**1**を入れ、**赤とうがらし1本、ごま油大さじ2、塩小さじ2/3、こしょう少々、白ワイン大さじ3**を加えてふたをする。火にかけて3分ほど蒸し煮にし、さっくりとまぜ合わせる。
3. 器に盛り、**万能ねぎの小口切り適量**を散らす。　　（牛尾）

弱めの火かげんでじっくりうまみを引き出す
マッシュルームのガーリックソテー

1人分92kcal　糖質0.5g

手作業7分　☑糖質オフ　☑おつまみにも

材料（4人分）と作り方

1. **マッシュルーム200g**に石づきがあれば切り落とす。**にんにく1かけ**を縦2～3等分に切る。
2. フライパンに**オリーブ油大さじ3**、にんにくを入れて弱火でいためる。香りが立ったらマッシュルームを加え、弱めの中火でゆっくりいため、**塩小さじ1/3、こしょう少々**で調味する。
3. 器に盛り、**イタリアンパセリ、レモンのくし形切り各適量**を添える。　　　　　　　　　　　　　　　　　　（大庭）

グリルで焼くと、うまみ&香りが際立つ
しいたけの粉チーズ焼き

1人分28kcal　糖質0.7g

材料（4人分）と作り方

1. しいたけ**12個**の軸をとり、笠の内側に**粉チーズ大さじ3**を等分に振る。
2. 魚焼きグリルかオーブントースターに入れ、チーズがこんがりするまで焼く。
3. 器に盛り、**かぼす（またはすだち）適量**を添え、**しょうゆ少々**をかける。

（牛尾）

ごま油&白ごま風味でダイエット中でも満足感
しめじと糸こんにゃくの
ごまいため

1人分55kcal　糖質4.2g

材料（4人分）と作り方

1. **しめじ1パック**を食べやすくほぐす。**糸こんにゃく1袋**を熱湯で2分ほどゆでてアク抜きし、食べやすく切る。
2. フライパンに**ごま油小さじ2**を熱して**1**をいため、しめじがしんなりしたら**しょうゆ、みりん各大さじ1.5、すり白ごま大さじ1**を加えてからめる。

（牛尾）

変わりきんぴらも大人気！
エリンギとにんじんの
おかかきんぴら

1人分55kcal　糖質5.3g

材料（4人分）と作り方

1. **エリンギ1パック**の軸を輪切りに、笠の部分を細切りにする。**にんじん1本**を細切りにする。
2. フライパンに**ごま油小さじ2**を熱して**1**を3分ほどいため、**みりん小さじ2、塩小さじ1/5、しょうゆ小さじ1**を加えていため合わせる。
3. 全体に味がなじんだら**削り節2g、いり白ごま少々**を加えてからめる。

（岩﨑）

PART1 きのこの副菜

手作業 3分
☑ レンチンで
☑ 作りおきOK

箸休めやつけ合わせに大活躍
きのこのレモンマリネ
1人分42kcal　糖質1.9g

材料（4人分）と作り方

1. えのきだけ小1袋の長さを半分に切ってほぐし、**しめじ1パック**を小房に分ける。
2. 耐熱容器に**塩小さじ1/3、砂糖小さじ1/2、酢大さじ3、こしょう少々、オリーブ油大さじ1**を入れてよくまぜ、皮を除いた**レモンの輪切り2〜3枚**を加えまぜる。
3. **1**を加えてまぜ、ラップをかけて電子レンジで2分加熱し、そのまま冷ます。
4. 器に**サラダ菜適量**を敷き、**3**を盛る。　　　　（夏梅）

手作業 3分
☑ ＋もう1品に
☑ 食物繊維補給に

さっぱり味が人気！熱々ごはんにかけても◎
えのきとめかぶの簡単酢の物
1人分19kcal　糖質2.5g

材料（4人分）と作り方

1. **えのきだけ150g**を3等分に切り、さっとゆでてざるに上げて冷ます。**しょうが1/2かけ**はせん切りにする。
2. ボウルに**酢大さじ2、砂糖、しょうゆ各小さじ1、塩少々**をまぜ、**めかぶ（刻んだもの）150g**を入れてまぜ、**1**を加えてあえる。　　　　（岩﨑）

手作業 3分
☑ ＋もう1品に
☑ ミネラル補給に

大急ぎ！というときにも助かる超時短レシピ
えのきもずく
1人分15kcal　糖質1.5g

材料（4人分）と作り方

1. **えのきだけ1袋**を食べやすくほぐし、熱湯でさっとゆで、ざるに上げて湯をきり、ボウルに入れる。
2. **もずく酢（70g入り）2パック**を加えてまぜる。
3. 器に盛り、**しょうがのすりおろし適量**をのせる。　（牛尾）

冷蔵庫にあるもので作れる時短&ヘルシーあえ物

きのこの梅おかかあえ

1人分21kcal　糖質1.9g

手作業 **3分** ☑ お弁当にも ☑ 食費節約

材料（4人分）と作り方

1. **えのきだけ1袋**の長さを半分に切ってほぐし、**しめじ1パック**を食べやすくほぐす。合わせて熱湯に入れ、30秒ほどゆで、ざるに上げて湯をきり、冷めたらさらに水けをしぼる。
2. ボウルに**削り節2g**、**梅肉大さじ1**、**しょうゆ、みりん各小さじ1/2**をまぜ、1を加えてあえる。

（牛尾）

熱々が最高♥ みんな大好きなカレー風味

えのきのカレーミルクスープ

1人分125kcal　糖質7.5g

手作業 **7分** ☑ 子どもも大好き ☑ 朝食にも

材料（4人分）と作り方

1. **えのきだけ大1袋**の長さを半分に切る。**玉ねぎ1/2個**を縦薄切りにする。
2. なべに**バター大さじ2**をとかし、玉ねぎをいため、しんなりしたらえのきを加えていためる。
3. **カレー粉大さじ1**を振っていため、**水1.5カップ**、**顆粒スープ小さじ1/2**を加える。煮立ったら、**塩小さじ2/3**で調味し、火を弱めてふたをし、5分ほど煮る。**牛乳1.5カップ**を加えてまぜ、あたためる。

（大庭）

しいたけやしめじなど好みのきのこでも

えのきときくらげの中華スープ

1人分16kcal　糖質1.8g

手作業 **3分** ☑ 低カロリー ☑ 糖質オフ

材料（4人分）と作り方

1. **えのきだけ大1袋**を2cm長さに切り、食べやすくほぐす。**きくらげ（乾燥）3g**を水でもどし、細切りにする。
2. なべに**水3カップ**、**鶏ガラスープのもと小さじ1**を入れて火にかける。煮立ってきたら1を加えて5分ほど煮る、**いり白ごま、塩各小さじ1**、**こしょう少々**を加える。
3. 器に盛り、好みで**ラー油適量**をたらす。

（牛尾）

VEGETABLE DISH CATALOG

PART1 きのこの副菜

| 手作業3分 | ☑ 朝食にも ☑ 食物繊維補給に |

ヘルシー食材を組み合わせた健康みそ汁

えのきとオクラのみそ汁

1人分42kcal　糖質3.5g

材料（4人分）と作り方

1. えのきだけ小1袋の長さを2〜3等分に切ってほぐす。**オクラ6本を1cm幅の斜め切り**にする。
2. なべにだし4カップを煮立ててえのきを入れ、再び煮立ったら火を弱めて3分ほど煮る。オクラを加えて3〜4分煮て、**みそ大さじ3〜4**をとき入れる。
3. 仕上げに**ねぎの小口切り4cm分**を加えてひと煮する。（大庭）

| 手作業3分 | ☑ 食費節約 ☑ 子どもも大好き |

献立が少しもの足りないときも出番です

きのこのとろ〜りかき玉汁

1人分32kcal　糖質1.5g

材料（4人分）と作り方

1. しいたけ2個を薄切りに、えのきだけ小1袋の長さを半分に切る。
2. なべにだし2カップ、しょうゆ小さじ1/2、塩小さじ1/3を入れて火にかけ、煮立ったら1を加え、さっと煮る。
3. **かたくり粉小さじ1を水小さじ2**でとき、2に加えてとろみをつけ、**とき卵1個分**を流し入れる。卵が浮いたら火を止め、ひとまぜする。（市瀬）

| 手作業3分 | ☑ 食費節約 ☑ 低カロリー |

こんがり焼くことで風味が驚くほどアップ

焼きまいたけのお吸い物

1人分14kcal　糖質0.6g

材料（4人分）と作り方

1. まいたけ1パックを食べやすくほぐし、魚焼きグリルで焼き色がついてしんなりするまで焼く。
2. なべにだし4カップを熱して1を加え、**塩小さじ2/3、しょうゆ小さじ1、酒小さじ2**で調味する。
3. 器に盛り、**万能ねぎの小口切り適量**を散らす。（牛尾）

きゅうり

みずみずしい食感と清涼感のある香りが特徴。サラダやあえ物に最適

栄養
ほとんどが水分で、ビタミンCや利尿作用のあるカリウムが豊富。皮にはβ-カロテンが含まれているので、皮をむかない調理のほうが栄養はアップ。

見分け方
皮に張りがあり、表面のトゲが鋭いほど新鮮。先端が細すぎるものは種が多く、すが入っていることがあるので、太さが均一のものを選ぶ。

保存方法
水分を嫌うので、よく水けをふいてポリ袋に入れ、冷蔵庫の野菜室で保存する。使いかけのものはラップで包んでポリ袋に入れ、冷蔵保存。

手作業 **15分** / ☑ボリュームあり ☑おもてなしに

きゅうりは種の部分をオフ
これで歯ごたえよくベタつきなし

いためきゅうりとあじのおかずサラダ
1人分217kcal　糖質13.7g

材料（2人分）と作り方

1. **きゅうり2本**を縦半分に切り、スプーンで種をこそげとり、1cm厚さの斜め切りにする。三枚におろした**あじ2尾分**を用意し、それぞれ2〜3等分に切り、**塩小さじ1/2**を振って10分ほどおき、水けをふく。
2. **青じそ5枚**、**みょうが2個**、**しょうが1かけ**を細切りにし、合わせてさっと水にはなし、水けをきる。
3. フライパンに**サラダ油大さじ1/2**を熱し、あじを入れて両面焼いて火を通し、バットにとり出す。
4. フライパンに**サラダ油大さじ1/2**を足し、きゅうりをいため、**しょうゆ、砂糖各大さじ2、酢大さじ3、酒大さじ1**を加えて煮立てる。熱いうちに3にかけて味をなじませ、器に盛って2をのせる。　（藤井）

手作業 **15分** / ☑ボリュームあり ☑糖質オフ

野菜の下味つけ＆香味油が
簡単においしく仕上がるポイント

きゅうりと豚しゃぶのエスニックサラダ
1人分276kcal　糖質4.8g

材料（4人分）と作り方

1. **きゅうり2本**を縦半分に切って斜め薄切りにし、**塩少々**を振る。しんなりしたら水洗いしてしぼる。
2. **玉ねぎ1/2個**を薄切りにして**ナンプラー大さじ1.5**をかける。**アボカド1個**を食べやすく切り、**レモンのしぼり汁1/2個分**をかける。合わせてボウルに入れる。
3. 小さめのフライパンに**サラダ油大さじ1.5**を熱し、**にんにくの薄切り2かけ分**をきつね色にいため、油ごと2にまぜる。
4. **豚薄切り肉（しゃぶしゃぶ用）200g**を、熱湯でゆでてざるに上げ、1とともに、3のボウルに加えてざっとあえる。　（夏梅）

PART1 きゅうりの主菜

手作業 **7**分
☑ おつまみにも
☑ 食費節約

豚肉で巻いて焼くだけで、きゅうりの意外なおいしさが！

きゅうりの肉巻き焼き

1人分162kcal　糖質1.1g

材料（4人分）と作り方

1. きゅうり2本を縦4等分に切る。
2. 豚バラ薄切り肉（しゃぶしゃぶ用）8枚に、塩小さじ1/2、こしょう少々を振り、1を1切れずつのせてくるくると巻く。
3. フライパンを熱して2を少しずつ転がしながら焼く。全体にこんがりと焼き色がついたらしょうゆ小さじ1を加えてからめる。

（牛尾）

手作業 **3**分
☑ 子どもも大好き
☑ お弁当にも

おなじみの材料を組み合わせて大人気の一品に

きゅうりとツナの ゆで卵サラダ

1人分189kcal　糖質1.6g

材料（4人分）と作り方

1. きゅうり2本を縦半分に切って斜め薄切りにする。ゆで卵4個を大きめに割る。ツナ缶小1缶の缶汁をきる。
2. ボウルにマヨネーズ大さじ3、レモン汁大さじ1/2、塩、こしょう各少々をまぜ合わせ、1を加えてあえる。

（市瀬）

手作業 **7**分
☑ おつまみにも
☑ ＋もう1品に

バンバンジー風の手作りたれで、何度作っても喜ばれる

きゅうりごまだれ中華やっこ

1人分130kcal　糖質3.7g

材料（4人分）と作り方

1. きゅうり1/2本を細切りにする。
2. 木綿どうふ1丁の水けをキッチンペーパーでふき、端から1cm厚さに切って器に盛る。
3. ねぎ1/4本をあらいみじん切りにしてボウルに入れ、ねり白ごま大さじ2、しょうゆ大さじ1.5、砂糖、酢各大さじ1/2、ごま油小さじ1を加えてまぜる。
4. 2に1をのせ、3をかける。

（市瀬）

味がよくなじむようにきゅうりをたたいて使うのがコツ

たたききゅうりとトマトのサラダ

1人分 58kcal 糖質 5.3g

手作業 7分 / 火を使わずに / ＋もう1品に

材料（4人分）と作り方

1. **きゅうり3本**を洗って水けをふき、まないたにおく。すりこ木などで全体をたたき、食べやすく手で割り、ボウルに入れる。**ごま油大さじ1、塩小さじ1/3**を加えてまぜる。
2. **トマト2個**を縦半分に切り、8mm厚さの半月切りにする。**ねぎ5cm**を縦半分に切り、斜めせん切りにして冷水にさらし、水けをきる。
3. 器にトマトを敷き、1を盛ってねぎを散らす。（大庭）

にんにくのすりおろしをちょっぴり加えて香りよく

きゅうりとセロリのヨーグルトサラダ

1人分 53kcal 糖質 2.5g

手作業 7分 / 火を使わずに / 糖質オフ

材料（4人分）と作り方

1. **きゅうり2本**の皮をピーラーで縞目にむき、1cm厚さの小口切りにする。**セロリ1本**も1cm厚さの小口切りにする。
2. 1を合わせ、**塩小さじ1/4**を振ってもみ込み、5分ほどおいて水けをきる。
3. ボウルに**プレーンヨーグルト1/2カップ、オリーブ油大さじ1、塩小さじ1/3**、にんにくのすりおろし、こしょう各少々を入れてまぜ合わせ、2を加えてあえる。（市瀬）

具だくさんで大満足。身近な材料で本格的な仕上がりに

きゅうりとしいたけのマヨ白あえ

1人分 204kcal 糖質 4.8g

手作業 15分 / 糖質オフ / おつまみにも

材料（4人分）と作り方

1. **きゅうり2本**の小口から薄切りにして**塩小さじ1**をまぶして10分ほどおく。しんなりしたら水で洗い、水けをしぼる。
2. **木綿どうふ1丁**を熱湯にほぐし入れてひと煮立ちさせ、ざるに上げる。冷めるまでおいて水けをきる。
3. **しいたけ6個**の軸を切り、オーブントースターで内側を上にして8分ほど焼く。冷めたら薄切りにする。**にんじん1/2本**はせん切りにする。
4. すり鉢に2、**すり白ごま大さじ3**を入れ、なめらかにすり、**マヨネーズ大さじ3**、しょうゆ、塩、こしょう各少々で調味し、1、3を加えてあえる。（大庭）

PART1 きゅうりの副菜

| 手作業 3分 | ☑ 作りおきOK
☑ おつまみにも |

ラー油をきかせた中華風の浅漬けでラクに大量消費

たたききゅうりのピリ辛漬け

1人分55kcal　糖質3.6g

材料（4人分）と作り方

1. きゅうり**4本**の両端を切り落とし、まないたにのせてすりこ木などで全体をたたき、手で食べやすい大きさに割る。
2. ボウルに**1**を入れ、**しょうがのせん切り小1かけ分、しょうゆ、酢各大さじ3、ごま油大さじ1、ラー油適量**を加えてまぜる。
3. 途中上下を返しながら、冷蔵庫で2時間ほど漬け込む。（大庭）

| 手作業 7分 | ☑ お弁当にも
☑ 作りおきOK |

時間のあるときに作っておくと、サッと食卓へ出せて便利

きゅうりの和風ピクルス

1人分53kcal　糖質11.3g

材料（4人分）と作り方

1. きゅうり**3本**を2～3cm長さに切り、**塩小さじ1/3**をまぶして15分ほどおく。
2. なべに**水3/4カップ、酢1/2カップ、砂糖大さじ4、しょうゆ小さじ2**を入れてひと煮立ちさせ、あら熱をとる。
3. **こぶ（だし用）6cm、しょうがの薄切り1/2かけ分、赤とうがらし1本、粒黒こしょう8粒**を加える。
4. 保存容器に水けをきったきゅうりを入れ、**3**を注いで半日以上漬ける。※冷蔵庫で3～4日間保存OK。（岩﨑）

| 手作業 7分 | ☑ 朝食にも
☑ 腸活に◎ |

隠し味にクミンを加えてインド料理風に

きゅうりのヨーグルトスープ

1人分96kcal　糖質5.9g

材料（4人分）と作り方

1. きゅうり**1本**を縦半分に切って薄切りにし、**塩少々**を振る。しんなりしたら水洗いしてしぼる。
2. フライパンに**サラダ油大さじ1、にんにくのあらいみじん切り1かけ分、クミンシード少々**を入れて弱火で熱し、にんにくが薄く色づくまでいためる。
3. **プレーンヨーグルト2カップ**に**1**を入れてまぜ、器に盛る。**2**をかけ、**塩小さじ1、カレー粉少々**を振る。（夏梅）

ブロッコリー

和洋中、エスニック……。ジャンルを問わずに使える栄養満点の優等生野菜

冷蔵庫にいつもある卵、ハム、牛乳で
手軽にパパッとごちそうを♥

ブロッコリーとハムの卵グラタン

1人分624kcal　糖質20.2g

手作業15分 ☑子どもも大好き ☑食費節約

材料（2人分）と作り方

1. **ブロッコリー160g**を小房に分け、熱湯で2分ほどゆでて湯をきる。**ゆで卵3個**を縦4等分に、**ロースハム4枚**を半分に切ってから1cm幅に切る。
2. フライパンに**オリーブ油大さじ2、小麦粉大さじ3**を入れてよくまぜる。弱めの中火にかけて2〜3分いため、泡が立ったら**牛乳2カップ、塩小さじ1/3、こしょう少々**を加えてよくまぜる。ときどきまぜながら、とろみがつくまで5〜6分煮て火を止め、ブロッコリー、ハムを加えてまぜる。
3. 耐熱容器に入れてゆで卵を並べ、**ピザ用チーズ50g**をのせ、予熱したオーブントースターで10分ほど焼く。　　（市瀬）

主役はブロッコリー！
ごはんによく合うオイスターソース味で

ブロッコリーとはるさめの中華いため

1人分227kcal　糖質12.0g

手作業15分 ☑食費節約 ☑ボリュームあり

材料（4人分）と作り方

1. **ブロッコリー200g**を小房に分け、かためにゆでる。**ねぎ1/2本**を3cm長さの斜め切りに、**にんにく1/2かけ**をみじん切りにする。**はるさめ40g**を熱湯でもどし、湯をきって食べやすく切る。
2. **水1/2カップ、オイスターソース小さじ2、しょうゆ大さじ1.5、酒大さじ1、かたくり粉小さじ1、塩、こしょう各少々**をまぜ合わせる。
3. フライパンに**サラダ油大さじ1**を熱し、**豚ひき肉200g**をいためる。肉の色が変わったら、ねぎ、にんにくを加えてさっといため、ブロッコリー、はるさめ、**2**を加えて全体にからめ、**ごま油小さじ2**を回し入れる。　　（岩﨑）

栄養

ビタミンCはいちごの約2倍。β−カロテンやビタミンE、カルシウムや、その吸収を高めるビタミンK、さらにカリウム、鉄なども充実している。

見分け方

つぼみがこまかく、かたくしまってこんもりとしているものが良品。茎の切り口に空洞があるものは鮮度が落ちている。花が咲き始めているものはNG。

保存方法

鮮度が落ちると栄養も半減するので、できるだけ早く食べる。保存するときはポリ袋に入れ、冷蔵庫の野菜室へ。ゆでて冷凍もOK。

VEGETABLE DISH CATALOG

PART1 ブロッコリーの主菜&副菜

手作業 15分
☑ お弁当にも
☑ 子どもも大好き

食べごたえ満点！
ころんとした見た目の楽しさも魅力

ブロッコリーミートボール

1人分335kcal　糖質16.5g

材料（4人分）と作り方

1. **ブロッコリー1個**を軸を短めに16個の小房に分け、茎は皮をむき、5mm厚さの輪切りにする。熱湯に**塩**少々を加えて2分ほどゆで、ざるに上げて冷ます。

2. **トマトケチャップ大さじ6、しょうゆ、砂糖各大さじ1、水大さじ4**をまぜ合わせる。

3. ボウルに**合いびき肉300g、玉ねぎのみじん切り1/2個分、パン粉2/3カップ、とき卵1個分、塩小さじ1/4、こしょう**少々を入れてねりまぜる。16等分してブロッコリーの房を1個ずつ包んで丸める。

4. フライパンに**サラダ油**適量を熱し、3を2分ほど焼いて返し、ふたをして弱火で6分ほど蒸し焼きにする。フライパンの余分な油をふき、2、**ミニトマト12個**を加えて煮立たせながらからめ、ブロッコリーの茎も加えてさっとまぜる。（市瀬）

手作業 7分
☑ お弁当にも
☑ 食物繊維補給に

下ゆでなし！フライパン蒸しで
パッと香りよく仕上がる

ブロッコリーと豆の
ホットサラダ

1人分69kcal　糖質3.2g

材料（4人分）と作り方

1. **ブロッコリー1個**を小房に分け、茎は皮をむいて縦に薄切りにする。

2. フライパンに1、**ミックスビーンズ1缶（120g）**を入れ、**塩小さじ1/3**を振って**水1/3カップ**を回し入れる。

3. ふたをして火にかけ、6分ほど蒸す。器に盛り、**オリーブ油**適量を振る。（市瀬）

香ばしく焼き色をつけたら、熱々のうちにマリネ液に

焼きブロッコリーとれんこんのガーリックマリネ

1人分76kcal　糖質5.8g

手作業 **7分**　☑作りおきOK　☑食物繊維補給に

材料（4人分）と作り方

1. ブロッコリー**1/2個**を小房に分ける。**れんこん150g**を薄切りに、**にんにく1かけ**の厚みを半分に切る。
2. ボウルに**赤とうがらし1/2本**、**オリーブ油大さじ1.5**、**塩小さじ1/2**、**こしょう少々**をまぜ合わせる。
3. 魚焼きグリルで**1**を焼き、焼き色がついたら熱いうちに**2**に漬け、15分ほどおいて味をなじませる。　　（岩﨑）

蒸し煮でラク！ブロッコリーの自然な甘みが引き出される

ブロッコリーのオイル蒸し

1人分78kcal　糖質1.3g

手作業 **7分**　☑糖質オフ　☑＋もう1品に

材料（4人分）と作り方

1. **ブロッコリー400g**を小房に分ける。**赤とうがらし1本**の種を除く。**にんにく1かけ**を薄切りにする。
2. 厚手のなべに**1**を入れ、**オリーブ油大さじ1.5**を回しかけ、**塩小さじ2/3**、**こしょう少々**を振る。
3. ふたをして火にかけ、3分ほど蒸し煮にする。火を止め、ふたをしたまま5分ほど蒸らし、さっくりとまぜる。　　（牛尾）

カッテージチーズ＋ねりごまで、うまみのダブル使い

ブロッコリーのごまチーズあえ

1人分110kcal　糖質3.3g

手作業 **3分**　☑お弁当にも　☑おつまみにも

材料（4人分）と作り方

1. **ブロッコリー400g**を小房に分け、**塩少々**を加えた熱湯で1分30秒ほどゆでる。ざるに上げて湯をきる。キッチンペーパーに房を下にして並べ、冷ます。
2. ボウルに**ねり白ごま大さじ2**、**カッテージチーズ（裏ごしタイプ）大さじ3**、**砂糖**、**薄口しょうゆ**、**すり白ごま各小さじ2**をまぜ合わせ、**1**を加えてあえる。　　（牛尾）

PART1 ブロッコリーの副菜

| 手作業 7分 | ☑ 低カロリー ☑ 糖質オフ |

時間差でゆでたら、あとはたれをかけるだけ
ブロッコリーとアスパラの豆乳みそかけ
1人分61kcal 糖質3.1g

材料（4人分）と作り方

1. ブロッコリー**1個**を小房に分ける。**グリーンアスパラガス4本**を4cm長さに切る。
2. 熱湯に**塩少々**を加え、ブロッコリーをゆでる。30秒たったところでアスパラガスを加え、さらに1分ほどゆでる。合わせてざるに上げ、湯をきる。あら熱がとれたら器に盛る。
3. **白みそ大さじ3**、**豆乳大さじ2**をまぜ合わせ、**2**にかける。

（牛尾）

| 手作業 7分 | ☑ 朝食にも ☑ 子どもも大好き |

ブロッコリーのスープに、じゃがいもをスライスしながらin
ブロッコリーとポテトのミルクスープ
1人分104kcal 糖質9.8g

材料（4人分）と作り方

1. ブロッコリー**150g**を小房に分け、薄切りにする。**じゃがいも1個**の皮をむいてさっと洗う。
2. なべに**水1カップ**、**固形スープ（チキン）1個**を入れて火にかけ、煮立ったらブロッコリーを加える。再び煮立ったら火を止め、**牛乳2カップ**を注ぎ、じゃがいもをスライサーでせん切りにしながら加える。
3. 再び火にかけてまぜながら煮立て、味をみて**塩**、**こしょう各少々**を振る。

（夏梅）

| 手作業 3分 | ☑ 低カロリー ☑ 糖質オフ |

みそ汁にチーズをトッピング！熱々がおすすめ
ブロッコリーのチーズみそ汁
1人分48kcal 糖質3.6g

材料（4人分）と作り方

1. ブロッコリー**120g**を小房に分ける。**玉ねぎ1/2個**を薄切りにする。
2. なべに**だし3カップ**を火にかけ、煮立ったら**1**を入れ、3分ほど煮て**みそ大さじ2**をとき入れる。
3. 器に盛り、**粉チーズ大さじ1**を等分に振る。

（牛尾）

かぼちゃ

ホクホクの食感とほのかな甘みが人気。栄養たっぷりなヘルシー野菜

電子レンジ＆オーブントースターで
時短でおいしい

かぼちゃとコンビーフのチーズ焼き

1人分326kcal　糖質26.7g

材料（2人分）と作り方

1. **かぼちゃ1/4個**を1cm角に切り、耐熱皿にのせてラップをかけ、電子レンジで2分加熱する。
2. フライパンに**バター10g**をとかし、**1**をいためる。全体に焼き色がついて火が通ったら、ほぐした**コンビーフ100g**を加えていため合わせ、**塩、こしょう各少々**を振る。
3. 耐熱容器に入れて**ピザ用チーズ30g**を散らし、オーブントースターで焼き色がつくまで5分ほど焼く。　（牛尾）

なべ一つででき上がり！
牛肉のコクがかぼちゃによく合う

かぼちゃと牛肉の甘辛煮

1人分558kcal　糖質53.4g

材料（4人分）と作り方

1. **かぼちゃ正味900g**を3〜4cm角に切る。
2. なべに**サラダ油大さじ2**を熱し、**牛切り落とし肉300g**をほぐすようにいためる。肉の色が変わったら**1**を加えていため合わせ、**酒大さじ4**を振り、**水1カップ**を加える。
3. 煮立ったら**みりん、しょうゆ各大さじ4、砂糖大さじ2**を加え、ふたをして弱火で12〜14分煮る。　（大庭）

栄養

3つの抗酸化ビタミンエース「A・C・E」が豊富に含まれている。特に、若返りビタミンと呼ばれるビタミンEの含有量は野菜の中でトップクラス。

見分け方

ずっしりと重く、へたの切り口が枯れていて10円玉くらいの大きさが◎。カットされたものは、果肉の色が濃く鮮やかで、種に厚みがあるものを選ぶ。

保存方法

まるごとならキッチンペーパーなどに包み、日の当たらない風通しのよい場所へ。カットしたものは種とわたを除いてラップで包み、冷蔵庫の野菜室へ。

PART1 かぼちゃの主菜

手作業 7分
☑ 食費節約
☑ 作りおきOK

ひき肉は4人分150gでOK!
お弁当おかずにもおすすめ

かぼちゃの鶏そぼろ煮

1人分183kcal　糖質22.9g

材料（4人分）と作り方

1. **かぼちゃ400g**を一口大に切り、角は面取りする。
2. なべに**鶏ひき肉150g**を入れて火にかけ、まぜながら加熱し、肉の色が変わったら、**1**を入れ、**だし（1と1/4カップが目安）**をひたひたになるまで加える。
3. 落としぶたをし、煮立ったら**しょうゆ、みりん各大さじ1.5、砂糖大さじ1**を加えて弱火にし、10分ほど煮る。　　　　　　　　　　（牛尾）

手作業 7分
☑ 作りおきOK
☑ 子どもも大好き

ルーやペーストを使わず、
煮る時間はたった10分！

かぼちゃと鶏肉の
ココナッツカレー

1人分711kcal　糖質25.4g

材料（2人分）と作り方

1. **かぼちゃ200g**を一口大に、**さやいんげん10本**の長さを2〜3等分に切る。**鶏もも肉1枚**を一口大に切る。
2. なべに鶏肉、**にんにくのすりおろし1かけ分、カレー粉、酒各大さじ1、塩小さじ1**を入れてよくもみ込む。
3. かぼちゃ、いんげん、**ココナッツミルク400g**を加え、ふたをして火にかける。煮立ったら、ふきこぼれない程度の火かげんにし、10分ほど煮る。　　　　　　　　　　（藤井）

バターとシナモンの香りであとを引くおいしさ

かぼちゃのフライパン焼きシナモン風味

1人分153kcal　糖質20.1g

手作業 7分 ☑おやつにも ☑子どもも大好き

材料（4人分）と作り方

1. かぼちゃ400gを1〜1.5cm厚さに切り、長さを半分に切る。
2. フライパンにサラダ油大さじ1を熱し、1を並べてふたをし、弱火で両面を4〜5分ずつ焼き、火を通す。
3. バター大さじ1を加えてからめ、グラニュー糖大さじ1、シナモンパウダー少々を振ってまぜる。　　　　　（大庭）

カレー粉を加えた甘ずっぱい南蛮だれで夏野菜を満喫

かぼちゃとオクラのカレー南蛮

1人分175kcal　糖質18.1g

手作業 7分 ☑ビタミン補給に ☑作りおきOK

材料（4人分）と作り方

1. かぼちゃ300gを5mm厚さに切る。オクラ12本のがくをそぎとり、塩少々を振って板ずりし、洗って水けをふく。
2. だし1/2カップ、酢大さじ3、薄口しょうゆ、みりん、砂糖各大さじ1、塩、カレー粉小さじ1/2、赤とうがらし1本をまぜ合わせて漬け汁を作る。
3. 170度に熱した揚げ油適量に1を入れて素揚げする。油をきり、熱いうちに2に漬ける。　　　　　　　　　　（牛尾）

昔ながらの人気の煮物を簡単時短レシピで

かぼちゃのいとこ煮

1人分102kcal　糖質24.4g

手作業 7分 ☑お弁当にも ☑作りおきOK

材料（4人分）と作り方

1. かぼちゃ1/4個を一口大に切る。
2. なべに1、だし3/4カップを入れ、火にかけてふたをし、煮立ったら弱火で10分煮る。
3. ゆであずき（市販）100g、しょうゆ小さじ1、塩少々を加え、さらに4〜5分煮る。　　　　　　　　　　　（岩﨑）

PART1 かぼちゃの副菜

手作業 7分
☑ レンチンで
☑ +もう1品に

細切りにすると、ごまの風味がよくからむ

かぼちゃのごまあえ
1人分91kcal　糖質15.0g

材料（4人分）と作り方

1. かぼちゃ300gを細切りにし、耐熱ボウルに入れて、ラップをかけ電子レンジで4分加熱する。
2. すり白ごま大さじ1.5、薄口しょうゆ大さじ1、みりん、砂糖各小さじ1をよくまぜ、1が熱いうちに加えてあえる。（牛尾）

手作業 3分
☑ +もう1品に
☑ お弁当にも

味つけは塩だけ！究極のシンプルレシピも大人気

かぼちゃのソテー
1人分73kcal　糖質8.5g

材料（4人分）と作り方

1. かぼちゃ200gを1cm厚さに切り、長さを半分に切る。
2. フライパンにサラダ油大さじ1を熱し、1を並べてふたをし、弱火で5分ほど焼く。上下を返し、再びふたをして弱火で2分ほど蒸し焼きにする。火が通ったら中火にして焼き目をつけ、塩少々を振る。（大庭）

手作業 7分
☑ 朝食にも
☑ ビタミン補給に

和テイストのポタージュは熱々でも冷やしてもおいしい

かぼちゃの白みそスープ
1人分90kcal　糖質14.2g

材料（4人分）と作り方

1. かぼちゃ300gの皮をむいて薄切りにする。
2. なべに1、だし3カップ、酒大さじ2を入れ、ふたをして5分ほど煮る。かぼちゃがやわらかくなったら白みそ大さじ1、薄口しょうゆ、塩各小さじ1を加えてミキサーにかける。
3. なべに戻してあたため、器に盛って万能ねぎの小口切り適量を散らす。※好みで冷蔵庫で冷やしてもOK。（牛尾）

もやし

一年中安定した品質＆価格で出回る家計にやさしい野菜

栄養
ほとんどが水分で低カロリー。豆類を発芽させたもので、豆にはなかったビタミンCが含まれている。ビタミンB群や食物繊維も含有。

見分け方
全体が透明感のある白さで、太くしっかりとしたものを選ぶ。ひげ根が変色していたり、長すぎたりするものは鮮度が落ちている。

保存方法
日もちしないので、買ってきた当日か翌日には使いきる。野菜室より温度の低い冷蔵室かチルド室で保存を。袋に穴をあけておくと、もやしが呼吸できる。

手作業 15分
☑ 食費節約
☑ ボリュームあり

肉だねにもやしをまぜて
ヘルシー＆カサまし

もやし肉だんごのケチャップ煮

1人分237kcal　糖質7.4g

材料（4人分）と作り方

1. **もやし1袋**のひげ根をとってボウルに入れ、**合いびき肉300g**、塩、こしょう各少々を加えてねりまぜる。一口大に丸め、**小麦粉適量**をまぶす。
2. ボウルに**水1/4カップ**、**鶏ガラスープのもと**、**砂糖各小さじ1**、**トマトケチャップ大さじ2**、**しょうゆ大さじ1**、**みりん小さじ2**をまぜ合わせる。
3. フライパンに**サラダ油大さじ1**を熱し、1を焼く。両面が焼けたら2を注ぎ、煮からめながら火を通す。
4. 器に**サラダ菜適量**を敷き、3を盛る。

（牛尾）

手作業 7分
☑ 食費節約
☑ 糖質オフ

もやしの食感を生かすように、
肉と分けていためるのがポイント

もやしと豚肉のカレーいため

1人分218kcal　糖質2.5g

材料（4人分）と作り方

1. **もやし2袋**を洗い、水けをきる。
2. フライパンに**サラダ油大さじ1**を熱し、1を強火でさっといため、**塩小さじ1/3**を加えまぜてとり出す。
3. フライパンに**サラダ油大さじ1**を足し、**豚切り落とし肉200g**を入れていため、肉の色が変わったら**カレー粉大さじ1/2**を振ってまぜる。**酒大さじ2**、**しょうゆ小さじ1**で調味していため合わせる。
4. 2を戻し入れて**カレー粉大さじ1**、**塩小さじ2/3**を振り、手早くいためる。　（大庭）

VEGETABLE DISH CATALOG　86

PART1 もやしの主菜

手作業 15分
☑ ボリュームあり
☑ 糖質オフ

めんのかわりにさっといためた
たっぷりのもやしを使って

ジャージャーもやし

1人分232kcal　糖質9.0g

材料（4人分）と作り方

1. トマト2個を薄い半月切りにし、器に並べる。
2. もやし2袋を洗って水けをきり、熱した**サラダ油大さじ1**でいため、**塩小さじ1/3**、こしょう少々を振って**1**にのせる。
3. **水大さじ5**、**赤みそ大さじ1.5**、**オイスターソース大さじ1**、**酒大さじ2**、**かたくり粉小さじ1**をまぜ合わせる。
4. フライパンに**サラダ油大さじ1/2**、**にんにくのみじん切り1/2かけ分**を入れて火にかけ、香りが立ったら**豚ひき肉200g**を加えてほぐしながらいためる。肉の色が変わったら、**ねぎのあらいみじん切り1/2本分**、**3**を加えてまぜながら煮る。とろみがついたら**2**にかけ、あらびき黒こしょう少々を振る。　　　（市瀬）

手作業 7分
☑ 糖質オフ
☑ 食費節約

フライパンで簡単ホイル蒸し。
安上がりなのに豪華

もやしと豚バラ肉の
レモン包み焼き

1人分266kcal　糖質2.0g

材料（4人分）と作り方

1. **豚バラ薄切り肉250g**を5〜6cm長さに切って**塩小さじ1/2**、あらびき黒こしょう少々を振り、**もやし2袋**とざっくりとまぜ合わせる。
2. 25×30cmのアルミホイルを4枚切り、**1**、**レモンの薄切り4枚**を等分にのせる。**酒小さじ4**を等分に振って包み、口をしっかりととじる。
3. フライパンに**2**を並べ、**水1.5カップ**を注いでふたをし、火にかけて12〜13分蒸す。
4. アルミホイルの口を開いて器に盛り、青じそのせん切り少々をのせ、ゆずこしょう少々を添える。　　　（市瀬）

| 手作業 7分 | ☑ ボリュームあり ☑ 子どもも大好き |

マヨネーズとカレーの最強コンビ。
ごはんのおかわり必至！

もやしと牛肉のマヨカレーしょうゆいため
1人分239kcal　糖質5.1g

材料（4人分）と作り方

1. **もやし2袋**のひげ根をとる。**にんじん100g**を4cm長さの細切りにする。
2. フライパンに**マヨネーズ大さじ2**を熱し、**牛切り落とし肉200g**をさっといためる。にんじんを加えてさらにいため、しんなりしてきたらもやしを加えていため合わせる。
3. **カレー粉小さじ1、しょうゆ、みりん各小さじ2、塩少々**を加えてからめ、器に盛って**万能ねぎの小口切り適量**を散らす。　　　　（牛尾）

| 手作業 15分 | ☑ ボリュームあり ☑ お弁当にも |

もやしにかたくり粉をまぶすことで、
きれいにまとまる

もやし入り鶏つくね焼き
1人分187kcal　糖質8.3g

材料（4人分）と作り方

1. **もやし2袋**を洗って水けをよくきり、**かたくり粉大さじ2**をまぶす。
2. ボウルに**鶏ひき肉250g**を入れ、**酒大さじ2、しょうゆ小さじ1/2、塩小さじ1、しょうがのしぼり汁小さじ1**を加えてまぜる。
3. **2**に**1**を加え、手でもやしを折るようにしてまぜ合わせ、8等分して平たい円形にまとめる。
4. フライパンに**サラダ油大さじ1**を熱し、**3**を入れて焼く。両面に焼き色がついたら、ふたをして弱火にし、5分ほど蒸し焼きにする。器に盛り、**キャベツのせん切り200g、ミニトマト8個**を等分に添える。　　　　（大庭）

VEGETABLE DISH CATALOG　88

PART1 もやしの主菜&副菜

手作業7分 ☑低カロリー ☑糖質オフ

あさりのうまみ、食欲をそそるキムチ&にらの香りが絶品

もやしとあさりの にらキムチいため

1人分78kcal　糖質3.5g

材料（4人分）と作り方

1. もやし2袋を洗って水けをよくきる。**あさり（砂出ししたもの）300gの殻をよく洗う。にら1束**を4cm長さに切る。
2. フライパンにあさり、**酒大さじ1**を入れて熱し、あさりの口があいたら、**ごま油大さじ1**、もやしを加えていためる。
3. **白菜キムチ100g、酢小さじ2、しょうゆ小さじ1**を加えていため合わせ、にらを加えてさらにいためる。器に盛り、**いり白ごま小さじ1**を振りかける。　（岩﨑）

手作業7分 ☑おつまみにも ☑糖質オフ

インドネシアのあえ物〝ガドガド〟を身近な材料で

もやしと厚揚げの ガドガド風サラダ

1人分157kcal　糖質3.7g

材料（4人分）と作り方

1. もやし1袋を熱湯でさっとゆでてざるに上げ、水けをしぼる。**さやいんげん100g**のへたを除いてさっとゆで、3cm長さの斜め切りにする。**厚揚げ1枚**に熱湯をかけて油抜きし、食べやすく切る。
2. ボウルに**プレーンヨーグルト、玉ねぎのすりおろし、ねり白ごま各大さじ2、にんにくのすりおろし1かけ分、カレー粉、オイスターソース各小さじ1、塩小さじ2/3、こしょう少々**をまぜ合わせ、1を加えてあえる。　（牛尾）

手作業7分 ☑糖質オフ ☑+もう1品に

オーブントースターに入れてしまえば、ほかの調理ができてラク

もやしときのこの ホイル蒸し焼き

1人分47kcal　糖質1.5g

材料（4人分）と作り方

1. もやし1袋を洗って水けをよくきる。**しめじ1パック**を小房に分ける。
2. **マヨネーズ大さじ1.5、しょうゆ小さじ2、塩、こしょう各少々**をまぜ合わせる。
3. アルミホイル4枚の中央に**1**を等分にのせ、**2**を等分にかけてさっとまぜて包む。オーブントースターで15分焼き、**削り節適量**を振る。　（岩﨑）

2種類の豆の芽を組み合わせて味＆栄養アップ
もやしと豆苗の桜えびいため

1人分43kcal　糖質1.1g

材料（4人分）と作り方

1. **もやし1袋**のひげ根をとる。**豆苗1袋**の長さを半分に切る。
2. フライパンに**サラダ油小さじ2**を熱して**1**を入れ、**桜えび10g**を加えてさっといため合わせる。
3. 全体にしんなりしたら**塩小さじ1/2**、**こしょう少々**、**しょうゆ小さじ1**で調味する。　　　　　　　　　　（牛尾）

キッチンの在庫を組み合わせて、ついつい手が出るマヨあえに
もやしとひじき、ちくわのマヨあえ

1人分76kcal　糖質3.7g

材料（4人分）と作り方

1. **もやし1袋**のひげ根をとり、熱湯で30秒ほどゆで、ざるに上げて冷まし、水けをしぼる。
2. **きゅうり1本**を細切りにし、**塩ひとつまみ**を振って軽くもみ、水けをしぼる。
3. **芽ひじき（乾燥）5g**を水でもどして熱湯でさっとゆで、ざるに上げて冷まし、水けをしぼる。**ちくわ2本**を輪切りにする。
4. ボウルに**マヨネーズ**、**酢各大さじ2**、**塩小さじ1/2**、**こしょう少々**をまぜ、**1**、**2**、**3**を加えてあえる。　（牛尾）

低カロリー＆低糖質！野菜たっぷりのヘルシーレシピ
もやしとチンゲンサイのザーサイナムル

1人分77kcal　糖質1.1g

材料（4人分）と作り方

1. **もやし1袋**を洗って水けをきる。**チンゲンサイ2株**の長さを3等分に切り、根元は細切りにする。**ザーサイ（味つき）60g**の大きいものは小さくちぎる。
2. たっぷりの熱湯に**塩少々**を加え、**1**を入れてさっとゆで、ざるに上げて湯をきる。
3. ボウルに**2**を入れ、**ごま油大さじ2**、**塩小さじ1/2**、**あらびき黒こしょう少々**を加えてあえる。　　　（市瀬）

PART1 もやしの副菜

手作業 **3分** / ☑低カロリー ☑＋もう1品に

もやしをゆでるだけ！あっという間にできる手間なしおかず

もやしのめかぶあえ
1人分37kcal　糖質0.9g

材料（4人分）と作り方
1. もやし1袋を熱湯で1分ほどゆで、ざるに上げて湯をきり、あら熱がとれたら水けをしぼる。
2. ボウルにめかぶ（味つき）3パック、1を入れてよくまぜる。味をみてしょうゆ少々を加える。（牛尾）

手作業 **7分** / ☑作りおきOK ☑＋もう1品に

うまみの濃い大豆もやしで作る本場韓国の人気メニュー

大豆もやしのナムル
1人分53kcal　糖質1.4g

材料（4人分）と作り方
1. 大豆もやし1袋のひげ根をとる。
2. 熱湯に塩、酢各少々を入れて1を2分ほどゆで、ざるに上げて冷ます。
3. ボウルに2を入れ、ごま油大さじ1をまぶす。にんにくのみじん切り少々、酢大さじ2、砂糖大さじ1/2、塩、一味とうがらし各少々を加えてあえる。（大庭）

手作業 **7分** / ☑糖質オフ ☑朝食にも

ラク＆時短なのに、絶妙においしいシンプルスープ

もやしとわかめのスープ
1人分18kcal　糖質1.2g

材料（4人分）と作り方
1. もやし1袋のひげ根をとる。わかめ（乾燥）5gを水でもどし、水けをしぼる。
2. なべにだし4カップを入れて熱し、1を加えて3分ほど煮る。しょうゆ大さじ1、塩小さじ1/2で調味する。（牛尾）

ねぎ

主材料としてもフル活用して、レパートリーを広げたい

手作業 15分
☑ おつまみにも
☑ 疲労回復に

塩レモン味のねぎいためを
レンチンもやし＆豚肉にドーンと

豚肉のねぎ塩のっけ

1人分379kcal　糖質10.2g

材料（2人分）と作り方

1. ねぎ2本の青い部分も含めて1cm厚さの斜め切りにする。豚ロース薄切り肉200gに塩、こしょう各少々を振る。
2. レモン汁小さじ2、酒、砂糖各大さじ1/2、塩小さじ1/3、あらびき黒こしょう少々をまぜる。
3. もやし200gを耐熱皿に広げてラップをかけ、電子レンジで2分ほど加熱する。水けをきって塩、こしょう各少々を振り、器に盛る。
4. フライパンにごま油大さじ1を熱し、豚肉を入れて両面をこんがりと焼き、3にのせる。同じフライパンでねぎをいため、しんなりとしたら2を加えて手早くいため合わせ、豚肉の上にのせる。　（市瀬）

手作業 15分
☑ おつまみにも
☑ 子どもも大好き

大人気！甘辛だれの焼きとりを
オーブンで手間なく香ばしく

ねぎと鶏肉のねぎま風オーブン焼き

1人分450kcal　糖質20.0g

材料（2人分・18×24×4cmの耐熱容器1個分）と作り方

1. ねぎ2本を3cm長さに切る。鶏もも肉350gを3cm大に切って塩少々を振る。
2. 耐熱容器にクッキングシートを敷き、ねぎと鶏肉を交互に並べる。240度に予熱したにオーブンで5〜6分焼く。
3. 小なべにしょうゆ大さじ1.5、砂糖、はちみつ各大さじ1を入れて弱火にかけ、とろみがつくまで5分ほど煮詰める。
4. 2に3を塗ってさらに1〜2分焼き、七味とうがらし適量を振る。　（きじま）

栄養

白い根の部分にはビタミンCが多く、緑色の葉の部分にはβ-カロテンやカリウム、カルシウムなどが豊富。香り成分アリシンは、ビタミンB1の吸収を助ける。

見分け方

白い部分に弾力があり、巻きがしっかりしているものが新鮮。ふかふかしているものは鮮度が落ちている。葉の部分が肉厚でまっすぐ伸びているものが良品。

保存方法

長さを半分に切ってポリ袋に入れて冷蔵保存を。泥つきのものはキッチンペーパーなどに包み、寒い季節なら日の当たらない涼しい場所でも保存OK。

PART1 ねぎの主菜&副菜

手作業 7分 ☑食費節約 ☑+もう1品に

冷蔵庫で忘れられがちな材料をおいしい組み合わせで!

ねぎとじゃこの卵いため

1人分88kcal　糖質2.9g

材料（4人分）と作り方

1. **ねぎ2本**を斜めに3～4cm幅に切る。
2. フライパンに**ごま油大さじ1**を熱し、**ちりめんじゃこ10g**をいためる。こんがりしたら**1**を加え、しんなりするまでいためる。
3. **卵2個**を割りほぐして流し入れ、好みのかげんにいため合わせ、**塩、こしょう各少々**で調味する。 （検見﨑）

手作業 3分 ☑レンチンで ☑おつまみにも

レンチンした甘～いねぎに生ハムの塩けが絶妙に合う

ねぎの生ハム巻き

1人分64kcal　糖質3.1g

材料（4人分）と作り方

1. **ねぎ2本**の白い部分を3等分に切り、ラップで包んで電子レンジで3分加熱し、**塩、こしょう各少々、レモン汁大さじ1/2**をまぶし、冷ます。
2. **生ハム30g**で**1**を巻き、2cm長さに切る。器に盛って**オリーブ油大さじ1**を回しかける。 （岩﨑）

手作業 15分 ☑糖質オフ ☑おもてなしに

刺し身用のいわしを、ねぎの食感と香りでマリネ

ねぎといわしのマリネサラダ

1人分224kcal　糖質2.2g

材料（4人分）と作り方

1. **いわし（生食用）4尾**を手開きにし、腹骨をすきとり、縦半分に切って**塩小さじ2**を振る。20分ほどおいて**酢適量**で洗い、水けをふく。長さを半分に切り、**レモン汁小さじ2**をかけておく。
2. **ねぎ1本**を3cm長さに切り、芯をとってせん切りにし、水にさらして水けをきる。**パプリカ（赤）1/8個**を細切りにする。**レモンの輪切り3枚**をさらに半分に切る。
3. **1、2**を合わせ、**にんにくの薄切り2枚、オリーブ油大さじ4、ローリエ1枚、こしょう少々**を加えてさっくりとまぜ、15分ほどおいて味をなじませる。 （岩﨑）

香ばしく焼いたねぎと個性的なチーズの香りが好相性！

焼きねぎと長いものブルーチーズソース

1人分158kcal　糖質6.1g

手作業 7分
☑ おつまみにも
☑ おもてなしに

材料（4人分）と作り方

1. **ねぎ1本**を8cm長さに切る。**長いも8〜10cm**の皮をむき、縦6等分のくし形に切る。
2. ボウルに**ブルーチーズ50g**、**生クリーム80ml**を入れてよくまぜる。
3. 魚焼きグリルに**1**を並べ入れ、5〜6分焼き、熱いうちに**2**に加えてあえる。**塩、こしょう各少々**を振り、器に盛って**パセリのみじん切り少々**を振る。　　　　　（上島）

安くておいしい時季に、何度でも作りたい人気メニュー

ねぎのマリネ

1人分55kcal　糖質4.7g

手作業 3分
☑ ＋もう1品に
☑ 作りおきOK

材料（4人分）と作り方

1. **ねぎ3本**を4cm長さに切る。
2. フライパンに**オリーブ油大さじ1**を熱し、**1**を入れて転がしながら焼く。全体に焼き色がついたら、**白ワイン大さじ2**を振り、ふたをして弱めの中火で3分ほど蒸して火を止める。あら熱がとれるまでおいて、**レモン汁小さじ2、塩小さじ1/2、こしょう少々**を加えてまぜる。
3. 器に盛り、**パセリのみじん切り適量**を散らす。　　（牛尾）

とろりとするほどやわらかく煮たねぎのやさしい甘さが◎！

ねぎとブロッコリーのスープ煮

1人分36kcal　糖質4.7g

手作業 7分
☑ 低カロリー
☑ ビタミン補給に

材料（4人分）と作り方

1. **ねぎ2本**を3cm長さに切る。**ブロッコリー1個**を小房に分け、茎は皮を厚めにむいて斜め1cm厚さに切る。**にんにく1かけ**を半分にしてつぶす。
2. なべにねぎ、にんにく、**固形スープ（チキン）1個、水1.5カップ、塩小さじ1/2、こしょう少々**を入れて火にかけ、煮立ったら弱火にしてふたをし、10分ほど煮る。
3. ブロッコリーを加えて中火にし、ふたをとってときどき上下を返しながら3〜4分煮る。器に盛り、**粒マスタード適量**を添える。　　　　　　　　　　　　　（夏梅）

PART1 ねぎの副菜

手作業 3分 / ☑低カロリー ☑おつまみにも

ねぎたっぷりの塩だれをのせて、冷ややっこのマンネリ解消

ねぎ塩のせとうふ

1人分85kcal　糖質1.4g

材料（4人分）と作り方

1. ボウルに**ねぎのみじん切り大さじ4**、しょうがのみじん切り**小さじ1**を入れ、ごま油大さじ1、塩小さじ1/3、こしょう少々を加えてまぜる。
2. **木綿どうふ1丁**を縦半分に切って1cm厚さに切る。
3. 器に**2**を盛り、**1**をのせる。　　　　　　　　　（大庭）

手作業 3分 / ☑朝食にも ☑＋もう1品に

器に具を入れて熱湯を注ぐだけ！ごま油香る中華スープ

ねぎとかにかまの簡単スープ

1人分30kcal　糖質2.7g

材料（4人分）と作り方

1. **ねぎ1/2本**を薄い小口切りにする。**かに風味かまぼこ6本**をあらくほぐす。
2. 器に、**1**、鶏ガラスープのもと小さじ2、塩小さじ1/3を等分に入れ、こしょう、ごま油各少々を振り、熱湯1.5カップずつを注ぐ。　　　　　　　　　　　　　　　　（市瀬）

手作業 3分 / ☑食費節約 ☑＋もう1品に

ねぎさえあればOK！シンプルでおいしい時短スープ

ねぎ塩ごまの中華風スープ

1人分21kcal　糖質2.1g

材料（4人分）と作り方

1. **ねぎ1本**を4cm長さに切り、縦4等分に切る。
2. なべに水3カップ、鶏ガラスープのもと小さじ2、塩小さじ1/4、こしょう、ごま油各少々を入れてまぜ、火にかける。煮立ったら**1**を加えてさっと煮る。
3. 器に盛り、**いり白ごま適量**を振る。　　　　　　（市瀬）

ピーマン

特有のほろ苦さと食欲をそそる香りが特徴。安定価格の栄養たっぷり野菜

栄養
加熱しても壊れにくいビタミンCをはじめ、β-カロテンやビタミンE、カリウムなどが豊富。香り成分ピラジンには血液サラサラ効果があるといわれる。

見分け方
鮮やかな緑色で、張り、つやがあり、へたの切り口が黒ずんでいないものを選ぶ。同じサイズなら重いほうが◎。変形していても味に影響はない。

保存方法
水けがあったらふき、ポリ袋に入れて冷蔵庫の野菜室で保存する。低温を嫌うので、冷やしすぎはNG。

手作業 15分
☑ ボリュームあり
☑ 子どもも大好き

食べごたえ大満足で人気No.1！
お弁当のおかずにも◎

ピーマンの肉詰め煮込み
1人分284kcal　糖質16.7g

材料（4人分）と作り方

1. **ピーマン小12個**はへたを切り落とし、種とわたをとり除く。
2. **合いびき肉300g**、**玉ねぎのあらいみじん切り1/2個分**、**冷やごはん120g**、**塩小さじ1/2**、**こしょう少々**、**ナツメグ、シナモン各小さじ1/4**をよくねりまぜる。
3. ピーマンの内側に**小麦粉適量**を薄くまぶし、**2**を等分に詰める。
4. フライパンに**サラダ油大さじ1**を熱し、**3**の上部を下にして並べ、焼き色がついたら転がしながら2分ほど焼く。
5. **水1カップ**、**固形スープ1個**、**ローリエ1枚**を加えて煮立て、ふたをしてときどき返しながら15分ほど煮る。ふたをとり、汁けがなくなるまでさらに煮る。　（夏梅）

手作業 7分
☑ ボリュームあり
☑ 低カロリー

中華料理の人気メニューを
ピーマン主役でヘルシーに！

チンジャオロースー
1人分254kcal　糖質6.8g

材料（2人分）と作り方

1. **ピーマン6個**を縦に5mm幅に切る。**牛もも肉（焼き肉用）150g**を5〜6cm長さ、7mm幅に切り、**しょうゆ、酒各小さじ1/2**をもみ込む。
2. **しょうゆ大さじ1/2**、**酒、砂糖各小さじ1/2**をまぜる。
3. フライパンに**サラダ油小さじ1**を熱し、ピーマンをいためる。油がなじんだら**塩少々**を振り、とり出す。
4. 同じフライパンに**サラダ油小さじ2**を足し、**にんにくのみじん切り1かけ分**をいためる。香りが立ったら、牛肉に**かたくり粉小さじ1**をもみ込んで加え、いためる。肉がよくほぐれたら**3**を戻し入れ、**2**を加えて手早くいため合わせる。　（藤井）

VEGETABLE DISH CATALOG　96

PART1 ピーマンの主菜

手作業 **7**分
☑ 食費節約
☑ お弁当にも

へたも種もそのまま残して
ピーマンをまるごと味わう

まるまるピーマンと豚バラ肉のいため煮

1人分245kcal　糖質3.7g

材料（4人分）と作り方

1. **豚バラ薄切り肉200g**を3〜4cm長さに切る。
2. **しょうが小1/2かけ**の皮をむき、薄切りにする。皮もとっておく。
3. フライパンに**サラダ油大さじ1/2**、**1**を入れて弱火で脂が出るまでいため、**ピーマン12個（460g）**を手で握ってつぶしながら加えていためる。
4. 全体に油が回ったら**赤とうがらし1本**、**2**を加えていためる。香りが立ったら**酒大さじ2**、**塩小さじ2/3**を加えてまぜ、ふたをしてときどきまぜながら弱火で10〜15分煮る。　　（大庭）

手作業 **7**分
☑ ボリュームあり
☑ お弁当にも

相性抜群のみそ味でごはんが
すすむことまちがいなし！

ピーマンとなす、豚肉の甘辛みそいため

1人分272kcal　糖質8.3g

材料（4人分）と作り方

1. **ピーマン4個**を縦4等分に切り、乱切りにする。**なす2個**を縦半分に切って斜め2cm厚さに切り、さっと洗って水けをふく。
2. **豚こまぎれ肉200g**は細切りにし、**塩、こしょう各少々**で下味をつける。
3. フライパンに**サラダ油大さじ1**を熱し、**2**をいためて火を通し、とり出す。
4. 同じフライパンに**サラダ油大さじ2**を足し、**1**を3〜4分いためる。**3**を戻し入れ、**みそ大さじ3**、**みりん大さじ2**をまぜて加え、全体によくからめながらいためる。　　（夏梅）

たこの食感とキムチの風味がアクセント
ピーマンとたこのキムチあえ

1人分72kcal　糖質2.6g

材料（4人分）と作り方
1. ピーマン5個を縦半分に切って細切りにする。
2. たっぷりの熱湯に**塩少々**を加え、**1**を入れて20秒ほどゆで、ざるに上げて冷ます。蒸し**だこ200g**を一口大のそぎ切りにする。
3. ボウルに**2**を入れ、**白菜キムチのざく切り120g**を加えてあえる。味をみて、足りなければ**塩、こしょう各少々**を加える。
（牛尾）

バターの香り＆みそのコクをからめて味わいアップ
ピーマンとしめじの
バターみそいため

1人分83kcal　糖質5.8g

材料（4人分）と作り方
1. ピーマン5個を半分に切り、繊維を断つように横に1cm幅に切る。しめじ2パックを小房に分ける。
2. **みそ、みりん各大さじ1.5**をまぜ合わせる。
3. フライパンを火にかけ**バター20g**をとかし、**1**をいためる。火が通ったら**2**を加えて、全体にからめる。
（牛尾）

お酢＋からしですっきりとした味わい
焼きピーマンとちくわのからしあえ

1人分38kcal　糖質4.4g

材料（4人分）と作り方
1. ピーマン5個をまるごと魚焼きグリルでこんがりするまで6〜7分焼き、あら熱がとれたらへたと種を除き、縦4等分に切る。
2. ちくわ3本は一口大の斜め薄切りにする。
3. ボウルに**しょうゆ小さじ2、酢小さじ1、ねりがらし小さじ1/6**をまぜ合わせ、**1、2**を加えてさっくりとあえる。
（岩﨑）

PART1 ピーマンの副菜

手作業3分 ☑低カロリー ☑糖質オフ

さっとゆでてクセのある香りやほろ苦さをカバー
ゆでピーマンのマヨネーズあえ
1人分56kcal 糖質2.1g

材料（4人分）と作り方

1 ピーマン**8個**を縦半分に切り、3〜4mm幅の斜め細切りにする。
2 たっぷりの熱湯に**塩少々**を加え、**1**を入れて1〜2分ゆでる。冷水にとって冷まし、水けをよくきる。
3 ボウルに**マヨネーズ大さじ2、しょうゆ小さじ1、こしょう少々**を入れてまぜ、**2**を加えてあえる。　　　　　　　　　（大庭）

手作業3分 ☑低カロリー ☑糖質オフ

グリルで香ばしく焼いたピーマンで手早く一品
焼きピーマンのキムチみそあえ
1人分22kcal 糖質2.4g

材料（4人分）と作り方

1 ピーマン**5個**を縦半分に切り、魚焼きグリルの強火で5〜7分焼いて、縦1cm幅に切る。
2 **白菜キムチ50g**をざく切りにし、**みそ大さじ1**をまぜ、**1**を加えてあえる。　　　　　　　　　　　　　　　　　（夏梅）

手作業3分 ☑＋もう1品に ☑おつまみにも

ゆで時間はたった20秒！時間のない日のお助けおかず
しらすピーマン
1人分17kcal 糖質1.5g

材料（4人分）と作り方

1 ピーマン**6個**を横に1cm幅に切る。
2 たっぷりの熱湯に**塩少々**を加え、**1**を入れて20秒ほどゆで、ざるに上げて冷ます。
3 器に**2**を盛り、**しらす干し20g**をのせ、**しょうゆ小さじ1**をかける。　　　　　　　　　　　　　　　　　　　　　（牛尾）

ごぼう

食物繊維たっぷり！滋味豊かで素朴な味わいが魅力、和食以外にも

手作業 **7**分
- ボリュームあり
- 作りおきOK

鶏のうまみと梅干しの酸味が、煮ている間にごぼうにしみて絶品に

ごぼうと鶏手羽元の梅煮
1人分186kcal　糖質8.7g

材料（4人分）と作り方

1. **ごぼう250g**を5cm長さに切る。**梅干し4個**にところどころ竹ぐしなどで穴をあける。
2. なべに**こぶだし2 1/2カップ**、**酒大さじ2**、**みりん小さじ1**を入れて火にかけ、煮立ったら**鶏手羽元8本（400g）**を加え、再び煮立ったらアクをとり、1を加える。落としぶたをして少し火を弱め、ときどき上下を入れかえながらごぼうがやわらかくなるまで30分ほど煮る。
3. **塩少々**を加えて味をととのえ、器に盛り、あれば**三つ葉少々**を添える。　（検見﨑）

手作業 **7**分
- お弁当にも
- おつまみにも

牛肉＆黒こしょうの香りでごぼうのおいしさを堪能できる

ごぼうと牛こまの黒こしょういため
1人分227kcal　糖質6.1g

材料（4人分）と作り方

1. **ごぼう250g**を縦半分に切り、端から1.5〜2cm長さに切る。熱湯に入れて7〜8分下ゆでをし、ざるに上げて湯をきる。
2. フライパンに**オリーブ油大さじ1**を熱し、1をいためる。焼き色がついたら**牛こまぎれ肉200g**を加え、ほぐしながらいため合わせ、**塩**、**あらびき黒こしょう各少々**で調味する。　（検見﨑）

栄養
水溶性・不溶性食物繊維の含有量は野菜の中でもトップクラス。カリウム、カルシウム、マグネシウムなどのミネラルもバランスよく含まれている。

見分け方
皮に傷がなく、まっすぐでひげ根が少ないものが良品。持ったときに軽すぎるものは、鮮度が落ちて水分が減り、すが入っていることが多い。

保存方法
泥つきのごぼうは洗わずにキッチンペーパーなどで包み、日の当たらない涼しい場所に保存する。洗ったごぼうは水けをふいてラップで包み、冷蔵保存を。

PART1 ごぼうの主菜&副菜

手作業 7分
☑ 低カロリー
☑ 食物繊維補給に

食物繊維豊富な食材のダブル使いで、
おいしく腸活

ごぼうとひじきのファイバーサラダ

1人分107kcal　糖質6.2g

材料（4人分）と作り方

1. **ごぼう200g**をささがきにして5分ほど水にさらし、水けをきる。
2. **芽ひじき（乾燥）15g**を水でもどし、水けをきる。
3. たっぷりの熱湯に **1** を入れ、再び煮立ったら1分ほどゆで、**2** を加えてさっとゆで、ざるに上げて冷ます。
4. ボウルに**レモン汁、ねりがらし各小さじ1、マヨネーズ大さじ3、塩小さじ1/2**をまぜ合わせ、**3**、**貝割れ菜1/3パック**を加えてあえる。（市瀬）

手作業 15分
☑ ボリュームあり
☑ 作りおきOK

サラダ感覚で新鮮！
揚げたてをピリ辛の甘酢だれに漬けて

たっぷりごぼうと揚げさばの南蛮漬け風

1人分229kcal　糖質6.5g

材料（4人分）と作り方

1. **ごぼう100g**をピーラーで皮をむくように削り、水にさらして水けをきる。**ズッキーニ1本**を半月切りにする。
2. **さば（三枚おろし）小1尾分**を一口大のそぎ切りにし、**しょうがのしぼり汁小さじ1、塩小さじ1/5、こしょう少々**で下味をつける。
3. ボウルに**しょうゆ、酢各大さじ1、すり白ごま小さじ2、だし1/2カップ、砂糖小さじ1、赤とうがらしの小口切り1/2本分**を入れてまぜ合わせる。
4. **揚げ油適量**を170度に熱し、**1** を素揚げにし、油をきる。**2** に**かたくり粉適量**を薄くまぶして揚げ、油をきる。揚げたてを **3** に入れ、まぜ合わせる。（岩﨑）

いつものきんぴらをバルサミコ酢＆ルッコラでおしゃれに

ごぼうのバルサミコきんぴらとルッコラのサラダ

1人分65kcal　糖質6.2g

材料（4人分）と作り方

1. ごぼう**1本**の皮をこそげとり、4cm長さの細切りにする。
2. フライパンに**オリーブ油小さじ2**を熱して**1**を3分ほどいためる。**バルサミコ酢、はちみつ各小さじ1、しょうゆ大さじ1**を加えてからめ、火からおろしてあら熱をとる。
3. **ルッコラ100g**をざく切りにしてボウルに入れ、**2**を加えてさっくりとまぜる。器に盛り、**いり白ごま小さじ1**を振る。

（牛尾）

ゆでてつけるだけ！熱いうちにつけると味がすっと入る

ごぼうのさんしょう漬け

1人分38kcal　糖質5.7g

材料（4人分）と作り方

1. ボウルに**酢大さじ3、しょうゆ、みりん各小さじ2、粉ざんしょう小さじ1/4、赤とうがらし1本**を入れてまぜ合わせる。
2. **ごぼう1本**を細長い乱切りにし、熱湯で2分ほどゆでる。ざるに上げて湯をきり、熱いうちに**1**に加え、15分ほどつけて味をなじませる。

（牛尾）

からりと揚げてやわらかな新ごぼうを味わう♥

新ごぼうの竜田揚げ

1人分79kcal　糖質8.3g

材料（4人分）と作り方

1. **新ごぼう200g**を6〜7cm長さに切り、熱湯で10分ほどゆで、湯をきる。
2. めん棒などでたたいて割り、**しょうゆ大さじ1、砂糖、しょうがのしぼり汁各大さじ1/2**をからめる。
3. **かたくり粉適量**をまぶし、180度の**揚げ油適量**でカリッとするまで2〜3分揚げる。器に盛り、**粉ざんしょう適量**を振る。

（藤井）

PART1 ごぼうの副菜

手作業 **7**分 ☑作りおきOK ☑+もう1品に

超ヘルシー！やわらかく煮るごぼうの常備菜

ごぼうの酢じょうゆ煮

1人分30kcal　糖質6.4g

材料（4人分）と作り方

1. ごぼう**1本**を長めの乱切りにし、水に5分ほどさらし、水けをきる。
2. なべに**1**、**だし1.5カップ**、**砂糖、酢各大さじ1**、**しょうゆ大さじ1/2**を入れて火にかける。煮立ったら弱めの中火にし、落としぶたをして15〜20分煮る。　　　　（夏梅）

手作業 **7**分 ☑朝食にも ☑食費節約

ごま油で香ばしくいためて、油揚げ入りで大満足

いためごぼうと油揚げのみそ汁

1人分97kcal　糖質3.8g

材料（4人分）と作り方

1. ごぼう**1/2本**をささがきにして5分ほど水にさらし、水けをきる。
2. **油揚げ1枚**を縦半分に切って細切りにし、熱湯を回しかける。
3. なべに**ごま油大さじ1**を熱し、**1**を2分ほどいためる。**だし3カップ**、**2**を加え、煮立ったら**みそ大さじ2.5**をとき入れる。
（夏梅）

手作業 **7**分 ☑朝食にも ☑食物繊維補給に

滋味豊かなごぼう＆なめこで簡単ヘルシーな1杯に

ささがきごぼうとなめこのみそ汁

1人分40kcal　糖質4.3g

材料（4人分）と作り方

1. ごぼう**1/2本**をささがきにして水にさらし、水けをきる。**なめこ1袋**をさっと洗う。**ねぎ1/4本**を小口切りにする。
2. なべに**だし3カップ**、ごぼうを入れて火にかける。煮立ったらなめこを加え、**みそ大さじ2**をとき入れ、ねぎを加えてひと煮立ちさせる。　　　　（岩﨑）

なす

淡泊な風味で、味つけも調理法も自由自在。幅広く活用できる

手作業 **15分** ☑子どもも大好き ☑ボリュームあり

このままでも、熱々ごはんにのせてマーボー丼で楽しんでも♪

マーボーなす

1人分260kcal　糖質7.2g

材料（4人分）と作り方

1. **なす4個**を食べやすい大きさに切り、さっと洗って水けをふく。**にんにく1かけ、しょうがの薄切り4～5枚、ねぎ1/3本**をみじん切りにする。
2. フライパンに**サラダ油大さじ3**を熱し、なすを4～5分いためてとり出す。
3. 同じフライパンに**サラダ油大さじ1**、にんにく、しょうがを入れて熱し、**豚ひき肉200g**をいため、肉に火が通ったら**豆板醤小さじ2/3**を加えていためる。
4. **水1カップ、鶏ガラスープのもと大さじ1/2、しょうゆ大さじ1.5**を加え、煮立ったらなすを戻し入れて強火で1～2分煮る。
5. **かたくり粉大さじ1.5**を同量の水でといて加え、まぜてとろみをつけ、さっと煮立ててねぎを加える。器に盛り、好みで**粉ざんしょう適量**を振る。　（夏梅）

手作業 **7分** ☑低カロリー ☑糖質オフ

なすはレンチンで色よく加熱。加熱中にほかの準備ができる

なすと豚しゃぶ、香菜のエスニックサラダ

1人分132kcal　糖質3.8g

材料（4人分）と作り方

1. **なす4個**の皮を縞目にむく。ラップで1個ずつ包んで電子レンジで5分加熱し、そのまま冷まして1.5～2cm厚さの輪切りにする。
2. **豚薄切り肉（しゃぶしゃぶ用）150g**をさっとゆでて水にとり、水けをきって一口大に切る。
3. ボウルに**レモン汁大さじ1、ナンプラー、ごま油各小さじ2、砂糖小さじ1、塩小さじ1/6、赤とうがらしの小口切り1/2本分、にんにくのみじん切り少々**をまぜ合わせ、1、2を加えてまぜ、**香菜のざく切り20g**を加えてさっくりまぜ合わせる。（岩﨑）

栄養

皮の色素成分はアントシアニン系の色素で、抗酸化パワーの高いポリフェノールの一種。90％以上が水分で1個（約100g）あたり22kcalと低カロリー。

見分け方

濃い紫紺色で、張り、つやがあるものを選ぶ。へたの切り口がみずみずしく、がくについているトゲが鋭いほど新鮮。がくの内側も食べることができる。

保存方法

冷気に当たると果肉の一部が変色することがあるので、紙袋などに入れて冷蔵庫の野菜室で保存する。

VEGETABLE DISH CATALOG

PART1 なすの主菜

手作業 **15分**
☑ 食費節約
☑ お弁当にも

鶏ひき肉をはさんで、たんぱく質補給＆ボリュームアップ！

なすのひき肉はさみ揚げ

1人分371kcal 糖質5.3g

材料（4人分）と作り方

1. ボウルに**鶏ひき肉200g**を入れ、**ねぎのみじん切り大さじ3**、**しょうがのすりおろし小さじ1/2**、**酒大さじ1**、**しょうゆ少々**、**塩小さじ1/5**を加えてよくまぜ合わせ、12等分する。

2. **なす6個**を縦半分に切り、へたの近くを2cmほど残して厚みに切り込みを入れる。切り口に**かたくり粉少々**をまぶして**1**をはさみ、肉の部分にも**かたくり粉適量**をまぶす。

3. **揚げ油適量**を170度に熱し、**2**の皮の面を下にして入れ、途中上下を返しながら2〜3分、色よく揚げてとり出す。油をきって器に盛り、**塩適量**を添える。 （大庭）

手作業 **7分**
☑ 食費節約
☑ ボリュームあり

大人気のしょうが焼きは、豚肉だけよりヘルシーだから絶対にこっち♥

なすと豚肉のしょうが焼き

1人分370kcal 糖質9.1g

材料（4人分）と作り方

1. **なす4個**を縦に5mm厚さに切り、さっと水にさらし、水けをきる。

2. **しょうがのすりおろし2かけ分**、**酒**、**しょうゆ各大さじ3**、**砂糖大さじ1.5**をまぜ合わせる。

3. フライパンに**サラダ油大さじ1**を熱し、**1**を入れて両面焼きつけ、とり出す。

4. 同じフライパンに**サラダ油大さじ1**を足して熱し、**豚肉（しょうが焼き用）400g**を入れて2分ほど焼く。焼き色がついたら上下を返してさっと焼き、なすを戻し入れて**2**を加え、からめる。器に**キャベツのせん切り適量**を敷いて盛る。 （市瀬）

食卓が華やぐカラフルおかずで、おいしくビタミン補給

なすとパプリカのいためマリネ

1人分76kcal　糖質3.0g

材料（4人分）と作り方

1. **なす3個**の皮を縞目にむいて小さめの乱切りに、**パプリカ（赤）1/2個**も小さめの乱切りにする。**にんにく1/2かけ**をつぶす。
2. フライパンに**オリーブ油大さじ2**、にんにくを入れて熱し、香りが立ったらなすをいためる。焼き色がついたらパプリカを加えてさっといため、**塩少々、砂糖小さじ1/2**で調味する。火を止め、**白ワインビネガー大さじ3**を加えてからめ、バットに移して冷ます。
3. 器に盛り、**パセリのみじん切り少々**を散らす。

（検見﨑）

しょうがのさわやかな辛みと香りが絶妙！

なすと鶏肉の煮びたし しょうが風味

1人分53kcal　糖質2.0g

材料（4人分）と作り方

1. **なす2個**を斜め5mm厚さに切って端から細切りにする。**鶏胸肉（皮なし）130g**を小さめのそぎ切りに、**しょうが大1かけ**を細切りにする。
2. なべに**だし1.5カップ、みりん小さじ1、しょうゆ少々、塩小さじ1/3**を入れて火にかけ、煮立ったらなすを加え、ふたをして3～4分煮る。なすがしんなりしたら鶏肉、しょうがを加えてまぜ、ひと煮する。

（検見﨑）

熱々のなすに、この薬味だれが絶品すぎ♥

なすのフライパン焼き 中華だれがけ

1人分84kcal　糖質5.5g

材料（4人分）と作り方

1. **なす4個**を縦半分に切って、皮目に格子状の切り込みを入れる。
2. フライパンに**ごま油大さじ1**を熱し、**1**を入れて両面こんがり焼き、中まで火が通ったら器に盛る。
3. 同じフライパンに**酢、しょうゆ各大さじ2、砂糖小さじ2、鶏ガラスープのもと小さじ1、すり白ごま大さじ1、万能ねぎの小口切り大さじ2**を合わせてひと煮立ちさせ、**2**にかける。

（牛尾）

PART1 なすの副菜

手作業 7分 ☑火を使わずに ☑おつまみにも

コクのある中華だれでレンチンしたなすとボイルえびをあえるだけ

蒸しなすとボイルえび中華風

1人分98kcal　糖質6.2g

材料（4人分）と作り方

1. **なす5個**を縦に8等分する。
2. 耐熱ボウルに**1**を入れ、ラップをかけて電子レンジで6分加熱する。
3. 別のボウルに**酢大さじ2、しょうゆ大さじ3、砂糖、ごま油各小さじ2、しょうがのすりおろし1かけ分**をまぜ合わせ、**2**、**ボイルえび120g**をあえて冷蔵庫で冷やす。器に盛り、**万能ねぎの小口切り適量**を散らす。　（牛尾）

手作業 7分 ☑火を使わずに ☑おもてなしに

オイスターソースの甘み＆香菜のさわやかな香りが◎

蒸しなすのエスニックだれ

1人分25分kcal　糖質3.4g

材料（4人分）と作り方

1. **なす4個**の皮をピーラーで縞目にむき、1個ずつラップで包む。電子レンジで5分ほど加熱し、冷水にとって冷まし、1cm厚さの輪切りにして器に盛る。
2. ボウルに**酢大さじ2、オイスターソース大さじ1**をまぜ合わせる。
3. **香菜1/3パック（10g）**を2cm長さに切る。
4. **1**に**2**をかけ、**3**をのせる。　（市瀬）

手作業 7分 ☑糖質オフ ☑＋もう1品に

フライパンでじっくり蒸してなすの風味をギュッと凝縮

蒸しなすのごまみそマヨあえ

1人分175kcal　糖質6.2g

材料（4人分）と作り方

1. **なす6個**のへたを切り落とし、先も少し切り落とす。
2. フライパンに**1**を入れて**水1カップ**を注ぎ、火にかける。煮立ったら弱火にし、ふたをして15分ほど蒸しゆでにし、そのまま冷ます。手で縦に食べやすく裂き、水けをしぼる。
3. ボウルに**すり白ごま大さじ4、みそ、マヨネーズ各大さじ2、水大さじ1〜2**を入れてまぜ合わせ、**2**を加えてあえる。　（大庭）

用意だけすれば、あとはオーブントースターまかせでラク!

なすのみそチーズ焼き

1人分81kcal　糖質3.5g

手作業 **7分**　☑食費節約　☑子どもも大好き

材料（4人分）と作り方

1. **なす3個**を縦1cm厚さに切り、片面の切り口に**みそ大さじ2**を等分に塗る。
2. クッキングシートを敷いたオーブントースターの天板に並べ入れ、**ピザ用チーズ60g**を等分にのせ、チーズがとけてこんがりするまで焼く。あれば**パセリのみじん切り適量**を散らす。

（牛尾）

皮に切り込みを入れて焼くと味がむらなくおいしく入る

なすの焼きびたし風

1人分105kcal　糖質3.0g

手作業 **7分**　☑おつまみにも　☑作りおきOK

材料（4人分）と作り方

1. **なす4個**を縦半分に切り、皮全体に斜めにこまかく切り込みを入れる。
2. フライパンに**ごま油大さじ3**を弱めの中火で熱し、**1**の切り口を下にして並べ、3〜4分焼き、返してさらに3〜4分焼く。
3. 器に盛り、**しょうゆ大さじ1.5**をかけ、**糸とうがらし少々**をのせる。

（夏梅）

シンプルがいちばん。見た目は地味でも味わい絶品!

なすのフライパン焼き おかかのせ

1人分89kcal　糖質4.0g

手作業 **7分**　☑おつまみにも　☑+もう1品に

材料（4人分）と作り方

1. **なす6個**を縦半分に切り、皮全体に格子状の切り込みを入れる。
2. フライパンに**サラダ油大さじ2**を熱し、**1**の皮目を下にして並べて3分焼き、ふたをして弱火で2〜3分焼く。返して中火でさらに3分、弱火で2分蒸し焼きにする。
3. 器に**2**を盛り、**削り節1袋**、**しょうがのすりおろし少々**をのせ、**しょうゆ適量**をかける。

（大庭）

PART1 なすの副菜

手作業 **3分** ☑作りおきOK ☑火を使わずに

食卓に1品あると安心の浅漬け。箸休めとしても重宝

なすのピリ辛浅漬け

1人分10kcal　糖質1.2g

材料（4人分）と作り方

1. **なす2個**を1cm厚さの半月切りにする。
2. ポリ袋に **1**、**塩小さじ1**、**水1カップ**、**赤とうがらし1本**、**こぶ3cm**、**酢小さじ2**を入れて軽くもみ込む。余分な空気を抜いて口をしばり、冷蔵庫で半日漬ける。
3. 器に**青じそ適量**を敷いて**2**を盛り、**しょうゆ少々**をかける。

（牛尾）

手作業 **7分** ☑糖質オフ ☑+もう1品に

グリルでじっくり焼いたなすで料亭風にランクアップ！

焼きなすのみそ汁

1人分43kcal　糖質4.8g

材料（4人分）と作り方

1. **なす4個**の皮に縦に1cm幅で切り込みを入れる。魚焼きグリルで皮全体が黒く焼け焦げ、やわらかくなるまで焼く。あら熱がとれたら、竹ぐしなどで皮をむき、食べやすく裂く。
2. なべに**だし3カップ**、**みそ大さじ3**、**1**を入れてあたため、煮立つ直前に火を止める。
3. 器に盛り、**万能ねぎの小口切り**、**ねりがらし各適量**をのせる。

（夏梅）

手作業 **7分** ☑朝食にも ☑子どもも大好き

大きめに切ったなすの食感といため油で食べごたえ

いためなすと油揚げのみそ汁

1人分103kcal　糖質3.9g

材料（4人分）と作り方

1. **なす3個**の皮をピーラーで縞目にむき、1cm厚さの輪切りにする。
2. **油揚げ1枚**を縦半分に切り、1cm幅に切る。
3. なべに**サラダ油大さじ1**を熱し、**1**をいためる。油がなじんだら**だし4カップ**を注いで**2**を加え、煮立ったらふたをして弱火にし、なすがやわらかくなるまで6〜7分煮て、**みそ大さじ3〜4**をとき入れる。

（大庭）

小松菜

アクが少なく下ゆでなしでさっと使える、手軽さが人気の緑黄色野菜

ホワイトソースなしなのにクリーミー♥
野菜と厚揚げで胃にやさしい

小松菜と厚揚げのみそクリーム焼き

手作業 15分
☑ 食費節約
☑ 子どもも大好き

1人分 565kcal　糖質 29.0g

材料（2人分）と作り方

1. 小松菜200gを3cm長さに切って葉と茎に分ける。玉ねぎ1/2個を薄切りに、厚揚げ250gを1cm厚さの一口大に切る。
2. フライパンにサラダ油大さじ2を熱し、玉ねぎ、小松菜の茎をいためる。小松菜がしんなりしたら弱火にし、小麦粉大さじ4を加えてよくいため、小松菜の葉も加えてさっといためる。
3. 牛乳2カップ、みそ大さじ1、塩少々を加えてよくまぜ、弱めの中火にし、とろみがつくまでまぜながら7～8分煮る。火を止めて厚揚げを加えてまぜる。
4. 耐熱容器に3を入れ、パン粉、粉チーズ各適量を振り、予熱したオーブントースターで8分ほどこんがり焼く。（市瀬）

さっといため合わせるだけ！
ごはんがすすむガッツリ味

小松菜と豚バラ肉のキムチ煮

手作業 7分
☑ ボリュームあり
☑ おつまみにも

1人分 490kcal　糖質 6.6g

材料（2人分）と作り方

1. 小松菜200gを葉と茎に切り分け、葉は2cm長さに切り、茎は4cm長さに切る。根元の太い部分は縦に2～4等分に切る。豚バラ薄切り肉200gを4cm幅に、白菜キムチ100gを一口大に切る。
2. みそ、しょうゆ各小さじ2、みりん小さじ1、にんにくのすりおろし小さじ1/2、水3/4カップはまぜる。
3. フライパンにごま油大さじ1/2を熱し、豚肉をさっといため、キムチを加えていため合わせ、2を加える。煮立ったら小松菜の茎を加えて2分ほど煮、葉を加えてしんなりするまで煮る。器に盛り、すり白ごま小さじ1を振る。（きじま）

栄養

β-カロテン、ビタミンC、カルシウム、カリウム、鉄などが豊富。なかでも、ビタミンCやカルシウムは、ずば抜けて多く含まれている。

見分け方

葉に厚みがあり、緑色がみずみずしく、根元が太いものが良品。茎が長すぎるものは育ちすぎて、かたくなってしまっていることも。

保存方法

水でぬらしたキッチンペーパーなどで包み、ポリ袋に入れて冷蔵庫の野菜室で保存する。根が下になるように立てて保存するほうがよい。

VEGETABLE DISH CATALOG

PART1 小松菜の主菜&副菜

手作業 7分
☑ 子どもも大好き
☑ ボリュームあり

肉に味をつけておくと、野菜がシャキッと仕上がります

小松菜と牛ひき肉のチャプチェ

1人分161kcal　糖質12.2g

材料（4人分）と作り方

1. **小松菜200g**を4cm長さに、**にんじん50g**を細切りに、**玉ねぎ1/4個**を1cm厚さのくし形に切る。**はるさめ40g**を熱湯でもどし、水けをきって食べやすく切る。
2. **牛ひき肉100g**に、**しょうゆ大さじ1**、**砂糖大さじ1/2**、**いり白ごま小さじ2**、**ごま油小さじ1**、**にんにくのすりおろし1/4かけ分**を加えてまぜ合わせる。
3. フライパンに**ごま油小さじ1**を熱し、にんじん、玉ねぎをいため、小松菜を加えてさらにいため、**塩**、**こしょう各少々**を振っていため合わせてとり出す。
4. 同じフライパンに**2**を入れてほぐすようにいため、はるさめを加えていためる。火を止めて**3**を戻し、まぜ合わせる。（岩崎）

手作業 7分
☑ 食費節約
☑ +もう1品に

淡泊な味わいの小松菜にコクやうまみをプラス

小松菜とちくわの
オイスターソースいため

1人分58kcal　糖質3.1g

材料（4人分）と作り方

1. **小松菜200g**を3cm長さに切る。**ちくわ2本**を斜め薄切り、**にんにく1/2かけ**も薄切りにする。
2. フライパンに**ごま油大さじ1**、にんにくを入れて火にかけ、香りが立ったら強火にし、小松菜、ちくわをいため、**しょうゆ小さじ2**、**オイスターソース小さじ1**、**塩**、**こしょう各少々**を加えていため合わせる。（岩崎）

手作業 7分
☑ お弁当にも
☑ 糖質オフ

小松菜&きくらげ&卵のロカボおかず

小松菜ときくらげの卵いため

1人分73kcal　糖質1.0g

材料（4人分）と作り方

1. **小松菜300g**を4cm長さに切る。**きくらげ（乾燥）10g**を水でもどし、大きいものは小さく切る。
2. **卵2個**を割りほぐす。
3. フライパンに**ごま油小さじ2**を熱し、**1**をいためる。油がなじんだら**2**を回し入れてさっといためる。**鶏ガラスープのもと小さじ1/2**、**しょうゆ小さじ1**、**塩小さじ1/2**、**こしょう少々**を振って調味する。（牛尾）

アボカドと調味料が小松菜にからんで新しいおいしさ

小松菜とアボカドのオリーブじょうゆあえ

1人分127kcal　糖質1.0g

手作業 **7分**　☑おつまみにも　☑子どもも大好き

材料（4人分）と作り方

1. たっぷりの熱湯に**塩少々**を加え、**小松菜250g**を茎から入れてさっとゆでる。冷水にとって冷まし、水けをしぼって5㎝長さに切る。
2. **アボカド1個**を一口大に切る。
3. ボウルに**オリーブ油大さじ1.5、しょうゆ大さじ1/2、塩少々**をまぜ合わせ、**1**、**2**、**しょうがのせん切り1かけ分**を加えてあえる。　　　　　　　　　　　　　　　　（市瀬）

だしのうまみで気持ちがなごむ。いり卵入りは子どもも大好き

小松菜といり卵のおひたし

1人分50kcal　糖質0.8g

手作業 **7分**　☑糖質オフ　☑＋もう1品に

材料（4人分）と作り方

1. たっぷりの熱湯に**塩少々**を加え、**小松菜1束**を茎から入れてさっとゆでる。冷水にとって冷まし、水けをしぼって4㎝長さに切る。
2. **卵2個**を割りほぐして**塩小さじ1/2**をまぜ、いり卵を作る。
3. なべに**だし1カップ、薄口しょうゆ大さじ1.5**を合わせて煮立たせ、火からおろす。
4. **3**を室温まで冷まし、**1**、**2**を加えて10分以上おいて味をなじませ、汁ごと器に盛る。　　　　　　　　　（上島）

にんじんやハムを加えて、味も彩りも栄養バランスも◎

小松菜とハムの煮びたし

1人分38kcal　糖質2.5g

手作業 **7分**　☑＋もう1品に　☑糖質オフ

材料（4人分）と作り方

1. **小松菜小1束**を3〜4㎝長さに、**にんじん40g**を細切りに、**ハム3枚**を半分に切ってから1㎝幅に切る。
2. なべに**鶏ガラスープ1.5カップ**を熱して**1**を入れ、**しょうゆ、みりん各小さじ2、塩小さじ1/3、こしょう少々**を加えて落としぶたをし、5分ほど煮る。　　　　　　　　　（牛尾）

PART1 小松菜の副菜

手作業 **3**分
☑ 低カロリー
☑ 糖質オフ

野菜不足の食卓にのせたい、ささっと作れるシンプル小鉢

小松菜ともみのりのからしあえ

1人分10kcal　糖質0.6g

材料（4人分）と作り方

1. 小松菜200gを熱湯でさっとゆで、冷水にとって冷まし、水けをしぼって3cm長さに切る。
2. 焼きのり（全形）1/2枚を手でこまかくもむ。
3. ボウルにねりがらし小さじ1/5、酢小さじ1を入れてときのばし、しょうゆ大さじ1/2をまぜ、1、2を加えてあえる。

（岩﨑）

手作業 **3**分
☑ ＋もう1品に
☑ 朝食にも

黒ごまの深い味わいが小松菜の味を引き立てる！

小松菜の黒ごまみそ汁

1人分41kcal　糖質2.5g

材料（4人分）と作り方

1. 小松菜100gを3cm長さに切る。
2. なべにだし3カップを入れて火にかけ、煮立ったら1を加えてさっと煮る。
3. みそ大さじ3をとき入れ、器に盛ってすり黒ごま適量を振る。

（市瀬）

手作業 **7**分
☑ 子どもも大好き
☑ 朝食にも

忙しい朝の食卓にも！栄養も充実のお手軽スープ

小松菜とベーコンのスープ

1人分52kcal　糖質2.8g

材料（4人分）と作り方

1. 小松菜200gを3cm長さに、玉ねぎ1/2個を薄切りに、ベーコン2枚を細切りにする。
2. なべに熱湯3カップを沸かし、1、顆粒スープ小さじ2を加えて5分ほど煮、カレー粉小さじ1、塩小さじ1/2、こしょう少々で調味する。

（牛尾）

かぶ

火通りが早く、味を含みやすいのが特徴。栄養豊富な葉も活用を

手作業 **15分** ☑ 子どもも大好き ☑ ボリュームあり

切った材料を容器に並べたら、あとはオーブンで15分焼くだけ♪

かぶとソーセージのオーブン焼き

1人分438kcal　糖質9.6g

材料（2人分・17×22×4cmの耐熱容器1個分）と作り方

1. かぶ3個の茎を少し残して葉を切り落とし、皮をむいて6等分のくし形切りにする。**かぶの葉70g**を4cm長さに、**赤キャベツ200g**を2cm幅のざく切りに、**ウインナソーセージ5本**を縦半分に切る。
2. 耐熱容器に1を均一に広げて入れ、**オリーブ油大さじ2**、**アンチョビーのみじん切り5枚分**、**塩、こしょう各少々**をまぜ合わせたものを全体にかけ、**ピザ用チーズ50g**を散らす。
3. 220度に予熱したオーブンでこんがりするまで15分ほど焼く。食べるときに、好みで**レモン適量**をしぼっても。　　（市瀬）

手作業 **7分** ☑ 低カロリー ☑ ボリュームあり

鶏手羽のうまみ＆コラーゲンでビューティーメニュー

かぶと鶏手羽のゆずこしょう煮

1人分270kcal　糖質8.0g

材料（2人分）と作り方

1. なべに**こぶ5cm**、**水2カップ**を入れてやわらかくなるまでひたす。
2. かぶ3個の茎を少し残して葉を切り落とし、皮をむいて半分に切る。**かぶの葉1〜2個分**はざく切りにする。
3. 1に**鶏手羽中8本**、かぶを加えて強火にかけ、煮立ったら**酒大さじ2**、**砂糖小さじ2**を加えて3分ほど煮る。**しょうゆ小さじ2**、**塩小さじ1/4**を加えてさらに8分ほど煮、かぶの葉を加えてさっと煮る。仕上げに**ゆずこしょう小さじ1/2**をとき入れる。　　（牛尾）

栄養

ビタミンC、カリウムを多く含み、消化酵素・アミラーゼが豊富。葉は、β-カロテン、カルシウム、鉄などが豊富な緑黄色野菜。

見分け方

白い肌に張りがあり、ひげ根の少ないものを選ぶ。葉は緑色が鮮やかで、茎のつけ根が太いものが良品。

保存方法

葉をつけたまま保存するとす・が入りやすく風味が落ちる原因に。葉を切り落とし、ポリ袋に入れて冷蔵庫の野菜室へ。葉はなるべく早く調理する。

PART1 かぶの主菜

手作業 15分
☑ ボリュームあり
☑ 作りおきOK

かぶのやさしい味わいと鶏肉＆
カレー味がちょうどいいコントラスト

かぶと鶏だんごの和風カレー煮

1人分326kcal　糖質16.4g

材料（2人分）と作り方

1. **かぶ小5個**の皮をむいて縦半分に切る。**かぶの葉**適量を4cm長さに、**ねぎ1/2本**を3cm長さに切る。
2. ボウルに**鶏ももひき肉250g**を入れてよくねり、**酒、かたくり粉**各大さじ1、**塩**小さじ1/4を加えてさらにねる。
3. なべに**めんつゆ（3倍濃縮）**大さじ2、**カレー粉**小さじ2、水1.5カップを入れてまぜ、ねぎを加えて火にかける。煮立ったら、2を8等分してスプーンで丸めて加え、肉の表面が白く固まったら、かぶを加える。落としぶたをして、弱火で7〜8分煮る。
4. かぶの葉を加えてさっと煮、**かたくり粉**大さじ1/2を倍量の水でといて加え、とろみをつけてひと煮立ちさせる。器に汁ごと盛り、**カレー粉**適量を振る。　　（きじま）

手作業 7分
☑ 食費節約
☑ 糖質オフ

この順番にいためていくと豚肉の
うまみがかぶに入る♥

かぶと豚こまの塩いため

1人分266kcal　糖質7.2g

材料（4人分）と作り方

1. **かぶ4個（400g）**の葉を切り落とし、皮をむいて6等分のくし形切りにする。**かぶの葉120g**は4cm長さに切る。
2. **豚こまぎれ肉300g**に**酒**大さじ1、**かたくり粉**小さじ1/2、**塩**少々を加えてもみ込む。
3. フライパンに**サラダ油**大さじ1を熱し、2をいためる。肉の色が変わったらフライパンの端に寄せ、あいたところにかぶを加え、焼きつけながら3分ほどいためる。
4. かぶの葉、**みりん**大さじ1.5、**塩**小さじ1を加え、さっといため合わせる。　　（市瀬）

だしの風味をきかせたあんで、かぶと油揚げに一体感が

かぶと油揚げのあんかけ煮

1人分77kcal　糖質7.7g

手作業 7分 ☑低カロリー ☑食費節約

材料（4人分）と作り方

1. **かぶ5個**を6〜8等分に切り、**かぶの葉200g**をさっとゆで、3cm長さに切る。**油揚げ1枚**を油抜きをし、短冊切りにする。
2. なべに**だし1と3/4カップ**、**みりん大さじ1**、**塩小さじ3/4**を入れて煮立たせ、かぶ、油揚げを加えてふたをし、煮立ったら弱火で7〜8分煮る。
3. かぶがやわらかくなったらかぶの葉、**しょうゆ小さじ2**を加えてさっと煮る。**かたくり粉大さじ1**を倍量の水でといて加え、とろみをつけてひと煮立ちさせる。　　　（岩﨑）

牛乳、ハム、チーズで子どもも大人も大好きな味

かぶのミルクチーズ煮

1人分118kcal　糖質6.9g

手作業 7分 ☑子どもも大好き ☑作りおきOK

材料（4人分）と作り方

1. **かぶ5個**の茎を少し残して葉を切り落とし、皮をむいて縦半分に切る。**ハム2枚**を1cm角に切る。
2. なべにかぶを入れ、**牛乳1.5カップ**、**固形コンソメ1/4個**、**塩小さじ1/5**、こしょう少々を加えて煮立てる。ふきこぼれない程度の火かげんにして、ふたをせずに15分ほど煮る。
3. かぶがやわらかくなったらハム、**ピザ用チーズ40g**を加え、チーズがとけるまで煮る。　　　（岩﨑）

オリーブ油＋しょうゆの味つけでごはんにもパンにも合う一品

かぶとオイルサーディンのソテー

1人分151kcal　糖質2.8g

手作業 7分 ☑糖質オフ ☑おつまみにも

材料（4人分）と作り方

1. **かぶ4個**の茎を少し残して葉を切り落とし、縦に1cm厚さに切り、**かぶの葉**はざく切りにする。
2. フライパンに**オリーブ油大さじ1**を熱して**1**のかぶの両面をこんがりと焼く。葉と**オイルサーディン缶1缶**を加えてさっといため合わせ、**塩小さじ1/2**、こしょう少々、**しょうゆ大さじ1/2**で調味する。　　　（牛尾）

PART1 かぶの副菜

手作業 **7分** / ☑火を使わずに ☑＋もう1品に

まぜるだけ♥ かぶの新鮮な歯ざわりを楽しめる

かぶのサラダ ゆずドレッシング

1人分51kcal　糖質5.4g

材料（4人分）と作り方

1. かぶ大**4個**を食べやすい大きさのくし形に切る。**かぶの葉200g**はざく切りにする。合わせて**塩小さじ1**を振り、軽くもんで、水けが出たらしぼる。
2. **オリーブ油、ゆずのしぼり汁各小さじ2、薄口しょうゆ小さじ1、あらびき黒こしょう少々**をまぜ、1をさっとあえる。

（牛尾）

手作業 **7分** / ☑糖質オフ ☑おもてなしに

ミニマムの味つけにして、かぶのおいしさを楽しみたい

かぶの中華風すり流しスープ

1人分26kcal　糖質2.8g

材料（4人分）と作り方

1. かぶ**2個**を皮ごと繊維を断つように横に薄切りにする。**ねぎ1/2本**を斜め薄切りにする。
2. なべに**ごま油小さじ1、しょうがのすりおろし小さじ1/2**、ねぎを入れていため、しんなりしたらかぶを加えていため合わせる。油がなじんだら**鶏ガラスープのもと小さじ1、水1.5カップ**を加え、かぶをやわらかく煮てあら熱をとる。
3. フードプロセッサーでなめらかにかくはんする。なべに戻し、好みのとろみかげんになるまで水を足し、煮立ったら**塩少々**で調味する。器に盛り、**ミニトマト4個**を小さく切ってのせ、**ごま油小さじ1**を等分に回しかける。　（上島）

手作業 **3分** / ☑低カロリー ☑糖質オフ

桜えびの香ばしさ＆食感がアクセントの簡単スープ

かぶと桜えびの中華スープ

1人分16kcal　糖質1.5g

材料（4人分）と作り方

1. かぶ**2個**の茎を1cmほど残して葉を切り落とし、皮をむいて一口大のくし形に切る。**かぶの葉**は3cm長さのざく切りにする。
2. なべに**水3カップ、鶏ガラスープのもと小さじ1**を煮立て、1、**桜えび5g**を加えて5分ほど煮る。
3. **塩小さじ2/3、こしょう少々、しょうゆ小さじ1/2**で調味する。

（牛尾）

チンゲンサイ

風味にくせがなく、主役にも脇役にもなるアレンジ万能の中国野菜

ダイエット中でもコクのある ピリ辛ドレッシングで満足感

チンゲンサイといかの中華サラダ

手作業 15分 / ☑低カロリー ☑糖質オフ

1人分79kcal　糖質2.9g

材料（4人分）と作り方

1. **チンゲンサイ2株**を縦に4等分に切り、たっぷりの熱湯でゆで、水けをしぼる。**にんじん1/2本**を短冊切りにする。**いか1ぱい**の皮をむき、さっとゆでて輪切りにし、足は食べやすく切る。
2. **ねぎのみじん切り3cm分**、**しょうゆ大さじ1**、**酢大さじ1/2**、**ごま油小さじ2**、**オイスターソース小さじ1**、**豆板醤小さじ1/5**をまぜ合わせる。
3. 1を器に盛り合わせ、2を回しかける。

（岩﨑）

とうふは手でくずし入れてOK。 簡単味つけで手間いらず

チンゲンサイととうふの明太子煮

手作業 7分 / ☑作りおきOK ☑冷え対策

1人分169kcal　糖質8.8g

材料（2人分）と作り方

1. **チンゲンサイ2株**をざく切りにし、根元は縦に4等分に切る。**木綿どうふ1丁**の水けを軽くきる。**からし明太子40g**の薄皮を除く。
2. なべに**水2カップ**、**鶏ガラスープのもと大さじ1/2**を入れて熱し、チンゲンサイ、**にんにくの薄切り1かけ分**を加える。とうふを食べやすくくずして加え、火を少し弱めて3分ほど煮る。
3. 明太子を加えてさっとまぜ、**塩小さじ1/3**、こしょう少々を振る。**かたくり粉大さじ1**を**同量の水**でといて加え、まぜながらひと煮立ちさせてとろみをつける。

（牛尾）

栄養

β-カロテンの含有量はピーマンの約6倍。ビタミンC、E、カルシウム、鉄、カリウムなども豊富に含まれる緑黄色野菜。

見分け方

葉は濃い緑色で、根元が肉厚で密に重なっているものが良品。根元にすき間があるものは育ちすぎで、筋っぽい場合がある。

保存方法

高温と乾燥に弱いので、湿らせたキッチンペーパーなどに包んでポリ袋に入れ、冷蔵庫の野菜室で保存する。立てて保存するほうがよい。

VEGETABLE DISH CATALOG　118

とうふの水きりも仕上げもレンチンでOK。
ラクうまヘルシーマーボー

チンゲンサイ入り塩マーボー

1人分187kcal　糖質3.8g

材料（4人分）と作り方

1. **チンゲンサイ200g**を3cm長さのざく切りにし、根元は縦に4等分に切る。**木綿どうふ1丁**を1.5cm角に切り、キッチンペーパーを敷いた耐熱皿に並べ、電子レンジで2分加熱して水けをきる。
2. **ねぎ1/4本、しょうが、にんにく各1かけ**をみじん切りにする。
3. 耐熱ボウルに**豚ひき肉150g**、2、**水1カップ、鶏ガラスープのもと、塩各小さじ1、こしょう少々、赤とうがらしの小口切りふたつまみ、ごま油大さじ1**を入れてまぜる。
4. 1を加えてさっとまぜ、ラップをかけて電子レンジで8分加熱する。**かたくり粉小さじ2**を同量の水でといてまぜ、再びラップをかけて電子レンジで3分加熱する。　　　　　　　（牛尾）

ほたてのうまみとオイスターソースの
コクでお店みたいな味に

チンゲンサイとボイルほたての中華風煮物

1人分153kcal　糖質9.9g

材料（2人分）と作り方

1. **チンゲンサイ250g**の長さを3等分に切り、葉はざく切りにし、根元部分は縦6等分に切る。**ねぎ1本**を1cm幅の斜め切りにする。
2. フライパンに**水1カップ、しょうゆ大さじ1/2、オイスターソース、酒各大さじ1、鶏ガラスープのもと小さじ1/2、こしょう少々**を入れて煮立て、チンゲンサイの根元、**ボイルほたて150g**、ねぎを加える。再び煮立ったらアクをとり、落としぶたをして中火にし、5分ほど煮る。
3. チンゲンサイの葉を加えてまぜ、**かたくり粉大さじ1/2**を同量の水でといて加え、ひと煮立ちさせてとろみをつけ、**ごま油小さじ1**を振る。

（小林）

食欲をそそるごまの香りのヘルシー和風あえ
チンゲンサイときくらげ、ゆでえびのごま酢あえ
1人分45kcal　糖質2.1g

手作業 7分　☑食物繊維補給に　☑おつまみにも

材料（4人分）と作り方

1. チンゲンサイ3株を3cm長さのざく切りにし、**塩少々**を加えた熱湯で1分ほどゆで、ざるに上げて冷まし、水けをしぼる。
2. **きくらげ（乾燥）5g**を水でもどし、細切りにする。**ボイルえび100g**の厚みを縦半分に切る。
3. **すり白ごま、酢各大さじ1、砂糖小さじ1、しょうゆ小さじ2、塩小さじ1/3**をまぜ合わせ、1、2をあえる。　　（牛尾）

パパッと作れて栄養バランスもバッチリ！
チンゲンサイときくらげの卵いため
1人分76kcal　糖質1.2g

手作業 7分　☑朝食にも　☑糖質オフ

材料（4人分）と作り方

1. チンゲンサイ2株をざく切りにし、根元は縦に4等分に切る。**きくらげ（乾燥）10g**を水でもどす。
2. フライパンに**ごま油大さじ1**を熱し、1をさっといためる。油がなじんだら**とき卵2個分**を流し入れて大きくかきまぜる。半熟状になったら**塩小さじ1/3、こしょう少々、しょうゆ小さじ2**で調味する。　　（牛尾）

ちくわをプラスするだけで食べごたえ大満足の一品に
チンゲンサイとちくわの塩いため
1人分77kcal　糖質5.3g

手作業 3分　☑食費節約　☑+もう1品に

材料（4人分）と作り方

1. チンゲンサイ3株を3cm長さのざく切りにする。**しめじ1パック**を食べやすくほぐす。**ちくわ小4本**を輪切りにする。
2. フライパンに**サラダ油大さじ1**を熱して1をいため、**塩小さじ1/2、鶏ガラスープのもと小さじ1**を振って調味する。　　（牛尾）

VEGETABLE DISH CATALOG　120

PART1 チンゲンサイの副菜

手作業 7分
☑ お弁当にも
☑ 低カロリー

れんこんのシャキッとした食感とこしょうの辛さが◎！

チンゲンサイとれんこんの黒こしょういため

1人分55kcal　糖質3.7g

材料（4人分）と作り方

1. **チンゲンサイ450g**の長さを3等分に切り、根元は縦に薄切りにする。
2. **れんこん80g**を薄い半月切りにする。**赤とうがらし1本**の種をとり除く。
3. フライパンに**サラダ油大さじ1**を熱し、チンゲンサイの根元、**2**をいためる。しんなりとしたらチンゲンサイの葉を加えてさっといため、**酒大さじ1、塩小さじ1、あらびき黒こしょう小さじ1/3**を加え、手早くいため合わせる。　（市瀬）

手作業 3分
☑ おつまみにも
☑ ＋もう1品に

葉と軸に分けて時間差をつけていためるのがポイント

チンゲンサイのにんにくいため

1人分75kcal　糖質2.1g

材料（4人分）と作り方

1. **チンゲンサイ4株**の長さを2〜3等分に切り、根元は縦6〜8等分に切る。
2. **にんにく2かけ**を縦半分に切る。
3. フライパンに**サラダ油大さじ2、2**を入れて弱火でいため、香りが立ったらチンゲンサイの根元を入れてさっといためる。
4. 油がなじんだら**酒大さじ1、塩小さじ1/2**を振ってさっといため、ふたをして1分ほど蒸す。しんなりしたら葉の部分を加え、手早くいため合わせる。　（大庭）

手作業 3分
☑ 子どもも大好き
☑ ＋もう1品に

ごま油を隠し味に加えて香りよく

チンゲンサイとじゃこのおひたし

1人分36kcal　糖質1.5g

材料（4人分）と作り方

1. **チンゲンサイ400g**を縦4等分に切り、**塩少々**を加えた熱湯で1分ほどゆでる。冷水にとって水けをしぼり、4cm長さに切る。
2. **だし1カップ、しょうゆ大さじ1.5、ごま油小さじ1/2**を合わせ、**1、ちりめんじゃこ20g**を加えてなじませる。　（牛尾）

洗う、皮をむく、切る、下ゆでなどをぜ～んぶパス！ゴミもゼロ♪

野菜の缶詰 & 乾燥野菜

保存のきく缶詰や乾燥野菜は、ちょっとだけ野菜をプラスしたいときにとても便利。
種類もふえて、使いみちもいろいろです。保存期間が長いので、
セールのときにまとめ買いしておくと食費の節約にも。
いざというときのお助け食材として常備しておきましょう。

野菜の缶詰

いずれも加熱処理されているので、下ごしらえや下ゆでの手間いらずで、使いたいときに即使えるのがメリット。生のトマトにはないうまみが味わえるトマトの水煮缶をはじめ、サラダやスープにすぐに使えるコーン缶やグリーンピース缶など、料理の彩りにも重宝。

乾燥野菜

昔ながらの乾物だけでなく、根菜や葉野菜、きのこなどがカットされた状態で多数登場。栄養面では、ビタミン類は生に及びませんが、食物繊維が手軽にとれ、水分をとばしてあるため風味が凝縮。なによりうれしいのは、使いたい分だけとり出せて、むだを出さずにすむうえ、ゴミもゼロなこと。

PART 2
マンネリ解消！人気野菜24

野菜売り場で見つけると、つい買ってしまうほど
大好きなのに、同じ料理になりがちな野菜。
人気野菜のレパートリーが広がる、
簡単でおいしいレシピを集めました。
マンネリ解消もできて料理の腕も上がります。

○アボカド
○香菜
○グリーンアスパラガス
○ズッキーニ
○パプリカ
○豆苗
○水菜
○にら
○スナップえんどう
○セロリ
○オクラ
○さやいんげん
○長いも
○レタス
○絹さや
○三つ葉
○ししとうがらし
○にんにくの茎
○モロヘイヤ
○おかひじき
○わけぎ
○せり
○クレソン
○ルッコラ

アボカド

"森のバター"と呼ばれる栄養価の高い果実で、美容&健康食材として大人気

栄養
植物学上では野菜ではなく果実に分類。脂質が多く、大部分は不飽和脂肪酸。食物繊維や、ビタミンB群、E、カリウム、鉄などのミネラルも豊富。

見分け方
ふっくらとして張りがあり、色ムラがないものが○。さわって軽く弾力があるものが食べごろ。果皮の色が黒いものが熟しているといわれるが、個体差がある。

保存方法
かたいものは、常温において追熟させる。低温を嫌うので、未熟なうちは冷蔵庫に入れないで常温に。完熟したものは冷蔵保存しても○K。

手作業 **7分**　☑糖質オフ　☑子どもも大好き

アボカドのなめらかな口当たりに
エリンギの食感をプラス

アボカドと鶏ささ身の
にんにくいため

1人分292kcal　糖質3.0g

材料（4人分）と作り方

1. **アボカド2個**を縦半分に切って1.5cm厚さに切り、**レモン汁大さじ1/2**を振る。
2. **エリンギ大3本**を縦4等分に切り、長さを3〜4等分に切る。**鶏ささ身4本（250g）**を1.5cm厚さのそぎ切りにし、**塩、こしょう各少々**を振る。
3. フライパンに**オリーブ油大さじ2、にんにくの薄切り大1かけ分**を入れて弱火でいため、香りが立ったらにんにくをとり出す。
4. 続いて**2**を入れていため、ふたをして弱火で2分ほど蒸し焼きにする。**1**を加えていため、**酒大さじ1**を振り、**塩小さじ2/3〜1、こしょう少々**で調味する。にんにくを戻し入れ、いため合わせる。　　（大庭）

手作業 **15分**　☑糖質オフ　☑おもてなしに

人気メニューをおうちで！
香ばしさとうまみも最高

アボカドとえびの
アヒージョ

1人分341kcal　糖質2.1g

材料（4人分）と作り方

1. **アボカド大1個**を1cm厚さの一口大に切り、**レモン汁少々**を振る。
2. **えび8尾**の背わたをとり、洗って水けをふく。**にんにく3かけ**を縦半分に切る。
3. フライパンに**オリーブ油100mℓ**、にんにくを入れて弱火にかけ、香りが立ったら**赤とうがらし3〜4本、1**、えびを加え、中火で煮るようにいためる。**パセリのみじん切り大さじ2、塩小さじ1/3、こしょう少々**を加えてまぜる。　　（大庭）

VEGETABLE DISH CATALOG　124

PART2 アボカドの主菜＆副菜

手作業 7分
- おつまみにも
- 子どもも大好き

オーブントースターで加熱するだけだから簡単＆やみつき

アボカドとミニトマトのパン粉焼き

1人分181kcal　糖質3.0g

材料（4人分）と作り方

1. アボカド2個を食べやすい大きさの半月切りにする。ミニトマト10個を半分に切る。
2. 耐熱皿に**オリーブ油少々**を薄く塗り、アボカドを並べてミニトマトをのせる。**塩、こしょう各少々、パルメザンチーズ大さじ1、パン粉大さじ2、オリーブ油小さじ2**を振り、オーブントースターで12〜15分焼く。　（岩﨑）

手作業 3分
- 糖質オフ
- ワインのおともに

切って焼くだけで見た目もおしゃれな前菜に

アボカドのチーズ焼き

1人分145kcal　糖質0.7g

材料（4人分）と作り方

1. アボカド大1個を縦4等分のくし形に切り、**レモン汁小さじ1**を振る。
2. 耐熱皿に**1**を並べて**塩、こしょう各少々**を振り、**ピザ用チーズ60g**をのせてオーブントースターで10分ほど焼く。（大庭）

手作業 7分
- 糖質オフ
- 朝食にも

のどごしひんやり！　まぜて冷やすだけだからラク！

冷製アボカド豆乳スープ

1人分129kcal　糖質2.8g

材料（4人分）と作り方

1. アボカド大1個を1cm厚さに切る。
2. フードプロセッサーまたはミキサーに**1、レモン汁大さじ1/2、水1カップ、塩小さじ1/3**を入れ、なめらかになるまでかくはんする。**豆乳（成分無調整）1.5カップ**を注ぎ、再びかくはんしてなじませ、冷蔵庫で冷やす。
3. 器に盛り、**あらびき黒こしょう少々**を振る。　（大庭）

香菜

特有の香りのセリ科の野菜。英名コリアンダー、タイ語でパクチー。

栄養
β-カロテン、ビタミンB群、C、Eが豊富。食物繊維も多く、健胃作用、解毒作用などがあるとも。香り成分には口臭予防の効果も期待される。

見分け方
葉がみずみずしく、緑色が鮮やかで、葉先から茎までピンとしたものが新鮮。

保存方法
数日で香りが薄れてくるので、なるべく早く使いきる。保存するときは、乾燥しないように水でぬらした新聞紙などで包んでポリ袋に入れ、冷蔵庫へ。

香菜＋ナンプラー＋レモン汁で簡単アジアンテイスト

香菜と牛しゃぶのおかずサラダ

手作業 7分 / 低カロリー / おもてなしに

1人分 192kcal　糖質 6.6g

材料（4人分）と作り方

1. 香菜100gの葉をつむ。
2. なべに湯を沸かし、**牛薄切り肉（しゃぶしゃぶ用）200g**を入れ、色が変わったら火を止める。湯の中で冷まし、湯をきって一口大にちぎる。
3. **トマト200g**を一口大のくし形に切る。**玉ねぎ50g**を薄切りにして冷水にさらし、パリッとさせて水けをきる。
4. ボウルに**ナンプラー大さじ1、砂糖小さじ2、レモン汁大さじ2、にんにくのみじん切り小さじ1/2、刻み赤とうがらし少々**を合わせてまぜ、1、2、3を加えてあえる。

（検見﨑）

香菜の食感と香りを生かすように手早くいためるのがコツ

香菜とベーコンの卵いため

手作業 7分 / 朝食にも / ＋もう1品に

1人分 392kcal　糖質 4.5g

材料（2人分）と作り方

1. **香菜100g**を3〜4cm長さに、**ベーコン4枚**を7〜8mm幅に切る。
2. **卵4個**を割りほぐす。
3. フライパンに**サラダ油大さじ1**を熱し、ベーコン、香菜の順にいためる。油がなじんだら2を流し入れて大きくまぜ、ふんわりと火を通す。**ナンプラー、砂糖各小さじ1**を加え、いため合わせる。

（検見﨑）

PART2 香菜の主菜＆副菜

| 手作業 7分 | ☑火を使わずに ☑糖質オフ |

低糖質3食材の組み合わせで簡単＆ヘルシー

香菜とツナのクリームチーズあえ

1人分92kcal　糖質0.9g

材料（4人分）と作り方

1. **香菜50g**の葉を少し残し、残りを7〜8mm長さのざく切りにする。**ツナ缶小1缶（55g）**の缶汁をきる。
2. ボウルに**クリームチーズ60g**を入れてクリーム状にねり、1、**塩、こしょう各少々**を加えてよくまぜる。器に盛り、1の葉をのせる。
（検見崎）

| 手作業 7分 | ☑低カロリー ☑＋もう1品に |

個性的な香りを楽しみたいときはシンプルに

香菜と新ごぼうのサラダ

1人分67kcal　糖質7.0g

材料（4人分）と作り方

1. **香菜1束**を3〜4cm長さに、**トマト1個**をくし形切りにする。
2. **新ごぼう1本**をせん切りにして水にさらす。熱湯でさっとゆで、湯をきり、**オリーブ油大さじ1、レモン汁小さじ3、ナンプラー、砂糖各小さじ2**を加え、よくまぜて冷ます。
3. 1を加えてさっとまぜ合わせる。
（岩崎）

| 手作業 7分 | ☑糖質オフ ☑ボリュームあり |

ひき肉＆にんにくの風味をきかせたおかずになる一杯

香菜と豚ひき肉の塩スープ

1人分161kcal　糖質2.0g

材料（4人分）と作り方

1. **香菜100g**を5〜6mm長さに刻む。**にんにく1かけ**をみじん切りにする。
2. なべに**サラダ油大さじ1**を熱し、にんにくをいため、香りが立ったら**豚ひき肉200g**を加えてほぐしながらいためる。ポロポロになったら香菜を加え、さっといためる。
3. **酒大さじ1**を加え、湯3カップを注いで煮立てる。アクをとり、**塩、こしょう各少々**で調味する。
（検見崎）

グリーンアスパラガス

さわやかな食感と自然な甘みが特徴。鮮やかな緑色が食卓を明るく彩る

フライパンの中でホワイトソースを仕上げる
時短レシピでおいしく熱々

アスパラガスと鮭のクリーム煮

1人分265kcal　糖質12.3g

手作業 **15分**
☑ ボリュームあり
☑ 子どもも大好き

材料（4人分）と作り方

1. **グリーンアスパラガス8本**の根元から1/2までの皮をむき、3～4cm長さに切り、**塩**少々を加えた熱湯でゆで、湯をきる。
2. **生鮭3切れ**を4等分ずつに切り、両面に**塩、こしょう**各少々を振る。**小麦粉**適量をまぶし、フライパンに**サラダ油大さじ1/2**を熱して両面を焼き、とり出す。
3. 同じフライパンに**バター大さじ2**をとかし、**玉ねぎのみじん切り1/2個分**をいため、**小麦粉大さじ3**を振っていためる。**2**を戻し入れ、**白ワイン大さじ2**を振り、**水1/2カップ、ローリエ1枚**を加えてふたをし、10分ほど煮る。
4. **塩小さじ1/2、こしょう**少々を加え、**牛乳1.5カップ、1**を加えて弱火であたためる。

（大庭）

にんにく＆赤とうがらしで
王道のイタリアンテイスト

アスパラガスとえびのペペロンチーノ

1人分172kcal　糖質8.9g

手作業 **7分**
☑ お弁当にも
☑ ワインのおともに

材料（2人分）と作り方

1. **グリーンアスパラガス大4本**の根元を3cmほど切り、かたい皮をピーラーでむき、斜めに4等分に切る。**セロリ1/2本**は5mm厚さの斜め切りにする。
2. **むきえび大10～12尾**にかたくり粉大さじ1.5をからめ、冷水で洗って水けをふく。
3. なべに**2、白ワイン大さじ1.5、ローリエ1枚**を入れてふたをして火にかけ、煮立ったらえびをボウルに移し、えびに密着させてラップをかける。
4. フライパンに**オリーブ油大さじ1、にんにくの薄切り大1かけ分、赤とうがらし1本**を入れて熱し、香りが立ったら、**1、3**を加えていため、**塩、こしょう**各少々を振る。

（上島）

栄養

β-カロテン、ビタミンC、K、葉酸、カリウムなどをはじめ、食物繊維やオリゴ糖なども豊富。特有の成分・アスパラギン酸は疲労回復に効果的。

見分け方

鮮やかなグリーンで、全体に張りがあり、穂先がふっくらとしているものを選ぶ。根元にしわがよっているものは鮮度が落ちている。

保存方法

乾燥を嫌うので、湿らせたキッチンペーパーなどで包み、冷蔵庫の野菜室に立てて保存する。鮮度が落ちるとかたくなるので早めに使いきる。

PART2 アスパラガスの主菜＆副菜

手作業 7分
☑ 朝食にも
☑ 子どもも大好き

カリッといためたベーコンととろりとした温泉卵をからめて
アスパラガスのベーコンドレッシングサラダ
1人分92kcal　糖質1.4g

材料（4人分）と作り方

1. グリーンアスパラガス**2束**の根元のかたい部分を切り、はかまを除く。たっぷりの熱湯でゆで、湯をきる。
2. **ベーコン2枚**を1cm幅に切り、**オリーブ油大さじ1**でカリッとするまでいためる。あら熱をとり、**酢小さじ2**、**塩小さじ1/6**、こしょう、ねりがらし各少々を加えてまぜ合わせる。
3. 器に**ミックスリーフ1袋**を敷いて**1**を盛り、**温泉卵1個**をのせて**2**をかける。
（岩﨑）

手作業 7分
☑ おつまみにも
☑ お弁当にも

下ゆでしないで焼くのがポイント！ 甘みと食感を楽しむ
アスパラガスのガーリックソテー
1人分69kcal　糖質1.6g

材料（4人分）と作り方

1. グリーンアスパラガス**8〜12本**は根元から1/3ほどの皮をピーラーでむき、長さを半分に切る。
2. **にんにく2かけ**は縦半分に切る。
3. フライパンに**オリーブ油大さじ2**、**2**を入れて熱し、香りが立ったら**1**を並べ入れる。フライパンよりひと回り小さい平らなふたをのせて中火にし、2分ほど焼く。返して同じように焼き、**塩小さじ1/2**、こしょう少々を振る。
（大庭）

手作業 7分
☑ おつまみにも
☑ ＋もう1品に

いつもの材料を組み合わせてヘルシーな小鉢に
アスパラガスの白あえ
1人分82kcal　糖質3.6g

材料（4人分）と作り方

1. **木綿どうふ200g**を厚手のキッチンペーパーで包み、1kgの重しをのせて15分ほどおいて水きりする。
2. グリーンアスパラガス**1束**の根元の皮を5cmほどむく。
3. なべに湯を沸かし、**塩適量**（湯の量の約2％が目安）を加え、**2**をゆでる。ざるに上げて冷まし、3cm長さに切る。**かに風味かまぼこ4本**の長さを3等分に切り、ほぐす。
4. ボウルに**1**、**ねり白ごま大さじ1**、**砂糖大さじ1/2**、**しょうゆ小さじ1**、**塩小さじ1/3**を入れてなめらかにまぜ、**3**を加えてあえる。
（藤井）

ズッキーニ

クセのないやさしい味わいでジャンルを問わずに活用できる

手作業 **7分**
- ☑ ボリュームあり
- ☑ おつまみにも

にんにく＋ナンプラーの香りが食欲を刺激するアジアンいため

ズッキーニといかのエスニックいため

1人分134kcal　糖質5.6g

材料（4人分）と作り方

1. ズッキーニ**2本**を縦半分に切って斜め1cm厚さに切り、さっと洗って水けをふく。**玉ねぎ1個**を縦半分に切って5mm厚さに切る。
2. **いか1ぱい**を胴と足に分けて、胴は1cm幅の輪切りにし、足は1本ずつ切り分ける。
3. フライパンに**サラダ油大さじ2、にんにくのあらいみじん切り1かけ分**を熱し、香りが立ったら1を加え、大きくまぜながら3〜4分いためる。2を加えてさらにいため、いかの色が白くなったら**ナンプラー大さじ2**を加えて大きくまぜる。器に盛り、**レモン適量**を添える。　　（夏梅）

手作業 **7分**
- ☑ 低カロリー
- ☑ 作りおきOK

**ダイエット中でも大満足♪
コラーゲン補給もできるヘルシー食**

ズッキーニと鶏手羽のスープ煮

1人分110kcal　糖質4.3g

材料（4人分）と作り方

1. ズッキーニ**1本**を1cm厚さの半月切りにする。
2. **しょうが1かけ**を薄切りにし、**玉ねぎ1個**をくし形に切る。
3. なべに**鶏手羽中8本**と2を入れ、**水4カップ**を注いでふたをして30分ほど煮る。1を加え、5分ほど煮て**塩小さじ1、こしょう少々**で調味する。器に盛り、あれば**パプリカパウダー適量**を振る。　　（牛尾）

栄養

ビタミンC、β-カロテンをはじめ、カリウム、カルシウム、マグネシウムなどのミネラルが豊富。カロリー、糖質ともに低く、ダイエット食材としても優秀。

見分け方

皮に傷がなく張りがあり、色つやのよいものを選ぶ。太さが均一で、太すぎないものが良品。大きく育ちすぎたものはかたいことがある。

保存方法

低温・乾燥に弱いので、キッチンペーパーなどで包んで日の当たらない涼しい場所に保存する。カットしたものはラップで包み、冷蔵保存し、早めに食べきる。

VEGETABLE DISH CATALOG

PART2 ズッキーニの主菜&副菜

並べ入れたら、あとはオーブントースターへ♪

ズッキーニと
トマトのチーズ焼き

1人分30kcal　糖質4.3g

手作業3分
☑ おつまみにも
☑ 子どもも大好き

材料（4人分）と作り方

1 ズッキーニ1本を1cm厚さの輪切りにし、トマト2個を一口大に切る。

2 耐熱容器に1を並べ、塩、こしょう各少々、粉チーズ大さじ1を振り、オーブントースターで8分ほど焼く。　　（牛尾）

究極のシンプルレシピも大人気&レパートリーに仲間入り

ズッキーニの
にんにく風味焼き

1人分69kcal　糖質1.7g

手作業3分
☑ 糖質オフ
☑ おつまみにも

材料（4人分）と作り方

1 ズッキーニ2本を1cm厚さの輪切りにする。

2 フライパンにオリーブ油大さじ2、にんにくの薄切り1かけ分を入れて弱火でいためる。香りが立ったらとり出す。

3 同じフライパンに1を入れ、両面を色よく焼く。塩小さじ1/3、こしょう少々で調味し、2を戻し入れてさっとまぜる。
（大庭）

塩もみして余分な水けをしぼって漬けるから味がなじむ

ズッキーニのピリ辛漬け

1人分13kcal　糖質1.3g

手作業3分
☑ 火を使わずに
☑ 作りおきOK

材料（4人分）と作り方

1 ズッキーニ1本を5mm厚さの半月切りにする。塩小さじ1/2を振って軽くもみ、水分が出てきたらしぼる。

2 酢、薄口しょうゆ、みりん各小さじ1、こぶ2cm、赤とうがらし1本、レモンの輪切り1枚をまぜ合わせ、1を1時間ほど漬ける。　　（牛尾）

パプリカ

β-カロテン、ビタミンC、Eは野菜の中でもトップクラスのカラフル野菜

栄養
ビタミンエース（A、C、E）と呼ばれる、美肌や生活習慣病対策に高い効力をもつビタミンが文字どおり三拍子そろって含まれている。

見分け方
へたの切り口が新鮮で、全体に張り、つやがあるものを選ぶ。しわがあるものは鮮度が落ちている。

保存方法
水けをふき、ポリ袋に入れて冷蔵庫の野菜室で保存。カットしたものは種やわたをとってからラップで包み、同様に。

手作業 15分 / 作りおきOK / ビタミン補給に

ビタミン野菜がたっぷり！
ひと皿で大満足の食べごたえ

パプリカのカポナータ風
1人分305kcal　糖質12.4g

材料（4人分）と作り方

1. パプリカ（黄・オレンジ・赤）各1個を2〜2.5cm角に、**ズッキーニ1本**、**なす3個**を2cm厚さのいちょう切りに、**セロリ1本**の筋をとり、2cm角に切る。

2. **鶏胸肉大1枚**を一口大のそぎ切りにして**塩小さじ1/4**、**こしょう少々**を振る。**トマト2個**の種を除いて1cm角に切る。

3. なべに**オリーブ油大さじ1**を熱し、鶏肉の両面を焼きつけてとり出す。

4. **オリーブ油大さじ4**を足し、**玉ねぎのみじん切り1/2個分**、**にんにくのみじん切り1かけ分**をいため、**1**をいため合わせる。トマトを加えて鶏肉を戻し入れ、**白ワイン大さじ2**、**塩小さじ1**、**こしょう少々**を振って上下を返しながら、ふたをして弱火で15〜20分煮る。　（大庭）

手作業 7分 / 子どもも大好き / おもてなしに

鮮やかなパプリカイエローと
レモンの風味がさわやか

パプリカ＆レモンのせかじきのソテー
1人分313kcal　糖質10.4g

材料（2人分）と作り方

1. **パプリカ（黄）1個**を1cm角に切る。**国産レモン1/2個**の半分を薄いくし形に切り、中心の白いわたを除いて斜め半分に切る。残りは果汁をしぼる。

2. **めかじき2切れ**に**塩**、**こしょう各少々**を振り、**小麦粉適量**を薄くまぶす。フライパンに**サラダ油大さじ1/2**を熱してめかじきを並べ、両面に薄く焼き色をつけて火を通し、器に盛る。

3. フライパンをふいて**バター20g**をとかし、**赤とうがらしの小口切り1本分**、**にんにくのみじん切り1かけ分**をいためる。香りが立ったら、パプリカとレモンのくし形切りを加えていため、**塩小さじ1/3**、**1**の果汁を振り、**2**にかける。　（藤井）

VEGETABLE DISH CATALOG

PART2 パプリカの主菜＆副菜

パプリカの新しいおいしさ発見！

パプリカのたらこチーズあえ

1人分41kcal　糖質2.5g

手作業 7分 / レンチンで / 冷めても◎

材料（4人分）と作り方

1. **パプリカ（赤・黄）各1個**を縦に細切りにする。**たらこ1腹**の薄皮を除く。
2. 耐熱ボウルに**1**を入れてさっとまぜ、ラップをかけて電子レンジで2分加熱する。
3. 熱いうちに、**粉チーズ大さじ1、しょうゆ小さじ2**を加えてあえる。　　　　　　　　　　　　　　　　　　　　　　　　（牛尾）

切って巻くだけ♪ パプリカの甘みと生ハムの塩けが絶妙

パプリカの生ハム巻き

1人分36kcal　糖質2.2g

手作業 3分 / ワインのおともに / 火を使わずに

材料（4人分）と作り方

1. **パプリカ（赤・黄）各1個**を縦に細切りにする。
2. **生ハム8枚**を用意し、1枚に**1**を等分にとって束にしてのせ、手前から巻く。　　　　　　　　　　　　　　　　　　（牛尾）

ピーナッツの食感としょうがの辛みで箸が止まらない

パプリカの甘酢いため

1人分84kcal　糖質4.6g

手作業 7分 / お弁当にも / おつまみにも

材料（4人分）と作り方

1. **パプリカ（赤）1個、パプリカ（黄）1/2個**を縦に細切りに、**しょうが1かけ**をせん切りにする。
2. フライパンに**ごま油小さじ2**を熱し、**1**をしんなりするまでいためる。**酢大さじ1、砂糖、しょうゆ各小さじ2、塩少々**を加えていため、汁けがなくなったらあらく刻んだ**ピーナッツ大さじ2**を加えていため合わせる。　　　　　　　　（岩﨑）

豆苗

えんどう豆の若芽で、アクが少なく、豆の香りとシャキシャキ食感が特徴

手作業 **7分**
- ☑ 糖質オフ
- ☑ 低カロリー

レンチンでさっと加熱して、いり卵と合わせてパッと味つけ

豆苗ときくらげ、いり卵のサラダ

1人分88kcal　糖質0.6g

材料（4人分）と作り方

1. **豆苗1袋**を半分に切り、洗って耐熱皿に広げる。ラップをして電子レンジで1分ほど加熱し、冷水にとって冷まし、水けをしぼる。
2. **きくらげ（もどしたもの）40g**を食べやすく切る。**卵2個**を割りほぐし、**塩少々**をまぜる。
3. フライパンに**ごま油大さじ1/2**を熱し、とき卵を流し入れ、大きくかきまぜていり卵を作り、ボウルにとり出す。同じフライパンできくらげをさっといため、ボウルに加える。
4. 3のボウルに1を加え、**ごま油大さじ1**、**塩小さじ1/3**、**こしょう少々**、**酢大さじ2/3**を加えてまぜる。　（大庭）

手作業 **7分**
- ☑ 朝食にも
- ☑ ビタミン補給に

細切りじゃがいもと合わせることで食べごたえのある一皿

豆苗とじゃがいものにんにくいため

1人分126kcal　糖質13.3g

材料（4人分）と作り方

1. **豆苗1袋**を半分に切る。**にんにく1かけ**は薄切りに、**じゃがいも3個**は皮をむいて細切りにし、水にさらす。
2. フライパンに**サラダ油大さじ1**とにんにくを入れて熱し、香りが立ったら水けをきったじゃがいもと豆苗を加えてさっといため合わせる。**塩小さじ1/2**、**こしょう少々**、**しょうゆ小さじ2**で調味する。　（牛尾）

栄養

高い抗酸化パワーをもつβ-カロテンやビタミンCの含有量は、ほうれんそう並み。ビタミンE、ビタミンK、カルシウム、葉酸も豊富。

見分け方

葉の部分が鮮やかな緑色でみずみずしく、茎がピンと立っているものを選ぶ。

保存方法

根が張っているスポンジに水を含ませてポリ袋に入れ、冷蔵保存する。葉と茎を使ったあとの豆と根は、水を張った容器に入れて日に当てると、発芽し、再収穫できる。

もやしを加えてボリュームアップ。ナンプラーの風味で大人気

豆苗とさつま揚げの
エスニックいため

1人分117kcal　糖質8.4g

材料（4人分）と作り方

1. 豆苗1袋を半分に切る。**さつま揚げ4枚**を油抜きをして1cm幅に切る。**にんにく1/2かけ**を薄切りに、**赤とうがらし1/2本**を斜め切りにする。
2. フライパンに**ごま油大さじ1**を熱し、にんにく、赤とうがらし、さつま揚げ、**もやし1袋**の順に入れていためる。
3. 全体に油がなじんだら豆苗を加えてさっといため、**ナンプラー大さじ1、しょうゆ小さじ1、こしょう少々**を加えていため合わせる。　　　　　　　　　　　　　　　　　　　（牛尾）

のりの香りが◎！ アスパラガスが食感のアクセント

豆苗とクリームチーズの
磯辺あえ

1人分52kcal　糖質1.6g

材料（4人分）と作り方

1. 豆苗1袋を3cm長さに切り、熱湯でさっとゆで、湯をきって冷ます。
2. **グリーンアスパラガス150g**を熱湯でゆで、湯をきって、一口大の斜め切りにする。
3. 1、2をボウルに入れ、**しょうゆ小さじ2**をまぜ、角切りにした**クリームチーズ40g、もみのり（全形）1/2枚分**を加えてあえる。　　　　　　　　　　　　　　　　　　　　　（岩﨑）

時間がないときにも大助かりのヘルシースープ

豆苗とミニトマトのスープ

1人分42kcal　糖質2.8g

材料（4人分）と作り方

1. 豆苗1袋を2cm長さに切る。
2. なべに**鶏ガラスープ4カップ**を入れてあたため、1とミニトマト12個を加えて1分ほど煮る。**塩小さじ1/2、こしょう少々**を加え、**みそ大さじ1**をとき入れる。器に盛り、**いり白ごま小さじ1**を振る。　　　　　　　　　　　（牛尾）

たっぷりの水菜を豚肉で巻いて
大満足の食べごたえ♥
水菜の肉巻きフライ

手作業 15分 / ボリュームあり / 子どもも大好き

1人分490kcal 糖質22.6g

材料（2人分）と作り方

1. **水菜150g**の長さを3等分（約10cmが目安）に切る。
2. **豚もも薄切り肉9枚（180g）**を3枚1組にし、横に少しずつ重ねて約10cm幅にして、**塩、こしょう各少々**を振る。手前に**1**の1/3量をのせて巻く。全部で3個作り、**小麦粉、とき卵、パン粉各適量**の順に衣をつける。
3. フライパンに**揚げ油を深さ2cm**ほど入れて170度に熱し、**2**を入れ、ときどき上下を返しながら6分ほど揚げる。油をきって一口大に切る。
4. 器に**キャベツのせん切り適量**を敷いて**3**を盛り、**ソース適量**をかけ、**ねりがらし適量**を添える。　　　　　　　　　（市瀬）

熱湯をかけて少ししんなりさせた
水菜の食感が絶妙
水菜と鶏ささ身の
ナムル風

手作業 7分 / おつまみにも / 冷めても◎

1人分83kcal 糖質1.2g

材料（4人分）と作り方

1. **鶏ささ身3本**を耐熱容器に並べ、**酒大さじ1、塩少々**を振りまぜ、ラップをかけて電子レンジで2分ほど加熱し、そのまま冷ます。冷めたら手で細くほぐす。蒸し汁はとっておく。
2. **水菜200g**を4〜5cm長さに切り、ざるに広げて熱湯を回しかける。そのまま冷めるまでおき、水けをしぼる。
3. ボウルに**1**、**2**を入れて**ごま油大さじ1**を振ってまぜる。**1**の蒸し汁、**塩小さじ1/3、こしょう少々**を加えてあえる。器に盛り、**いり白ごま少々**を散らす。　（大庭）

水菜

もともとは京野菜のひとつ。
クセのない味わいと食感が人気

栄養
β-カロテン、ビタミンC、E、カルシウム、鉄などを多く含む緑黄色野菜。食物繊維も豊富。

見分け方
葉の緑色が鮮やかで、先までピンとまっすぐなものを選ぶ。茎に傷がなく、白くつややかなものが良品。

保存方法
乾燥を嫌うので軽くぬらしたキッチンペーパーなどで包み、ポリ袋に入れて冷蔵保存し、なるべく早く使いきる。

PART2 水菜の主菜＆副菜

手作業 3分 ☑食費節約 ☑＋もう1品に

ちくわのうまみをプラスしてポン酢しょうゆでさっぱり仕上げ

水菜とちくわの からしあえ

1人分55kcal　糖質2.9g

材料（4人分）と作り方

1. なべにたっぷりの湯を沸かして**塩少々**を加え、**水菜1束**を茎から入れてさっとゆでる。冷水にとって冷まし、水けをしぼって3cm長さに切る。
2. **ちくわ2本**の長さを半分に切って5mm幅の細切りにする。
3. ボウルに**ごま油大さじ1**、**ポン酢しょうゆ大さじ1/2**、**ねりがらし小さじ1/4**をまぜ合わせ、1、2を加えてあえる。（市瀬）

手作業 3分 ☑食費節約 ☑レンチンで

シャキシャキの水菜にカリカリナッツをトッピング

水菜ともやしの 中華サラダ

1人分60kcal　糖質2.4g

材料（4人分）と作り方

1. **もやし1袋**を洗い、耐熱容器に入れて電子レンジで3分加熱し、冷まして水けをきる。
2. **水菜100g**を3cm長さに切り、1と合わせる。
3. ボウルに**しょうゆ大さじ1**、**ごま油**、**酢各小さじ2**、**砂糖小さじ1/2**、**塩**、**こしょう各少々**をまぜ、2をあえる。器に盛り、刻んだ**バターピーナッツ15g**を散らす。（岩﨑）

手作業 7分 ☑糖質オフ ☑おつまみにも

同じなべでゆでるからラク！ あとはさっとあえるだけ

水菜といかそうめんの梅あえ

1人分56kcal　糖質1.6g

材料（4人分）と作り方

1. たっぷりの湯を沸かして**塩少々**を加え、**いか（いかそうめん用のもの）200g**を入れてさっとゆで、ざるに上げて水けをきる。同じ熱湯に**水菜200g**を茎から入れてさっとゆで、冷水にとって冷まし、水けをしぼって4cm長さに切る。
2. **梅干し大1個**の種を除いて、あらくたたく。
3. ボウルに2、**ポン酢しょうゆ大さじ1**を入れてまぜ、1をあえる。（市瀬）

にら

アリシンという香り成分が特徴のスタミナ野菜。さっと加熱が◎

うなぎ1人前で4人分♪
安上がりで大満足のスタミナおかず

にらとうなぎの卵いため

1人分246kcal　糖質5.4g

手作業7分 ☑ボリュームあり ☑ビタミン補給に

材料（4人分）と作り方

1. **にら2束**を4cm長さに、**にんじん小1本**をせん切りにする。
2. **うなぎのかば焼き1人前**を縦2つに切り、1cm幅に切って電子レンジであたためる。
3. フライパンに**サラダ油大さじ1**を熱し、**卵3個**を割りほぐして流し入れ、大きくまぜていり卵を作り、とり出す。
4. 同じフライパンに**サラダ油大さじ2**を足し、にんじんをいため、しんなりしたらにらを加えてさっといためる。**3**を戻し入れ、**2**を加えてまぜ、**酒大さじ1**、**うなぎのたれ1袋**、**塩小さじ1/3**、**こしょう少々**で調味し、いため合わせる。　　　　（大庭）

香ばしさがたまらない！
小腹がすいたときのおやつにも

にらと桜えびのチヂミ

1人分307kcal　糖質30.5g

手作業15分 ☑おつまみにも ☑子どもも大好き

材料（4人分）と作り方

1. **にら3束**を5〜6cm長さに切る。
2. ボウルに**卵3個**を割りほぐし、**水2カップ**を加えてまぜ、**小麦粉1.5カップ**を加えてまぜる。**1**、**桜えび20g**、**いり白ごま大さじ2**を加えてまぜる。
3. フライパンに**ごま油大さじ1**を熱し、**2**の1/2量を流し入れて、少し固まったら上からフライ返しで押さえ、弱めの中火で3〜4分焼く。返してまわりから**ごま油大さじ1/2**を流し入れて焼き、とり出す。残りも同様に焼き、食べやすく切って器に盛る。
4. **しょうゆ、酢各大さじ3**、**一味とうがらし少々**をまぜてたれを作って添える。（大庭）

栄養

β-カロテンの含有量はトップクラス。ビタミンB群、C、E、K、カルシウム、カリウム、鉄、葉酸などもバランスよく含まれている緑黄色野菜。

見分け方

葉の緑色が鮮やかで、全体にピンとして張りがあるものを選ぶ。葉に厚みがあり、幅広のものは味・香りとも◎。

保存方法

傷みやすいので早めに使いきる。保存する場合はキッチンペーパーなどで包んでポリ袋に入れて冷蔵庫へ。

VEGETABLE DISH CATALOG　138

PART2 にらの主菜&副菜

手作業 7分
☑ おつまみにも
☑ ビタミン補給に

豚肉はほんの少量でOK！ にらが主役のスタミナいため

にらと豚肉の塩いため

1人分146kcal　糖質1.2g

材料（4人分）と作り方

1. **にら3束**を4cm長さに、**豚バラ薄切り肉100g**を1.5cm幅に切る。
2. フライパンに**サラダ油大さじ1**、豚肉を入れ、弱火でカリカリになるまでいためる。にらを加えて強火にし、上下を返すようにしていためる。
3. 少ししんなりしたら**酒大さじ1**を振り、**塩小さじ1/2**、こしょう少々で調味して、からめるようにいためる。　　（大庭）

手作業 7分
☑ 食費節約
☑ 子どもも大好き

ごはんにのせて、にら玉どんぶりにするのも人気

にらと玉ねぎの卵とじ

1人分117kcal　糖質3.0g

材料（4人分）と作り方

1. **にら1束**を3cm長さに、**玉ねぎ1/2個**を薄切りにする。**卵3個**を割りほぐす。
2. フライパンに**サラダ油大さじ1.5**を熱し、玉ねぎをしんなりするまでいためる。にらを加えてさっといため、**オイスターソース大さじ1**、塩、こしょう各少々で調味する。
3. とき卵を回し入れ、ふたをして好みのかげんに卵に火を通す。　　（夏梅）

手作業 7分
☑ おつまみにも
☑ ＋もう1品に

みそ味でいためたにらを熱々のとうふにかけるだけ

にらみそ温やっこ

1人分96kcal　糖質7.0g

材料（4人分）と作り方

1. **にら40g**を小口切りにする。
2. **絹ごしどうふ大1丁**を4等分に切る。耐熱皿にキッチンペーパーを敷いてのせ、ふんわりとラップをかけて電子レンジで2分ほど加熱する。
3. フライパンに**ごま油小さじ2**を熱して**1**をさっといため、**みそ、酒、みりん各大さじ1.5**、**砂糖小さじ1**を加えてまぜる。
4. 器に**2**を盛り、**3**をかける。　　（牛尾）

スナップえんどう

若いさやならではの甘みと軽い食感が魅力。サラダやいため物に大活躍

手作業 **15分**
- ボリュームあり
- おもてなしに

あさりのうまみで味わう
野菜たっぷりのヘルシーサラダ

スナップえんどうとあさりのサラダ

1人分127kcal　糖質12.5g

材料（4人分）と作り方

1. スナップえんどう**200g**を縦半分に割る。じゃがいも**2個**を太めの棒状に切り、水にさらす。
2. じゃがいもは水から10分ほどゆで、スナップえんどうを加えてさらに2分ほどゆで、合わせてざるに上げて冷ます。
3. 耐熱皿に**あさり**（砂出ししたもの）**300g**を広げ、ラップをかけて口があくまで電子レンジで4分30秒ほど加熱する。蒸し汁を大さじ2とっておく。
4. フライパンに**オリーブ油大さじ1/2**を熱して**にんにくのあらいみじん切り1/2かけ分**をいため、**オリーブ油大さじ1.5**、**バルサミコ酢、酢各小さじ1、塩小さじ1/6、こしょう少々**、**3**の蒸し汁をまぜる。
5. **2、3**を合わせ、**4**であえる。　　（岩﨑）

手作業 **7分**
- 朝食にも
- ＋もう1品に

だしを吸わせて
上品な薄味に仕上げるのがポイント

スナップえんどうとキャベツの卵とじ

1人分107kcal　糖質8.4g

材料（4人分）と作り方

1. スナップえんどう**150g**を縦半分に割る。キャベツ**3枚**を大きめの短冊切りにする。
2. なべに**だし1カップ、みりん大さじ2、しょうゆ小さじ2、塩小さじ1/4**を入れて煮立てる。**1**を加え、ふたをして2～3分煮る。
3. **卵3個**を割りほぐして流し入れ、火を止めてふたをして好みのかたさに火を通す。
　　（岩﨑）

栄養
β-カロテン、ビタミンC、カリウム、カルシウムなどが多く含まれている緑黄色野菜。食物繊維も豊富。

見分け方
緑色が鮮やかで、厚みがあって張りのあるものを選ぶ。中の豆がふっくらとしてよく詰まっているものが良品。

保存方法
乾燥に弱いので、軽くぬらしたキッチンペーパーなどで包み、ポリ袋に入れて冷蔵保存する。日がたつほどかたくなるので、早めに食べきる。

PART2 スナップえんどうの副菜

手作業 7分
☑ おもてなしに
☑ おつまみにも

ごま油&みそでコクをプラス。ちょっと大人なおつまみ系

スナップえんどうとたいのあえ物

1人分98kcal　糖質3.1g

材料（4人分）と作り方

1. スナップえんどう**10本**をさっとゆで、3等分に切る。三つ葉**1/2束**を1.5cm長さに切る。
2. たい（刺し身用）**150g**を5mm厚さに切り、薄口しょうゆ大さじ1をからめる。
3. ボウルにみそ大さじ2/3、薄口しょうゆ小さじ1/2、ごま油小さじ1を入れてみそがなじむまでよくまぜ、**1**、**2**、いり白ごま大さじ1を加えてあえる。 （上島）

手作業 7分
☑ +もう1品に
☑ 子どもも大好き

ゆでて甘みを引き出して、大人気のタルタルソースで

スナップえんどうのタルタルソースかけ

1人分147kcal　糖質4.8g

材料（4人分）と作り方

1. スナップえんどう**200g**を塩少々を加えた熱湯でゆで、冷水にとって冷ます。
2. ゆで卵**2個**をみじん切りにし、ボウルに入れてマヨネーズ大さじ4、玉ねぎのみじん切り、パセリのみじん切り各大さじ2、塩、こしょう各少々を加えてまぜ、タルタルソースを作る。
3. **1**の水けをふいて器に盛り、**2**をかける。 （大庭）

手作業 7分
☑ 朝食にも
☑ 子どもも大好き

ショートパスタ入りだからこれ1杯でおなかは大満足

スナップえんどうとショートパスタのスープ

1人分93kcal　糖質17.2g

材料（4人分）と作り方

1. スナップえんどう**100g**を斜め半分に、玉ねぎ**1/4個**を薄切りにする。
2. なべに水4カップを入れて火にかけ、沸騰したらショートパスタ**80g**、玉ねぎ、顆粒スープ小さじ1を入れて、パスタの表示時間どおりにゆでる。ゆで上がる2分ほど前にスナップえんどうを加えてゆで、塩小さじ1、こしょう少々で味をととのえる。 （牛尾）

セロリ

さわやかな香りとシャキッとした食感が特徴。いため物や煮物にも

セロリと牛こまのペペロンチーノ風

いため時間は2〜3分！
セロリは最後に加えて食感よく

手作業 7分 ☑ボリュームあり ☑おつまみにも

1人分403kcal　糖質4.4g

材料（2人分）と作り方

1. **セロリ300g**の茎を7〜8mm幅の斜め切りに、葉をざく切りにする。**にんにく1かけ**をつぶし、**赤とうがらし2本**を半分にちぎる。
2. フライパンに**オリーブ油大さじ1**、にんにく、赤とうがらしを入れて熱し、香りが立ったら**牛こまぎれ肉200g**を加えてほぐしながらいためる。
3. 肉に焼き色がついたらセロリを加えていため合わせ、**塩少々**で調味する。（検見﨑）

たっぷりセロリとたいのカルパッチョ

ドレッシングであえたセロリを
お刺し身にからめる時短おかず

手作業 3分 ☑おもてなしに ☑糖質オフ

1人分294kcal　糖質1.4g

材料（2人分）と作り方

1. **セロリ1本**の白い部分は斜め薄切りに、葉4〜5枚は細切りにする。
2. ボウルに**オリーブ油大さじ2**、**酢小さじ2**、**塩小さじ1/2**、こしょう少々を入れてよくまぜ合わせ、1を加えてあえる。
3. 器に**たいの刺し身20切れ**を並べ、2をのせる。（あまこ）

栄養

少量ながら各種ビタミン、ミネラル、食物繊維がバランスよく含まれている。葉はβ-カロテン、ビタミンCが豊富。香り成分には、気持ちを落ち着かせる働きも。

見分け方

葉がピンとして、茎は厚みがあり筋がくっきりと見えるものを選ぶ。根元部分は白く、太く丸みのあるものが◎。

保存方法

葉と茎を切り離し、それぞれポリ袋に入れて冷蔵庫へ。カットしたものは湿らせたキッチンペーパーを敷いた密閉容器に入れて冷蔵保存する。

VEGETABLE DISH CATALOG 142

PART2 セロリの主菜&副菜

| 手作業 3分 | ☑ 火を使わずに ☑ 糖質オフ |

切ってクリームチーズであえるだけのお手軽レシピ

セロリのクリームチーズあえ

1人分44kcal　糖質0.4g

材料（4人分）と作り方

1. セロリ大1本の筋をとり、1cm角に切る。
2. クリームチーズ50gをボウルに入れ、室温に10分ほどおいてやわらかくし、塩小さじ1/4を加えてまぜる。
3. 2に1を加えてあえる。器に盛り、あらびき黒こしょう少々を振る。　　　　　　　　　　　　　　　　（大庭）

| 手作業 3分 | ☑ 火を使わずに ☑ 糖質オフ |

簡単&早い！ 桜えびの食感と香ばしさがおいしさの決め手

セロリと桜えびのサラダ

1人分32kcal　糖質1.1g

材料（4人分）と作り方

1. セロリ2本の白い部分は斜め薄切りに、葉はざく切りにする。
2. オリーブ油小さじ2、塩、しょうゆ各小さじ1/2、こしょう少々をよくまぜ、桜えび5gを加えて1をあえる。　　　　　（牛尾）

| 手作業 3分 | ☑ 朝食にも ☑ +もう1品に |

加熱したセロリの風味とベーコンのコクが好相性

セロリとベーコンのスープ

1人分55kcal　糖質1.3g

材料（4人分）と作り方

1. セロリ2本の白い部分は筋をとって薄切りに、葉は2cm長さに切る。ベーコン3枚を1cm幅に切る。
2. なべに湯4カップを沸かし、1、顆粒スープ小さじ1を加えて3分ほど煮る。塩小さじ2/3、こしょう少々で味をととのえる。　　　　　　　　　　　　　　　　　　　　　　（牛尾）

オクラ

特有のネバネバ食感が魅力。サラダや煮物など幅広く使える緑黄色野菜

栄養

β-カロテン、ビタミンB群やC、E、葉酸など栄養豊富。カルシウムや鉄などのミネラルもある。特有の粘り成分は、整腸作用にすぐれた水溶性食物繊維。

見分け方

濃い緑色で、角がしっかり張っていて、うぶ毛がびっしり生えているものが良品。大きすぎるものはかたく、へたの周囲に黒い斑点があるものは鮮度が落ちている。

保存方法

鮮度が落ちるとかたくなるので、早めに使いきる。保存するときは、低温を嫌うのでポリ袋に入れて冷蔵庫の野菜室へ。

手作業 15分 ☑ ビタミン補給に ☑ 子どもも大好き

ルーも小麦粉もなし！
ごはんにのせてカレー丼にしても◎

オクラと鶏ひき肉の カレー煮

1人分168kcal　糖質6.3g

材料（4人分）と作り方

1. **オクラ200g**を2〜3cm長さに、**トマト300g**を1cm角に切る。**玉ねぎ100g**をみじん切りにし、**にんにく1かけ**をつぶす。
2. フライパンに**サラダ油大さじ1**、にんにくを入れて熱し、香りが立ったら**鶏ひき肉200g**を加えていためる。ポロポロになったら玉ねぎ、オクラを加えていため合わせる。油がなじんだら**ローリエ1枚**、**タイム（乾燥）少々**、**カレー粉小さじ2**を加えてさらにいためる。
3. 全体になじんだらトマトを加えていため、トマトがくずれて汁けがなくなるまで煮る。**塩、こしょう各少々、しょうゆ小さじ1**で調味する。　　　　　（検見﨑）

手作業 7分 ☑ 低カロリー ☑ 糖質オフ

健康食材のトリプル使いがうれしい
低カロリーサラダ

オクラとトマトの もずくサラダ

1人分47kcal　糖質2.4g

材料（4人分）と作り方

1. **オクラ8本**に**塩少々**を振ってこすり、熱湯で1分ほどゆでてざるに上げる。あら熱がとれたら1cm幅に切る。
2. **トマト1個**を1.5cm角に切る。**生もずく120g**を洗ってざるに上げ、水けをきる。**しょうが1かけ**をみじん切りにする。
3. ボウルに**1**、**2**を合わせ、**ごま油大さじ1**、**しょうゆ小さじ1**、**塩小さじ1/2**を加えてあえる。　　　　　　　　　　（牛尾）

VEGETABLE DISH CATALOG

PART2 オクラの主菜&副菜

| 手作業 3分 | ☑ +もう1品に ☑ おつまみにも |

味つけは市販の〝なめたけ〟におまかせだから簡単&ラク!

オクラのなめたけあえ

1人分20kcal 糖質2.4g

材料(4人分)と作り方

1. **オクラ2パック**を**塩少々**を加えた熱湯でさっとゆでてざるに上げる。あら熱がとれたら7〜8mm幅に切る。
2. **なめたけのしょうゆ漬け(市販)50g**であえる。（夏梅）

| 手作業 3分 | ☑ お弁当にも ☑ 糖質オフ |

まるごと焼くから香ばしさを味わえる

オクラの焼きびたし

1人分27kcal 糖質1.0g

材料(4人分)と作り方

1. **オクラ20本**のがくを削り、**塩小さじ1/2**を振ってこすり、水洗いする。水けをふいて**ごま油小さじ1**をまぶす。
2. 魚焼きグリルかオーブントースターで5分ほど焼いて器に盛り、**削り節2g**、**しょうゆ小さじ1**をかける。（牛尾）

| 手作業 7分 | ☑ 低カロリー ☑ おつまみにも |

オクラと香味野菜を加えた中華風だれで冷ややっこバリエ

オクラザーサイやっこ

1人分70kcal 糖質3.1g

材料(4人分)と作り方

1. **オクラ10本**に**塩適量**を振って板ずりし、熱湯で1分ほどゆで、冷水にとる。水けをふいてあらいみじん切りにする。
2. **ザーサイ40g**と**ねぎ5cm**をみじん切りにし、**酢大さじ1**、**しょうゆ大さじ1**、**ごま油**、**砂糖各小さじ1**と合わせ、**1**を加えてまぜる。
3. **絹ごしどうふ1丁**の水けをきり、4等分に切って器に盛り、**2**をかける。（牛尾）

さやいんげん

毎日の元気を支えるビタミン&ミネラル、機能性成分がいっぱい

栄養

β-カロテンやビタミンCをはじめ、ビタミンB群や各種ミネラル、食物繊維が豊富な緑黄色野菜。疲労回復に役立つアスパラギン酸や必須アミノ酸のリジンも。

見分け方

全体に張りがあり、先端までピンとしているものを選ぶ。豆の形がはっきりと見えるものは育ちすぎていて、かたいので避ける。

保存方法

ポリ袋に入れて冷蔵庫で保存。低温に弱いので、すぐに食べないときはかためにゆでて冷凍保存しても。

手作業 15分
☑ ボリュームあり
☑ 食費節約

煮汁の中で冷まして味をしっかりなじませるのがコツ

いんげんと鶏胸肉のくず引き冷やし鉢

1人分 170kcal　糖質 7.2g

材料（4人分）と作り方

1. **さやいんげん120g**を4cm長さに切り、**塩少々**を加えた熱湯で3〜4分ゆで、ざるに上げる。
2. **鶏胸肉大1枚**を一口大のそぎ切りにし、**塩少々、酒大さじ1、しょうがのしぼり汁大さじ1/2**をからめる。
3. **なす4個**に縦に3〜4本切り込みを入れ、1個ずつラップで包んで電子レンジで5分ほど加熱する。冷水にとって冷まし、食べやすく裂いて水けをふく。
4. なべに**だし2カップ、塩小さじ1/3、酒大さじ2、しょうゆ大さじ1**を煮立て、**2**に**かたくり粉大さじ1.5**をまぶして加える。煮立ったら**1、3**を加え、再び煮立ったら火を止め、そのまま冷ます。　（夏梅）

手作業 7分
☑ お弁当にも
☑ おつまみにも

ごはんのおかずにも、ビールのおともにもおすすめのシンプルいため

いんげんとエリンギのチーズしょうゆいため

1人分 41kcal　糖質 1.9g

材料（4人分）と作り方

1. **さやいんげん150g**を一口大の斜め切りに、**エリンギ1パック**の軸は輪切りに、笠は半分に切って縦に4〜5mm幅に切る。
2. フライパンに**サラダ油小さじ2**を熱し、**1**をいため、油がなじんだらふたをして弱火で3分蒸し焼きにする。
3. ふたをとって中火にし、**しょうゆ小さじ2、パルメザンチーズ大さじ1、こしょう少々**を加えていため合わせる。　（岩﨑）

VEGETABLE DISH CATALOG　146

PART2 さやいんげんの主菜&副菜

手作業 7分
☑ お弁当にも
☑ +もう1品に

甘辛味でくったりするまで煮る昔ながらのおいしさ
いんげんのくたくた煮
1人分108kcal　糖質9.0g

材料（4人分）と作り方

1. さやいんげん300gの長さを半分に、油揚げ1枚を縦半分に切ってから1cm幅に切る。
2. なべにサラダ油大さじ1を熱して1をいため、だし1/2カップを注ぐ。煮立ったらみりん大さじ2、砂糖大さじ1/2、しょうゆ大さじ1.5〜2を加えてまぜ、ふたをして弱火で10〜15分煮る。　　　　　　　　　　　　　　　　　（大庭）

手作業 7分
☑ おつまみにも
☑ ビタミン補給に

さっと揚げて薬味だれであえるだけ
揚げいんげんのザーサイあえ
1人分41kcal　糖質2.7g

材料（4人分）と作り方

1. ボウルにザーサイのみじん切り30g、ねぎのみじん切り大さじ3、しょうがのみじん切り小さじ1を入れてまぜる。
2. 揚げ油適量を高めの170度に熱し、さやいんげん200gを入れてさっと揚げてとり出す。
3. 油をきって1のボウルに入れてからめ、塩、こしょう各少々で味をととのえる。　　　　　　　　　　　　　　　　（大庭）

手作業 3分
☑ ビタミン補給に
☑ おつまみにも

簡単がいちばん！切らずににんにく風味で焼くだけで完成
いんげんのガーリック焼き
1人分32kcal　糖質2.5g

材料（4人分）と作り方

1. フライパンにオリーブ油小さじ2、にんにく1/2かけを熱し、さやいんげん大1袋を入れて焼く。少しずつ転がしながら全体を焼いて火を通す。
2. 塩小さじ1/3、こしょう少々を振る。　　　　　　　　　（牛尾）

長いも

すりおろす、刻む、いためる、調理法で食感の違いが楽しめる

少量の豚肉を長いもでカサ増し！
大満足のメインおかず

長いもの豚肉巻きフライ

1人分469kcal　糖質17.1g

手作業 15分
☑ ボリュームあり
☑ 子どもも大好き

材料（4人分）と作り方

1. **長いも250g**（約10cm長さ）を棒状に12等分に切る。
2. **豚バラ薄切り肉12枚**（約200g）を1枚ずつ広げ、**塩、こしょう各少々**を振り、**1**を等分にのせて巻く。
3. **小麦粉、水各大さじ2**をまぜた**とき卵1個分**、**パン粉適量**の順に衣をまぶし、**揚げ油適量**で揚げる。
4. 油をきって器に盛り、**サラダ菜適量**を添え、好みで**ソース**や**ポン酢しょうゆ**、**トマトケチャップ各適量**をつける。　　（牛尾）

一口食べたらやみつき♪
みんな大好きふっくら食感

長いもの明太フワフワ焼き

1人分267kcal　糖質23.4g

手作業 7分
☑ おつまみにも
☑ 子どもも大好き

材料（2人分）と作り方

1. **長いも200g**をすりおろす。**からし明太子40g**の薄皮を除く。
2. ボウルに**1**、**卵2個**、**小麦粉大さじ3**を入れてよくまぜ合わせる。
3. フライパンに**ごま油大さじ1**を熱し、**2**を流し入れる。弱めの中火で5分ほど焼き、焼き色がついたら上下を返し、さらに3〜5分焼く。
4. 器に盛り、**しょうゆ大さじ1**、**豆板醤小さじ1/2**、**酢小さじ1**を添える。　（牛尾）

栄養

消化酵素のアミラーゼを多く含み、いも類では唯一、生で食べられる。カリウムや食物繊維、胃腸の働きを助ける粘り成分のムチンなどが多く含まれる。

見分け方

重量感があり、皮は張りつやがあってデコボコが少ないものを選ぶ。皮にしわがあるもの、ピンクがかっているものは鮮度が落ちている。

保存方法

まるごとの場合はキッチンペーパーなどで包み、風通しのよい場所で保存する。カットしたものはラップでぴったりと包んで冷蔵保存する。

VEGETABLE DISH CATALOG　148

PART2 長いもの主菜&副菜

手作業 7分
☑ 食費節約
☑ 低カロリー

厚揚げを肉がわりに使って超ヘルシー

長いもと厚揚げの
エスニックトマト煮

1人分155kcal　糖質11.7g

材料（4人分）と作り方

1. 長いも300gを3〜4cm長さに切って縦に8等分する。にんにく1/2かけを薄切りに、ねぎ1/4本を斜め切りにする。
2. 厚揚げ大1枚に熱湯をかけて油抜きし、縦半分に切って2cm厚さに切る。
3. フライパンにごま油小さじ2を熱し、1をいためる。油がなじんだら水3/4カップ、トマト缶（カット）150g、赤とうがらし1/2本、2を加えてまぜ、ふたをして煮る。
4. 煮立ったら弱火で15分ほど煮て、ナンプラー小さじ2を加える。

（岩崎）

手作業 7分
☑ 低カロリー
☑ おつまみにも

コチュジャンをきかせた大人の味わい

長いもとまぐろのユッケ風

1人分156kcal　糖質9.1g

材料（2人分）と作り方

1. 長いも100gを細切りに、まぐろの中落ち100gを1cm幅に切る。
2. 器に1を盛り合わせて卵黄1個をのせ、万能ねぎの小口切り適量を散らす。
3. コチュジャン小さじ1、砂糖小さじ1/4、しょうゆ、ごま油、にんにくのすりおろし各小さじ1/2をまぜ合わせ、2にかける。

（牛尾）

手作業 3分
☑ ＋もう1品に
☑ おつまみにも

スパイシーなカレーしょうゆ味の簡単スピードレシピ

せん切り長いもの
カレーしょうゆかけ

1人分36kcal　糖質6.8g

材料（4人分）と作り方

1. 長いも200gをせん切りにし、器に盛る。
2. カレー粉小さじ1/3、しょうゆ小さじ2をまぜ合わせてかけ、削り節少々を振る。

（岩崎）

相性抜群の梅風味♪ あっさり仕上げのヘルシー小鉢

たたき長いもと もずくの梅酢がけ

1人分36kcal　糖質6.5g

手作業 7分 / ☑おつまみにも ☑＋もう1品に

材料（4人分）と作り方

1. **長いも150g**をポリ袋に入れてこまかくたたく。
2. **もずく150g**を食べやすく切り、**きゅうり1本**を小口切りにし、器に盛り合わせて**1**をのせる。
3. **梅干し2個**の種をとり除いてたたき、**酢大さじ2、砂糖小さじ1、塩小さじ1/4**とまぜ合わせ、**2**にかける。　　（岩崎）

腸活にもいいネバネバコンビ！ ごはんにのせてもOK

長いもの納豆あえ

1人分80kcal　糖質6.8g

手作業 3分 / ☑子どもも大好き ☑朝食にも

材料（4人分）と作り方

1. **長いも150g**をポリ袋に入れ、すりこ木などでこまかくたたく。
2. **納豆2パック（100g）**をボウルに入れ、**1**をまぜる。
3. **しょうゆ大さじ1、ねりがらし少々**を加えてまぜ、もみほぐした**焼きのり（全形）1枚分**、**ねぎの小口切り5cm分**を加えてさっくりとあえる。　　（夏梅）

食べだしたら止まらなくなるサクサク食感

フライド長いも

1人分93kcal　糖質12.9g

手作業 7分 / ☑お弁当にも ☑おつまみにも

材料（4人分）と作り方

1. **長いも400g**を5〜6cm長さに切って縦に8等分に切り、よく洗ってぬめりをとり、水けをふく。
2. **揚げ油適量**を170度に熱し、**1**を入れて色よく揚げる。油をきって**塩小さじ1/2、あらびき黒こしょう少々**を振る。
3. 器に盛り、あれば**パセリ少々**、くし形に切った**レモン各適量**を添える。　　（牛尾）

PART2 長いもの副菜

手作業 **7分**
☑ おつまみにも
☑ +もう1品に

焼くだけ♪簡単！ ホクホク食感がクセになる

長いものポン酢焼き

1人分79kcal　糖質10.1g

材料（4人分）と作り方

1. 長いも**300g**を2cm厚さの輪切りにする。
2. フライパンに**ごま油大さじ1**を熱し、**1**を並べ入れて両面にこんがりと焼き色がつくまで焼き、**ポン酢しょうゆ大さじ1、塩、こしょう各少々**を振ってからめる。
3. 器に盛り、**青じそのせん切り5枚分**をのせる。　（牛尾）

手作業 **3分**
☑ 低カロリー
☑ 作りおきOK

野菜不足のときにもぜひ。作りおきOKの簡単漬け物

長いもとオクラのレモンじょうゆ漬け

1人分59kcal　糖質11.7g

材料（4人分）と作り方

1. 長いも**200g**を4cm長さの拍子木切りにする。**オクラ8本**のがくを削り、**塩小さじ1/2**を振ってこすり、熱湯で1分ゆでる。
2. ボウルに**酢、しょうゆ、みりん各大さじ2、赤とうがらし1本、こぶ3cm、レモンの輪切り1枚**を合わせてまぜる。
3. **1**を加えてざっとまぜ、30分ほど漬ける。　（牛尾）

手作業 **3分**
☑ 朝食にも
☑ +もう1品に

青のりの香りが食欲をそそるやさしい口当たり

長いものとろろみそ汁

1人分54kcal　糖質7.2g

材料（4人分）と作り方

1. 長いも**150g**をすりおろす。
2. なべに**だし3カップ**を入れて火にかけ、煮立ったら**みそ大さじ3**をとき入れる。
3. 器に盛り、**1**を食べやすい分量ですくって加え、**青のり適量**を振る。　（市瀬）

レタス

フレッシュな食感を楽しむサラダはもちろん、いため物やスープにも重宝

手作業 **7分**
☑ 糖質オフ
☑ おもてなしに

スーパーヘルシー！
生春巻きの皮を買わなくても大丈夫♪

スモークサーモンのレタス巻き

1人分99kcal　糖質3.4g

材料（4人分）と作り方

1. **レタス4枚**をさっと熱湯にくぐらせてしんなりさせ、水にとって冷まし、水けをふく。
2. **きゅうり1本**をせん切りに、**新玉ねぎ1/4個**を薄切りに、**水菜40g**を5cm長さに切る。
3. 1を1枚ずつ広げ、2と**スモークサーモン4枚**を等分にのせ、両端を折って巻き、食べやすく切り分ける。
4. **マヨネーズ大さじ3**、**トマトケチャップ小さじ2**、**プレーンヨーグルト大さじ1**、こしょう少々をまぜたドレッシングを添える。

（岩﨑）

手作業 **15分**
☑ ボリュームあり
☑ 子どもも大好き

糖質オフのタコス風！
カレー風味のひき肉でリピート必至

レタスのひき肉のせサラダ

1人分364kcal　糖質8.6g

材料（2人分）と作り方

1. **レタス150g**を食べやすい大きさにちぎり、冷水に放してシャキッとさせ、水けをきる。**くるみ30g**を小さく砕く。
2. フライパンに**サラダ油小さじ2**を熱し、しょうがのみじん切り、にんにくのみじん切り各1かけ分、玉ねぎのみじん切り1/2個分をいためる。香りが立ったら**豚ひき肉150g**、くるみを加えていため合わせる。ひき肉に火が通ったら**プレーンヨーグルト大さじ1**、**カレー粉**、**ナンプラー各小さじ1**、**砂糖小さじ1/2**、**塩小さじ1/3**、こしょう少々をまぜ、さっといためる。
3. 器にレタスを盛り、2、**香菜のざく切り**、をのせ**レモンのくし形切り各適量**を添える。

（牛尾）

栄養

カリウム、カルシウム、鉄、食物繊維などがバランスよく含まれている。緑色の部分にはビタミンCやβ-カロテンも。

見分け方

全体につやがあり、根元の切り口が変色していないものがよい。巻きがふんわりしているものが良品。かたく締まりすぎているものは、葉がかたいことが。

保存方法

湿らせたキッチンペーパーなどで包んで冷蔵庫へ。使いかけは、乾燥しないように、さっと水にくぐらせ、キッチンペーパーを敷いた保存容器に入れて冷蔵保存する。

PART2 レタスの主菜&副菜

手作業 7分
☑ 糖質オフ
☑ 子どもも大好き

加熱してもシャキッと食感が残るレタスならではのいため物

レタスと牛肉のオイスターソースいため

1人分323kcal　糖質7.8g

材料（2人分）と作り方

1. レタス**250g**を食べやすい大きさにちぎる。
2. 牛切り落とし肉**150g**に塩、こしょう各少々を振る。
3. フライパンにごま油小さじ2、赤とうがらしの小口切りひとつまみを熱し、香りが立ったら**2**をほぐし入れていためる。
4. 肉に火が通ったら、**みりん大さじ1、オイスターソース、しょうゆ各小さじ2**で調味し、**1**を加えてさっといため合わせる。

（牛尾）

手作業 7分
☑ 食費節約
☑ +もう1品に

毎日食べても飽きない、だしをきかせたホッとする味わい

レタスとちくわのさっと煮

1人分47kcal　糖質5.1g

材料（4人分）と作り方

1. レタス**400g**を縦半分に切って芯を除き、5〜6cm角に切る。
2. ちくわ**3本**を1cm厚さの斜め切りにする。
3. なべにだし1.5カップ、**2**を入れて煮立て、**酒大さじ1、しょうゆ小さじ1、塩小さじ1/2**で調味する。
4. **1**を加え、途中上下を返しながらレタスがしんなりするまで4〜5分煮る。

（大庭）

手作業 3分
☑ 朝食にも
☑ +もう1品に

レパートリーが広がった♪と実感できる超簡単スープ

レタスのジンジャースープ

1人分8kcal　糖質1.2g

材料（4人分）と作り方

1. レタス**80g**を一口大にちぎる。しょうが**1かけ**をせん切りにする。
2. なべに水3カップ、鶏ガラスープのもと大さじ1、塩小さじ1/4、しょうゆ少々を入れてまぜ合わせ、火にかける。
3. 煮立ったら**1**を加えてさっと煮る。

（市瀬）

絹さや

料理の彩りだけではもったいない！主材料にしてレパートリーを広げたい

栄養

β-カロテン、ビタミンB群、ビタミンC、食物繊維が多く含まれている緑黄色野菜。

見分け方

緑色が鮮やかで張りがあるものを選ぶ。豆の形が見えないくらい平らなものが良品。中の豆が大きく見えるものは育ちすぎでかたいことがある。

保存方法

乾燥に弱いので、軽くぬらしたキッチンペーパーなどで包み、ポリ袋に入れて冷蔵保存する。味も食感も落ちるので、できるだけ早く使いきる。

手作業 15分　☑ボリュームあり　☑食費節約

さわやかな歯ざわりを生かすように
絹さやは最後に加えるのがポイント

絹さやと厚揚げのチャンプルー風

1人分338kcal　糖質9.1g

材料（2人分）と作り方

1. **絹さや10枚**の水けをふく。**わけぎ2本**を4cm長さに切る。
2. **厚揚げ1枚**をさっとゆでて油抜きし、キッチンペーパーで水けをふき、縦半分に切って1cm厚さに切る。**卵1個**を割りほぐし、**みりん大さじ1**をまぜる。
3. フライパンに**サラダ油大さじ1/2**を熱し、**2**の卵液を流し入れ、大きめのいり卵を作り、とり出す。
4. 同じフライパンに**サラダ油大さじ1/2**を足し、厚揚げを焼く。焼き色がついたら**1**を加えていため、**3**を戻し入れる。**酒大さじ1、しょうゆ、砂糖各大さじ1/2**をまぜて回し入れ、さらにいためる。器に盛って**削り節2g**をかける。（上島）

手作業 7分　☑低カロリー　☑お弁当にも

絹さやの自然な甘みに
ごま油＆いりごまの香りが合う

絹さやと小松菜のナムル

1人分81kcal　糖質1.1g

材料（4人分）と作り方

1. **絹さや20g**を斜め半分に、**小松菜1束**を3cm長さに切る。
2. なべに**1**、**水1/2カップ**、**塩小さじ1/4**を入れて火にかけ、まぜながら汁けがなくなるまで煮て火を止める。
3. **ごま油大さじ1、鶏ガラスープのもと小さじ1/2**を加えてまぜ、**すり白ごま大さじ2**を振ってよくまぜる。（夏梅）

VEGETABLE DISH CATALOG　154

PART2 絹さや・三つ葉の主菜&副菜

三つ葉

豊かな香りが魅力！1本の茎に3枚の葉がつくことからこの名に

栄養
β-カロテン、ビタミンC、鉄などが豊富。春に出回る露地物の根三つ葉は、ほうれんそうに負けないくらいの栄養を含む。

見分け方
葉が濃い緑色で、茎ともにピンとしていて、変色がないものを選ぶ。

保存方法
水けに弱いので、洗わずに、根元を軽くぬらしたキッチンペーパーなどで包み、ポリ袋に入れて冷蔵庫へ。日もちがしないので早めに食べきる。

手作業 7分 ☑ お弁当にも ☑ 子どもも大好き

いつもの卵焼きに三つ葉としらすをプラス
三つ葉としらすの卵焼き
1人分101kcal　糖質3.8g

材料（4人分）と作り方
1. 三つ葉1束を熱湯でさっとゆでて冷水にとり、水けをきって2cm長さに切る。
2. ボウルに卵4個を割りほぐし、だし大さじ3、砂糖大さじ1.5、しょうゆ小さじ1/2、塩小さじ1/4を合わせ、1、しらす干し20gを加えてまぜる。
3. 卵焼き用フライパンにサラダ油少々を熱し、2の1/3量を流し入れ、半熟になったら巻く。残りも同様に焼く。　（市瀬）

手作業 7分 ☑ 糖質オフ ☑ おもてなしに

ナンプラーの香りが食欲をそそる♥
根三つ葉とたいのエスニックサラダ
1人分228kcal　糖質4.0g

材料（2人分）と作り方
1. 三つ葉1/2束を4cm長さに切る。せり小1束を熱湯でさっとゆで、水けをしぼって4cm長さに切る。
2. たい（刺し身用）150gに塩少々を振ってラップで包み、冷蔵庫に30分ほど入れる。水けをふき、5mm厚さのそぎ切りにする。
3. ボウルにすり白ごま大さじ2、ナンプラー大さじ1/2、薄口しょうゆ、砂糖各小さじ1を入れてまぜ、1、2をあえる。　（上島）

手作業 3分 ☑ 低カロリー ☑ +もう1品に

ポン酢しょうゆで味わう三つ葉の定番
三つ葉のおかかポン酢
1人分11kcal　糖質1.1g

材料（4人分）と作り方
1. 三つ葉150gを輪ゴムなどで束ね、塩少々を入れた熱湯で1分ほどゆでる。冷水にとり、水けをしぼって輪ゴムをはずし、4cm長さに切る。
2. 器に盛り、削り節3gをのせてポン酢しょうゆ小さじ4をかける。　（牛尾）

ししとうがらし

ほのかな辛みが魅力！ピーマンとほぼ同等の栄養価がある優良野菜

栄養
β-カロテン、ビタミンCなど抗酸化作用の高い栄養素が豊富。食物繊維やカリウムも多く含まれている。

見分け方
緑色が鮮やかで、へたがしっかりしていて全体に張りがあるものを選ぶ。小ぶりで細長い形のものが味がよいといわれる。

保存方法
低温に弱いのでポリ袋に入れて冷蔵庫の野菜室で保存し、早めに食べきる。

手作業 7分 ☑ボリュームあり ☑お弁当にも

豚バラ肉の油がからんだししとうのおいしさはテッパン！

ししとうと豚肉のみそいため

1人分253kcal　糖質7.4g

材料（4人分）と作り方

1. ししとうがらし200gのへたの先端を切り、豚バラ薄切り肉200gを4〜5cm幅に切る。
2. みそ、砂糖、酒各大さじ2をまぜ合わせる。
3. フライパンを熱し、豚肉を入れて焼き色がつくまでいためる。肉から出た脂をふきとり、ししとうを加えていためる。ししとうの色が鮮やかになったら2を加え、からめながらいため合わせる。　　（検見﨑）

手作業 3分 ☑低カロリー ☑＋もう1品に

めんつゆ活用で超時短　苦みと酸味で大人の一品

ししとうの梅びたし

1人分18kcal　糖質2.9g

材料（4人分）と作り方

1. なべにめんつゆ（3倍濃縮）大さじ2、水120mlを熱し、ししとうがらし20本を加えて1分ほど煮て火を止める。
2. 梅干し2個をほぐして加え、あら熱がとれたら冷蔵庫で冷やす。　　（牛尾）

PART2 ししとうがらし・にんにくの茎の主菜&副菜

にんにくの茎

食欲をそそる香りとシャキッとした食感が人気。中国生まれの野菜です

栄養
β-カロテン、ビタミンCなどが豊富。におい成分・アリシンは、ビタミンB1の吸収を助け、免疫力をアップ。

見分け方
緑色が鮮やかで、全体に張りがあって太くまっすぐに伸びたものが良品。

保存方法
乾燥に弱いので、ポリ袋などに入れて冷蔵庫の野菜室で保存し、なるべく早く食べきる。

| 手作業 7分 | ☑ 食費節約 ☑ おつまみにも |

お肉なしでも大満足♪
ダイエット中でも安心して食べられる

にんにくの茎と厚揚げの中華風トマトいため

1人分173kcal　糖質8.8g

材料（4人分）と作り方

1. にんにくの茎250gを3〜4cm長さに切る。
2. 厚揚げ250gをさっとゆで、1.5〜2cm角に切る。トマト2個を一口大に切る。
3. フライパンにごま油大さじ1を熱して厚揚げをいため、焼き色がついたら1を加えてさっといためる。トマトも加え、オイスターソース小さじ2、しょうゆ小さじ1、こしょう少々を順に加え、いため合わせる。

（検見﨑）

| 手作業 3分 | ☑ 疲労回復に ☑ +もう1品に |

にんにくの茎のスタミナ成分とキムチの発酵パワーで

にんにくの茎とキムチのスープ

1人分26kcal　糖質3.2g

材料（4人分）と作り方

1. にんにくの茎100gを3cm長さに、生わかめ40gを食べやすく切る。白菜キムチ100gを食べやすく刻む。
2. なべに鶏ガラスープ3カップを入れて熱し、1を加えて3分ほど煮、塩小さじ1/2、こしょう少々で調味する。

（牛尾）

モロヘイヤ

エジプト原産の栄養価の高い夏野菜。刻むと独特の粘りが出るのが特徴

栄養

β-カロテンをはじめ、各種ミネラル、食物繊維が豊富。ぬめり成分は血糖値の上昇を抑える働きのあるムチン。

見分け方

緑色が鮮やかで全体に張りがあり、茎に弾力があるものを選ぶ。

保存方法

かたい茎を除き、ポリ袋などに入れて冷蔵保存する。風に当たると葉がしぼんでしまうので、できるだけ早めに食べる。

見た目のとおりさわやか＆ヘルシーな腸活スープ

モロヘイヤとオクラの和風ガスパチョ

手作業 7分 / 疲労回復 / ビタミン補給に

1人分39kcal　糖質1.4g

材料（4人分）と作り方

1. **モロヘイヤ1/2束**のかたい茎を切り落とす。**オクラ6本**のへたとがくを除き、それぞれ**塩少々**を加えた熱湯でゆで、ざるに上げて水けをきり、冷ます。
2. ミキサーに**1**を入れ、**削り節3g**、**だし2カップ**、**薄口しょうゆ小さじ2**、**しょうがのすりおろし小さじ1**、**レモン汁大さじ1**、**塩小さじ1/2**を加えてなめらかになるまでかくはんする。**塩適量**で味をととのえ、冷蔵庫で冷やす。
3. 器に盛り、6～8等分に切った**ミニトマト4個**をのせ、**オリーブ油少々**をかける。

（上島）

特有の粘りとやわらかなはんぺんでやさしい口当たり

モロヘイヤスープ

手作業 3分 / 子どもも大好き / ＋もう1品に

1人分36kcal　糖質2.3g

材料（4人分）と作り方

1. **モロヘイヤ1束**のかたい茎を切り落とし、熱湯でさっとゆでて冷まし、こまかく刻む。
2. **はんぺん1/2枚**を1cm角に切る。
3. なべに**だし4カップ**を熱して**1**、**2**を入れ、**しょうゆ、みりん各小さじ1**で調味する。ひと煮立ちしたら**塩小さじ2/3**を振って味をととのえる。

（牛尾）

PART2 モロヘイヤ・おかひじきの副菜

おかひじき

味や香りにクセがなく、シャキシャキ食感が特徴の栄養豊富な野菜

栄養
β-カロテン、カリウム、カルシウム、鉄、葉酸をはじめ、骨や歯の形成をサポートするビタミンKなどが豊富。

見分け方
全体に緑色が鮮やかでピンと張ったものが良品。根元が変色しているものは鮮度が落ちている。

保存方法
乾燥に弱いので、ポリ袋などに入れて冷蔵保存し、早めに食べきる。

手作業 7分 ☑ ミネラル補給に ☑ 糖質オフ

β-カロテン & カルシウム補給に おすすめのヘルシーあえ物

おかひじきと桜えびのエスニックあえ

1人分14kcal 糖質1.2g

材料（4人分）と作り方

1. おかひじき1/2パック（35g）を熱湯にさっとつけてざるに上げ、洗って水けをきり、ざく切りにする。香菜2株をざく切りにする。
2. 桜えび（生）30gをフライパンに入れ、水分をとばすように軽くいる。
3. ボウルにライムのしぼり汁（またはレモン汁）大さじ2、ナンプラー小さじ2/3、薄口しょうゆ小さじ1/2をまぜ合わせ、1、2をあえる。　　　　　　（上島）

手作業 7分 ☑ 低カロリー ☑ 食物繊維補給に

さっとゆでて心地よい 歯ざわりを楽しむ

おかひじきと新玉ねぎの酢の物

1人分30kcal 糖質5.1g

材料（4人分）と作り方

1. おかひじき1パックを熱湯でさっとゆで、ざるに上げて湯をきる。
2. 新玉ねぎ1個を横に薄切りにする（辛みがあれば水にさらして水けをきる）。
3. ボウルに1、2を合わせ、**酢、しょうゆ各大さじ1、砂糖小さじ1、塩小さじ1/4**を加えてあえる。器に盛り、**いり白ごま少々**を振る。　　　　　　（牛尾）

わけぎ

甘みがあり、ねぎよりも香りや辛みがマイルド。ねぎと玉ねぎの交雑種

塩こぶのうまみとごま油のコクをからめて
わけぎと鶏ささ身の塩こぶあえ

1人分92kcal　糖質2.2g

手作業 7分　☑低カロリー　☑糖質オフ

材料（4人分）と作り方

1. **わけぎ1束（100g）**を3cm長さに切る。**鶏ささ身4本**の筋を除く。
2. ささ身を熱湯でゆでてざるに上げ、続けてわけぎをさっとゆで、ざるに上げて冷ます。ささ身のあら熱がとれたら食べやすい大きさに裂き、わけぎは水けをしぼる。
3. ボウルに**いり白ごま小さじ2、塩こぶ15g、ごま油、酢各小さじ2**を入れてまぜ、**2**をあえる。

（牛尾）

たこと合わせた食べごたえのあるあえ物
わけぎとたこのぬた

1人分87kcal　糖質4.2g

手作業 7分　☑おつまみにも　☑＋もう1品に

材料（4人分）と作り方

1. **わけぎ1束**を3～4cm長さに切り、熱湯でさっとゆでてざるに上げ、湯をきって冷まし、水けをしぼる。
2. **ゆでだこ200g**をそぎ切りにする。
3. ボウルに**白みそ大さじ2、酢小さじ2、砂糖、ねりがらし各小さじ1**を入れてまぜ、**1、2**を加えてあえる。

（牛尾）

わけぎの香りと甘みが楽しめるお手軽汁物
わけぎと油揚げのみそ汁

1人分68kcal　糖質3.3g

手作業 3分　☑朝食にも　☑＋もう1品に

材料（4人分）と作り方

1. **わけぎ100g**を小口切りにする。**油揚げ1枚**を油抜きして冷まし、水けをしぼり、長い辺を4等分して端からせん切りにする。
2. なべに**だし4カップ**、油揚げを入れて火にかけ、煮立ったら火を弱めて5分ほど煮る。
3. わけぎを加え、**みそ大さじ3～4**をとき入れてひと煮する。

（大庭）

栄養
β-カロテン、ビタミンB群、Cとともに、カリウム、カルシウム、葉酸などのミネラルも豊富に含まれている。

見分け方
緑色が鮮やかで葉先までピンと張っているものを選ぶ。

保存方法
乾燥に弱いので、ぬらしたキッチンペーパーなどで包んでポリ袋に入れ、冷蔵庫へ。傷みやすいので早めに食べきる。

VEGETABLE DISH CATALOG

PART2 わけぎ・せりの副菜

せり

さわやかな香りと食感が人気！数少ない日本原産の野菜

手作業 15分
☑ ボリュームあり
☑ 低カロリー

腹もち◎。ダイエット中でもおいしくて大満足

せりと鶏肉のもち麦スープ

1人分165kcal　糖質11.4g

材料（4人分）と作り方

1. **鶏もも肉小1枚**の余分な脂を除いて筋切りし、厚みを均一にして**塩、あらびき黒こしょう各少々**をまぶす。魚焼きグリルで10～15分焼いて火を通し、食べやすい大きさに切る。
2. **せり1/3束**を5cm長さに切り、根元は1cm長さに切る。**ねぎ1/2本**を斜め薄切りにする。
3. なべに**だし2.5カップ**、**もち麦ごはん（ドライパック）大さじ6**を入れて火にかける。煮立ったら**1**、**2**、**薄口しょうゆ大さじ1**を加えてひと煮立ちさせ、**塩、あらびき黒こしょう各少々**で調味する。　　（上島）

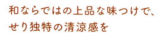

手作業 15分
☑ 低カロリー
☑ おつまみにも

和ならではの上品な味つけで、せり独特の清涼感を

せりと鶏ささ身のさっぱりあえ

1人分42kcal　糖質1.4g

材料（4人分）と作り方

1. なべに湯を沸かして**塩少々**を加え、**せり200g**をさっとゆでる。ざるに上げ、冷めたら4cm長さに切る。
2. **鶏ささ身3本**に**しょうゆ、酒各小さじ1**をからめる。魚焼きグリルに入れ、両面がこんがりするまで焼いて火を通し、冷めたら食べやすい大きさに裂く。
3. ボウルに**だし1/3カップ**、**しょうゆ、みりん各小さじ1**、**塩小さじ1/3**をまぜ合わせ、**1**、**2**を加えてあえる。　　（藤井）

栄養

β-カロテン、ビタミンC、葉酸、カリウムなどが豊富。香り成分は抗酸化作用のあるフラボノイドの一種。

見分け方

香りが強く、葉先までみずみずしく、緑色の濃いものが良品。

保存方法

乾燥に弱いので、ぬらしたキッチンペーパーで根元を包み、ポリ袋に入れて冷蔵保存する。

クレソン

つけ合わせだけでなく、サラダやスープの主材料としても活躍

クレソンのほのかな苦みが甘ずっぱいマヨソースとよく合う

クレソンと鶏肉のマヨサラダ

1人分329kcal　糖質5.5g

手作業15分／ボリュームあり／おもてなしに

材料（4人分）と作り方

1. **鶏胸肉2枚**を一口大の薄いそぎ切りにし、**しょうゆ、しょうがのしぼり汁各小さじ1、塩小さじ1/3、こしょう少々**をもみ込んで10分ほどおく。**小麦粉適量**を全体に薄くまぶして180度の**揚げ油適量**でカラリと揚げる。
2. **クレソン1束**の太い茎を除いて食べやすくちぎる。**レタス4枚**も食べやすくちぎり、ともに器に盛る。
3. **レモンの輪切り3枚**をいちょう切りにする。
4. ボウルに**マヨネーズ大さじ3、プレーンヨーグルト大さじ1、レモン汁、砂糖各小さじ1**をまぜ合わせ、**1**をあえる。**2**にのせ、**3**を散らす。

（岩﨑）

栄養

β-カロテン、ビタミンCが多く含まれている。カルシウムや鉄などのミネラルも豊富。

見分け方

茎に余分なひげ根がなく、葉は大きめで濃い緑色のものを選ぶ。節と節の間隔が狭いものが良品。

保存方法

水を入れたコップに挿し、葉を乾燥させないようにポリ袋をかぶせて冷蔵保存する。水はまめにとりかえて早めに食べる。

さっと煮て、クレソンの香りと食感を生かすのがポイント

クレソンとあさりのみそスープ

1人分15kcal　糖質0.7g

手作業3分／低カロリー／糖質オフ

材料（4人分）と作り方

1. **クレソン1束**をざく切りにする。**あさり（砂出ししたもの）200g**をよく洗う。
2. なべにあさり、**水3カップ、酒大さじ1、しょうゆ小さじ1、塩小さじ1/3**を入れて強火にかける。
3. 煮立ったら中火にし、あさりの口があいたらクレソンを加え、**みそ小さじ1**をとき入れてさっと煮る。

（牛尾）

VEGETABLE DISH CATALOG　162

PART2 クレソン・ルッコラの主菜&副菜

手作業 15分
☑ ボリュームあり
☑ おもてなしに

香ばしくソテーしたさばと
ルッコラのフレッシュな風味が♥

ルッコラ&さばソテーのサラダ

1人分308kcal　糖質6.0g

材料（2人分）と作り方

1. ルッコラ**50g**をざく切りにし、水に放してシャキッとさせ、水けをよくきる。**しめじ100g**を小房に分ける。
2. **バルサミコ酢大さじ1**、**しょうゆ大さじ1/2**、**マヨネーズ小さじ1**をまぜ合わせる。
3. **さば（三枚におろしたもの）半身1枚**を2cm厚さのそぎ切りにし、**塩小さじ1/3**、こしょう少々を振って**小麦粉大さじ1**をまぶす。
4. フライパンに**オリーブ油大さじ1**を熱し、**3**を並べて両面をこんがりと焼く。火が通ったら、しめじを加えていため合わせ、**2**を加えて全体にからめる。
5. 器にルッコラを敷き、**4**をのせて**マヨネーズ少々**を細くしぼりかける。　（牛尾）

手作業 7分
☑ 朝食にも
☑ 糖質オフ

ルッコラのもち味がそのまま楽しめる
シンプルサラダ

ルッコラとくるみのサラダ

1人分162kcal　糖質3.7g

材料（4人分）と作り方

1. **ルッコラ50g**、**レタス200g**を食べやすくちぎり、冷水にさらしてシャキッとさせ、水けをしっかりときる。
2. **くるみ50g**をあらく砕き、フライパンで香ばしくいる。
3. **プレーンヨーグルト50g**、**しょうがのすりおろし**、**はちみつ**、**しょうゆ各小さじ1**、**塩小さじ2/3**、こしょう少々、**オリーブ油大さじ2**をまぜ合わせる。
4. 器に**1**、**2**を盛り、**3**をかける。　（牛尾）

ルッコラ

ごまのような香りとほのかな辛み&苦みが特徴のサラダ野菜

栄養

β-カロテン、ビタミンC、E、Kを多く含む緑黄色野菜。辛み成分には強い抗酸化作用があるといわれている。

見分け方

全体に張りがあり、根元から若い葉が出ているものが新鮮。露地もので緑色が濃すぎるものは辛みや苦みが強く、かたいこともある。

保存方法

乾燥に弱いので、ぬらしたキッチンペーパーで根元を包み、ポリ袋に入れて冷蔵保存する。

たっぷり使って香りを楽しむ

脇役野菜で簡単おかず＆常備菜

いつもは香りや彩りで料理にアクセントを添える脇役野菜を、主役の貫禄に。新鮮なものが手に入ったときや、冷蔵庫で使い残してしまいそうなとき、新しいレシピに挑戦してみては？

青じそ さわやかな香りと鮮やかな緑色が特徴。
加熱で香りが少し減るので、その分たっぷり使うのがポイントです。

手作業 **7分**

なんと1人分1束！
ビタミン補給にもおすすめ

青じそとたこの
バターしょうゆいため

1人分105kcal　糖質0.6g

材料（4人分）と作り方

1. 青じそ**4束（40枚）**を一口大にちぎり、ゆでだこ**200g**を1〜2cm幅に切る。

2. フライパンに**オリーブ油大さじ1**を熱して青じそをいため、香りが立ったらたこを加えてさっといためる。油がなじんだら**バター、しょうゆ各大さじ1**を加えてからめる。

（検見﨑）

VEGETABLE DISH CATALOG　164

万能ねぎ

細ねぎの一種で、ねぎよりも辛みやくさみがマイルド。
風味を生かすように、さっと手早く加熱を。

あともう1品というときにもぴったり

万能ねぎの梅おかかあえ

1人分17kcal　糖質1.7g

材料（4人分）と作り方

1. **万能ねぎ1束**を3cm長さに切り、耐熱皿に入れてラップをかけ、電子レンジで2〜3分加熱し、冷ます。
2. ボウルに**梅肉大さじ1**、**砂糖小さじ1**、**ごま油小さじ1/2**をまぜ合わせ、**削り節3g**を加えて**1**をあえる。　（検見﨑）

貝割れ菜

発芽直後の若芽・スプラウトの一種で、大根がポピュラーです。
ピリッとした辛みが特徴。

**加熱時間は1分弱！
低カロリー＆低糖質！**

貝割れ菜の梅すまし汁

1人分7kcal　糖質0.4g

材料（4人分）と作り方

1. **梅干し1個**の種を除いてちぎる。
2. なべに**だし3カップ**、**塩小さじ1/3**、**しょうゆ小さじ1/2**を入れて火にかけ、**貝割れ菜1パック**を加えてひと煮立ちさせる。
3. 器に盛り、**1**をのせる。　（市瀬）

しょうが

すがすがしい香りと辛み、注目の体あたため効果も！
作りおきして毎日食卓に登場させましょう。

手作業 3分

箸休めに、おつまみに、
まぜごはんにも◎

しょうがのじゃこ煮
全量で154kcal　糖質14.7g

冷ややっこのトッピングやおにぎりの具にもぴったり

材料（作りやすい分量）と作り方

1. しょうが80gを細切りにする。
2. なべに酒大さじ2、みりん、しょうゆ各大さじ1を入れて火にかける。1、ちりめんじゃこ20gを加え、まぜながらほとんど汁けがなくなるまで煮る。(検見﨑)

★あら熱がとれたら清潔な保存容器に移す。冷蔵保存4〜5日間。

にんにく

食欲をそそる香ばしい香りで、少量でも料理にコクとうまみをプラスしてくれる、栄養豊富なスタミナ野菜。

手作業 7分

アンチョビーの塩けとうまみで
ワンランクアップ

にんにくの
アンチョビーソース
全量で752kcal　糖質10.7g

じゃがいもなどゆで野菜のソースに。パスタソースにも便利

材料（作りやすい分量）と作り方

1. にんにく50gをみじん切りにする。
2. アンチョビー（フィレタイプ）4枚をこまかく刻む。
3. フライパンにオリーブ油大さじ6、1を入れて弱火にかけ、ゆっくりいためる。こんがりと色づいたら火を止め、2をまぜ、塩少々で味をととのえる。(検見﨑)

★あら熱がとれたら清潔な保存容器に移す。冷蔵保存4〜5日間。

PART 3
季節を満喫！旬の野菜15

ほとんどの野菜が1年を通して手に入りますが、
なかには、その季節にしか店頭に並ばない野菜も。
食卓にのせて季節の到来を感じてみませんか？
香りや食感、栄養も充実した旬の野菜の
レパートリーを広げてください。

[春]
○菜の花
○たけのこ
○ふき
○グリーンピース
○そら豆

[夏]
○ゴーヤー
○とうもろこし
○枝豆
○みょうが
○とうがん

[秋]
○さつまいも
○里いも

[冬]
○カリフラワー
○れんこん
○しゅんぎく

春

芽吹く季節ならではのエネルギーがいっぱいの春野菜。
この時期だけの豊かな味わいを楽しみましょう。

菜の花

やわらかくみずみずしい食感とほろ苦さが魅力の栄養満点野菜

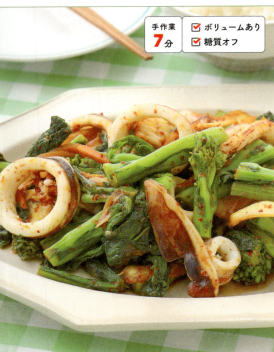

手作業 7分 ☑ ボリュームあり ☑ 糖質オフ

食卓に季節感♪
春限定のヘルシー韓国風おかず

菜の花といかのキムチいため

1人分182kcal　糖質4.7g

材料（2人分）と作り方

1. 菜の花1束を塩少々を入れた熱湯でさっとゆでる。ざるに上げて湯をきり、長さを半分に切って水けをしぼる。
2. いか1ぱいの胴を1cm幅の輪切りにし、足は2〜3本に切り分け、長さを半分に切って**酒小さじ2、しょうがのしぼり汁小さじ1**をからめる。**白菜キムチ100g**を食べやすい大きさに切る。
3. フライパンに**ごま油小さじ2**を熱し、強火でいかをいためる。焼き色がついたら、キムチ、菜の花の順に加えていため合わせ、**塩少々**で味をととのえる。　（あまこ）

手作業 7分 ☑ おつまみにも ☑ ビタミン補給に

菜の花のほろ苦さをサクサクの
食感で食べる新しいおいしさ

菜の花のシンプルかき揚げ

1人分131kcal　糖質19.3g

材料（4人分）と作り方

1. 菜の花1束の長さを半分に切り、水に10分ほどさらし、水けをよくきる。ボウルに入れ、**小麦粉大さじ2、ぶぶあられ（または砕いた柿の種）大さじ3**を加えてさっくりとまぜる。
2. **小麦粉、水各1/2カップ**を合わせて1に加え、さっとまぜる。
3. **揚げ油適量**を170度に熱し、2を菜箸で食べやすい分量をつまんで入れ、つまんだまま20秒ほど揚げ、まとまったら菜箸を抜き、カラリと揚げる。油をきって器に盛り、**塩少々**を振る。　（牛尾）

栄養

栄養価の高い緑黄色野菜。ビタミンCはほうれんそうの約3倍、β-カロテンはピーマンの約5倍。鉄やカルシウム、食物繊維も豊富。

見分け方

葉が鮮やかな緑色で、茎が太く、つぼみがかたく、締まっているものが良品。花が咲きかけているものは筋っぽく味が落ちる。

保存方法

湿らせたキッチンペーパーなどで包み、ポリ袋に入れて冷蔵保存する。時間がたつとつぼみが開いてしまうので、2〜3日で食べきる。

PART3 春／菜の花

手作業 7分 ☑おつまみにも ☑＋もう1品に

明太子のピリ辛味にコーンの甘み＆彩りをプラス

菜の花の明太子サラダ

1人分83kcal　糖質2.9g

材料（4人分）と作り方

1. 菜の花**300g**を塩少々を入れた熱湯で1分30秒ほどゆで、ざるに上げて湯をきる。あら熱がとれたら水けをしぼって4cm長さに切る。
2. からし明太子**30g**の薄皮を除く。
3. ボウルに**1**、**2**、**コーン缶（粒）30g**を合わせ、**マヨネーズ大さじ2、しょうゆ小さじ1、塩、こしょう各少々**であえる。

（牛尾）

手作業 7分 ☑糖質オフ ☑おもてなしに

薄口しょうゆのドレッシングで春らしい色の人気おかず

菜の花とサーモンのサラダ

1人分123kcal　糖質1.9g

材料（4人分）と作り方

1. 菜の花**6株**を塩少々を入れた熱湯でさっとゆで、ざるに上げて湯をきり、冷ます。水けをしぼり、食べやすい長さに切る。**新玉ねぎ1/4個**を薄切りにする。
2. **サーモン（刺し身用）120g**を7mm厚さに切り、**薄口しょうゆ大さじ1/2**をからめて4〜5分おき、汁けをふく。
3. **オリーブ油大さじ1、薄口しょうゆ大さじ1/2、酢小さじ1**をまぜる。
4. ボウルに**1**、**2**を合わせ、**3**であえ、**塩、こしょう各少々、いり白ごま大さじ1/2**をまぜる。

（上島）

手作業 3分 ☑お弁当にも ☑＋もう1品に

旬のすがすがしい風味を楽しむ和の定番あえ物

菜の花のからしじょうゆあえ

1人分35kcal　糖質3.8g

材料（4人分）と作り方

1. 菜の花**1束**を水にさらして水けをきり、**塩少々**を加えた熱湯でゆでる。ざるに上げて広げて冷まし、3cm長さに切って水けをしぼる。
2. ボウルに**ときがらし小さじ1、しょうゆ、みりん各大さじ1**をまぜ合わせ、**1**をあえる。

（夏梅）

たけのこ

春の訪れを知らせてくれる滋味豊かな野菜。新鮮なたけのこの風味は格別

たけのこのサクッとした食感がきわ立つ、ふんわり衣

たけのこの肉巻き香りフリット

手作業 15分 / ボリュームあり / お弁当にも

1人分 413kcal　糖質 10.6g

材料（2人分）と作り方

1. **ゆでたけのこ200g**を縦8等分のくし形切りにし、**塩小さじ1/2**をまぶす。
2. **豚ロース薄切り肉8枚**を用意し、1枚ずつ広げて1を1切れずつのせ、くるくると全体に巻きつける。同様にして計8個作る。
3. ボウルに**天ぷら粉、水各大さじ3、ゆかり、青のり各小さじ1/2**をまぜ合わせて衣を作る。
4. 2を1個ずつ3にくぐらせ、180度に熱した**揚げ油適量**で4分ほど揚げ、油をきる。

（あまこ）

旬のたけのこの風味と食感を思う存分味わえる人気の定番和食

たけのこのそぼろ煮

手作業 15分 / 食物繊維補給に / おもてなしに

1人分 209kcal　糖質 11.9g

材料（4人分）と作り方

1. **ゆでたけのこ600g**を縦半分に切り、根元の部分は1.5cm厚さの半月切りに、穂先は縦4等分に切る。
2. なべに**サラダ油大さじ1**を熱し、**鶏ひき肉200g**を入れてほぐすようにいためる。肉の色が変わったら、**酒大さじ2**を振り、1を加えて**だし2カップ**（または水）を注ぐ。
3. 煮立ったら火を弱めてアクをとり、**みりん大さじ3、砂糖大さじ1、しょうゆ、塩、しょうがのしぼり汁各小さじ1**を加え、ふたをして弱火で20～25分煮る。器に盛り、あれば**木の芽適量**をのせる。

（大庭）

栄養

不溶性食物繊維が豊富で、たんぱく質、ビタミンB群、カリウムなども多く含まれる。意欲を高めるもととなるチロシンも含まれる。

見分け方

皮は薄い茶色で、ずんぐりとして重量感のあるものが良品。下部のイボが少ないものを選ぶ。イボが大きく数が多いものはかたいので避ける。

保存方法

生のままの保存はNG。日がたつごとにえぐみが出るので、その日のうちに下ゆでし、かぶるくらいの水につけて冷蔵保存を。水は毎日とりかえ、2～3日で使いきる。

PART3 春／たけのこ

手作業 **7分**
- ☑ 作りおきOK
- ☑ ワインのおともに

白ワインの香りをきかせた味つけが新鮮でおしゃれ

たけのこのギリシャ風マリネ

1人分54kcal　糖質2.7g

材料（4人分）と作り方

1. ゆでたけのこ**200g**の根元の部分は半月切りに、穂先はくし形切りにする。**にんじん1/3本**、筋をとった**セロリ1/3本**はそれぞれ細切りにする。
2. なべに**1**を入れ、**にんにくの薄切り、レモンの薄切り各2枚、白ワイン、オリーブ油各大さじ1、ローリエ1枚、塩小さじ1/4、こしょう少々、水大さじ3**、あれば**香菜、タイム各少々**を加えてまぜ、ふたをして火にかけ、5～6分煮る。
3. ふたをとり、火を強めて煮汁をからめ、**レモン汁小さじ1**を加えてまぜ、冷ます。　　　　　　　　　　　　（岩﨑）

手作業 **15分**
- ☑ お弁当にも
- ☑ おつまみにも

香ばしいたけのこにピーナッツのコクとうまみが加わって絶品

焼きたけのことグリーンピースのピーナッツあえ

1人分117kcal　糖質4.5g

材料（4人分）と作り方

1. ゆでたけのこ**1/2個**を食べやすい大きさに切り、魚焼きグリルで薄く焼き色がつくまで焼く。
2. なべに**水2/3カップ、顆粒スープ小さじ1**を入れて煮立て、**グリーンピース（むき実）1/2カップ**をゆでる。ゆで汁大さじ2をとり分け、ざるに上げる。
3. ボウルに**ピーナッツバター（砂糖不使用）大さじ2、薄口しょうゆ小さじ1**、**2**のゆで汁を入れてまぜ、**1**、**2**、**ピーナッツ（皮つき）大さじ3**を加えてあえる。　　　　（上島）

手作業 **3分**
- ☑ 子どもも大好き
- ☑ お弁当にも

ビールのおともにもおすすめ！大急ぎのときにも重宝

たけのこのベーコン巻き

1人分93kcal　糖質1.1g

材料（4人分）と作り方

1. ゆでたけのこ**150g**をくし形に切る。
2. **ベーコン4枚**の長さを半分に切る。
3. **1**を1切れずつ**2**で巻き、巻き終わりをようじでとめる。
4. フライパンを熱し、**3**を転がしながら焼く。ベーコンがこんがり焼けたら**しょうゆ小さじ1**を加えてからめる。　（牛尾）

ふき

個性的な香りやほろ苦さが特徴の日本古来の野菜

手作業 3分 ☑作りおきOK ☑おつまみにも

みその香ばしさをプラスして
ふきの香り&ほろ苦さを満喫

ふきのみそおかかいため

1人分60kcal 糖質3.4g

材料（4人分）と作り方

1. ふき（ゆでたもの）250gを3〜4cm長さに切る。
2. なべにサラダ油大さじ1を熱し、ふきを入れていため、みそ大さじ1、削り節1袋(5g)、酒、みりん各大さじ1、水大さじ2を加えてまぜ、汁けがなくなるまでいり煮にする。　　　　　　　　（大庭）

手作業 7分 ☑低カロリー ☑作りおきOK

多めに作って
春の食卓の常備菜にしても

ふきのナムル

1人分25kcal 糖質1.0g

材料（4人分）と作り方

1. ふき200gをなべに入る長さに切り、塩少々で板ずりして塩ごとなべに入れ、しんなりするまでゆでて水にとる。冷めたら皮をむき、斜め薄切りにして水けをきる。
2. ボウルにごま油小さじ2、塩、砂糖各小さじ1/4、粉とうがらし、にんにくのみじん切り各少々を入れてまぜ、1をあえる。　　　　　　　　　　　　（岩﨑）

栄養
95%が水分で低カロリー。カリウム、カルシウム、食物繊維が豊富。苦み成分はポリフェノールの一種・クロロゲン酸。

見分け方
茎がピンとしてみずみずしく、黒ずみなど変色のないものを選ぶ。太さが均一で、筋が目立たないものが良品。太すぎるものは筋がかたため。

保存方法
日ごとにかたくなり、アクが強くなるので、その日のうちにゆでて保存容器に入れ、かぶるくらいの水につけて冷蔵保存し、2〜3日で使いきる。

VEGETABLE DISH CATALOG　172

グリーンピース

えんどう豆の未熟果。旬のものには缶詰にはない甘みや香りが

栄養法

食物繊維の含有量は野菜の中ではトップクラス。ビタミンB₁、たんぱく質も豊富に含まれている。

見分け方

さやから出すと鮮度が落ちるのでさやつきのほうが味がよい。さやがふっくらとしていて張りがあり、変色のないものが良品。

保存方法

日もちしないので、その日のうちに使いきるのが理想的。すぐに使わないときは、ゆでてから冷凍保存しても。

手作業 15分 ☑子どもも大好き ☑お弁当にも

プチプチとした豆の食感が楽しい
ごはんによく合う甘辛味

グリーンピースの鶏つくね照り焼き

1人分307kcal　糖質15.6g

材料（2人分）と作り方

1. **グリーンピース(むき実)60g**を熱湯でさっとゆで、ざるに上げる。**ねぎ1/4本**をみじん切りにする。
2. ボウルに**鶏ひき肉200g**、**1**を入れてまぜ、**酒小さじ2**、**かたくり粉大さじ1**を加えてよくまぜる。6等分して平たい円形にまとめる。
3. フライパンに**サラダ油適量**を熱して**2**を並べ入れ、焼き色がついたら上下を返す。両面がこんがり焼けたら、**みりん大さじ2**、**しょうゆ大さじ1**を回し入れ、照りが出るまで焼きからめる。　　　（あまこ）

手作業 7分 ☑おつまみにも ☑子どもも大好き

軽い食感で食べだしたら止まらない！
やみつきになるおいしさ

カリカリグリーンピース

1人分90kcal　糖質4.2g

材料（4人分）と作り方

1. バットに**小麦粉大さじ1**を入れて広げ、**グリーンピース(ゆでたもの)110g**をのせてコロコロと転がしながらまぶす。
2. フライパンに**オリーブ油大さじ2**を熱して**1**を入れ、ときどきフライパンを揺らして転がしながらカリッとするまで焼く。
3. 器に盛り、**塩、こしょう各少々**を振る。

（牛尾）

そら豆

特有のほのかな甘みや香りを楽しみながら、レパートリーを広げて

手作業3分！ あとは甘みを引き出すためにジワッと煮るだけ

そら豆とマッシュルームのアヒージョ

1人分227kcal　糖質7.3g

手作業 3分
☑ ワインのおともに
☑ おもてなしにも

材料（4人分）と作り方

1. そら豆（さやから出したもの）200gを用意する。マッシュルーム8個を半分に切り、にんにく大1かけをみじん切りにする。
2. なべにオリーブ油大さじ6、1、ローリエ1枚、塩、こしょう各少々を入れて弱火にかけ、ときどきまぜながらそら豆がやわらかくなるまで煮る。
（岩﨑）

簡単ホイル焼きで、おかずにもおやつにもお弁当にも♪

そら豆のカレーチーズ焼き

1人分37kcal　糖質2.9g

手作業 7分
☑ おつまみにも
☑ 子どもも大好き

材料（4人分）と作り方

1. そら豆（さやから出したもの）30個の薄皮をむき、大きいものは半分に割る。
2. アルミホイルを広げて1をのせ、カレー粉小さじ1/8、パルメザンチーズ小さじ1.5、塩、こしょう各少々を振ってさっとまぜる。
3. オリーブ油小さじ1をかけて、魚焼きグリルかオーブントースターで7～8分焼く。
（岩﨑）

栄養

良質な植物性たんぱく質をはじめ、ビタミンB群、C、カリウム、カルシウム、鉄などが豊富に含まれている。

見分け方

さやがふっくらとしていて濃い緑色で、豆のふくらみがそろっているものが良品。豆は空気にふれるとすぐにかたくなるので、さやつきを選ぶ。

保存方法

鮮度が命。鮮度が落ちるとかたくなるので、その日のうちに調理する。

マヨネーズ＋しょうゆ＝ごはんにも合うおかずサラダ

そら豆とささ身のサラダ

1人分108kcal　糖質7.0g

材料（4人分）と作り方

1. **そら豆（さやから出したもの）200g**を用意し、皮の黒い部分に包丁で切り込みを入れる。**塩少々**を加えた熱湯で2分ゆでて冷水にとる。ざるに上げて水けをきり、薄皮をむく。**貝割れ菜1パック**を半分に切る。
2. **鶏ささ身2本**の筋をとり、ぬるめの湯から10分ほどゆでて湯をきり、あら熱がとれたらほぐす。
3. ボウルに1、2を合わせ、**マヨネーズ大さじ1、薄口しょうゆ小さじ2**であえる。　　（牛尾）

さっといためて、豆のもち味を思う存分楽しむラクうまレシピ

そら豆のチーズいため

1人分124kcal　糖質6.5g

材料（4人分）と作り方

1. **そら豆（さやから出したもの）200g**を用意し、薄皮をむく。
2. フライパンに**オリーブ油大さじ2**を熱して1をいため、**塩、こしょう各少々**で調味する。
3. 火を止め、**パルメザンチーズ大さじ2**を振り、からめる。　　（大庭）

夏

太陽をたっぷり浴びて育った野菜は、味はもちろん栄養も充実。旬の野菜のレパートリーをふやして暑い夏を乗り越えたい。

ゴーヤー

ビタミンCやミネラルたっぷり。夏バテ解消に役立つ優良野菜

手作業 7分
☑ 食費節約
☑ 疲労回復に

夏の定番レシピに、もやしを加えてボリュームアップ

ゴーヤーチャンプルー

1人分288kcal　糖質2.3g

材料（4人分）と作り方

1. **ゴーヤー1本**を縦半分に切って5〜6mm厚さに切る。**もやし1袋**のひげ根をとる。**豚薄切り肉200g**を食べやすく切り、**塩、こしょう各少々**で下味をつける。
2. フライパンに**サラダ油大さじ2**を熱し、豚肉をいためる。肉にほぼ火が通ったら、ゴーヤーを加えて2〜3分いためる。
3. もやしを加え、**木綿どうふ1丁**をちぎって加えて強火にし、**塩小さじ1/2、こしょう少々**で調味する。
4. **卵2個**を割りほぐして回し入れ、2〜3回大きくまぜて火を止める。器に盛り、削り節少々を散らす。　　　（夏梅）

手作業 15分
☑ おつまみにも
☑ ビタミン補給に

特有の苦みがマイルドになって肉だねのおいしさと合体

ゴーヤーの肉詰めのスープ煮

1人分214kcal　糖質3.4g

材料（4人分）と作り方

1. **ゴーヤー2本**を3cm長さに切り、種、わたをくりぬく。**しょうが1かけ、ねぎ10cm**をそれぞれみじん切りにする。
2. ボウルに**豚ひき肉300g**を入れてしょうが、ねぎ、**塩少々**を加えてねりまぜ、ゴーヤーに等分に詰める。
3. なべに**こぶだし3カップ、酒大さじ2、ザーサイ（味つき）50g**を入れ、火にかけて煮立てる。②を加え、再び煮立ったら少し火を弱め、ゴーヤーがやわらかくなるまで30分ほど煮る。**塩、こしょう各少々**で調味し、スープごと器に盛る。　（検見﨑）

栄養

ビタミンC、Eをはじめ、カリウム、食物繊維が豊富。特有の苦み成分・モモルデシンは糖尿病、動脈硬化の予防に役立つといわれる。

見分け方

全体に鮮やかな緑色で、表面のイボがしっかりとしていてつやがあるものを選ぶ。緑色が濃すぎて黒っぽいものは、苦みが強いことも。

保存方法

ポリ袋に入れて冷蔵庫の野菜室で保存。使いかけは種とわたを除いて水けをふき、ラップに包んで冷蔵保存し、早めに食べきる。

VEGETABLE DISH CATALOG　176

手作業 **7分** ☑ 食費節約 ☑ ビタミン補給に

身近な食材の新しい組み合わせで、
新鮮なおいしさに

ゴーヤーと豚肉、ミニトマトの煮物

1人分147kcal　糖質7.2g

材料（4人分）と作り方

1. **ゴーヤー1本**を縦半分に切って1cm厚さに切る。**ミニトマト12個**を熱湯にくぐらせて湯むきする。
2. なべに**だし1.5カップ**、**しょうゆ**、**みりん各大さじ2**を入れて熱し、**豚薄切り肉150g**、ゴーヤーを加えて落としぶたをし、5分ほど煮る。
3. ミニトマトを加えて火を止め、余熱で火を通す。

（牛尾）

手作業 **7分** ☑ お弁当にも ☑ おつまみにも

パプリカを加えて
彩りよく仕上げるスピードいため

ゴーヤーと豚肉のみそいため

1人分145kcal　糖質5.9g

材料（4人分）と作り方

1. **ゴーヤー1本**を縦半分に切って薄切りに、**パプリカ（赤）1/2個**を縦半分に切って横に薄切りにする。
2. **豚こまぎれ肉150g**を細切りにする。
3. フライパンに**ごま油大さじ1**を熱し、2をいためる。火が通ったら1を加えていため合わせ、**みそ大さじ2**、**しょうゆ**、**みりん**、**砂糖各小さじ2**を加え、からめながらひといためする。（牛尾）

いつものきんぴらをゴーヤーで！ ごはんがすすむ一品に

ゴーヤーとにんじんのきんぴら風

1人分68kcal　糖質5.7g

手作業 7分 / お弁当にも / 作りおきOK

材料（4人分）と作り方

1. **ゴーヤー1本**を縦半分に切って3mm厚さの斜め切りにする。
2. **にんじん小1本**を太めのせん切りにする。
3. フライパンに**サラダ油大さじ1**を熱して1をいため、少ししんなりしたら2を加えてさっといためる。**だし1/3カップ、みりん大さじ1、しょうゆ大さじ1.5**をまぜ、汁けをとばしながらいため煮し、器に盛って**いり白ごま小さじ1/2**を振る。

（大庭）

オリーブ油でコク＆つやを加えてマイルドな苦みに

塩もみゴーヤーの梅オイルあえ

1人分36kcal　糖質1.3g

手作業 7分 / お弁当にも / おつまみにも

材料（4人分）と作り方

1. **ゴーヤー1本**を縦半分に切って薄切りにし、**塩小さじ1**をまぶす。ゴーヤーがしんなりしたら熱湯でゆでて水にとり、水けをしぼる。
2. **梅干し1個**の種を除いてたたきボウルに入れ、**オリーブ油大さじ1、しょうゆ小さじ1、砂糖小さじ1/2**を加えてまぜ、1をあえる。

（藤井）

さっと作れて、すぐおいしい♪ しょうがをきかせた大人味

塩もみゴーヤーのしょうがじょうゆあえ

1人分55kcal　糖質1.8g

手作業 3分 / おつまみにも / 作りおきOK

材料（4人分）と作り方

1. **ゴーヤー1本**を縦半分に切って薄切りにする。**塩少々**を振り、少ししんなりしたら手早く2〜3回洗い、水けをしぼる。
2. ボウルに**しょうがのすりおろし大さじ1、すり白ごま大さじ2、しょうゆ大さじ1**をまぜ合わせ、1を加えてあえる。（夏梅）

VEGETABLE DISH CATALOG　178

香ばしく焼いた油揚げとゴーヤーの食感が絶妙なコンビ

ゴーヤーと油揚げのおかかサラダ

1人分62kcal　糖質0.9g

手作業7分　☑食費節約　☑おつまみにも

材料（4人分）と作り方

1. **ゴーヤー1本**を縦半分に切って薄切りにする。熱湯で10秒ほどゆでて冷水にとり、水けをきる。
2. **油揚げ1枚**をフライパンでこんがりと焼き、縦半分に切って5mm幅に切る。
3. **しょうゆ小さじ2**、**ごま油**、**サラダ油**、**酢各小さじ1**、**塩**、**こしょう各少々**をまぜる。
4. ボウルに1、2を合わせ、3であえる。器に盛り、**削り節2g**を振る。

（岩﨑）

うまみをとじ込めるのが得意な魚焼きグリルを活用

焼きゴーヤーのおかかあえ

1人分19kcal　糖質0.8g

手作業7分　☑低カロリー　☑糖質オフ

材料（4人分）と作り方

1. **ゴーヤー1本**を縦半分に切って魚焼きグリルで両面を少し焼き色がつくまで焼き、薄切りにする。
2. ボウルに**しょうゆ**、**ごま油各小さじ1**、**削り節3〜5g**をまぜ合わせ、1をあえる。

（夏梅）

下ゆでしたゴーヤーをスープでさっと煮るだけ

ゴーヤーと桜えびのスープ

1人分29kcal　糖質0.6g

手作業3分　☑低カロリー　☑＋もう1品に

材料（4人分）と作り方

1. **ゴーヤー160g**を縦半分に切って薄切りにし、熱湯でさっとゆで、ざるに上げて湯をきる。
2. なべに**鶏ガラスープ4カップ**、**にんにくの薄切り1かけ分**、**赤とうがらしの小口切りひとつまみ**を入れて火にかける。
3. 煮立ったら1、**桜えび(乾燥)10g**を加えて3分ほど煮、**塩小さじ1**、**こしょう少々**で調味する。

（牛尾）

とうもろこし

旬のフレッシュな甘み＆食感＆香りをおいしいレシピでどうぞ

栄養
炭水化物や脂質が多く、カロリーは高めだが、さつまいもを上回る含有量の不溶性食物繊維をはじめ、ビタミンB群、Eやミネラル類など栄養に富んでいる。

見分け方
ひげがたっぷりついているものは実の数も充実している。ひげの茶色が濃いほど成熟していて甘みも強い。外皮の緑色が変色しているものは鮮度が落ちている。

保存方法
収穫後すぐに鮮度が落ちてくるので、その日のうちにゆでて、冷めたらラップで包んでポリ袋に入れ、冷蔵保存する。

手作業 15分 ☑ボリュームあり ☑子どもも大好き

このゆで方で、芯のやわらかい部分ごとこそげるのがワザ

とうもろこしの豚しゃぶサラダ

1人分319kcal　糖質19.7g

材料（2人分）と作り方

1. **とうもろこし2本**を熱湯で5分ほどゆで、とり出してすぐにラップできっちりと包み、冷めるまでおく。
2. なべに湯を沸かして**塩少々**を加え、煮立てない程度の火かげんにし、**豚ロース薄切り肉（しゃぶしゃぶ用）150g**を1枚ずつ入れてゆで、ざるに上げる。
3. しょうがのみじん切り、にんにくのみじん切り各1/2かけ分、青じそのみじん切り5枚分、しょうゆ、酢各大さじ1、砂糖、ごま油各小さじ1/2をまぜる。
4. 1の長さを2〜3等分に切り、包丁で芯のやわらかい部分ごと実をこそげ落とす。器に2とともに盛り、3をかける。（藤井）

手作業 15分 ☑おつまみにも ☑お弁当にも

ベーコンのコクのあるうまみがからんだとうもろこしが絶品♪

とうもろこしとベーコンのいため物

1人分80kcal　糖質7.0g

材料（4人分）と作り方

1. **とうもろこし1本**をラップで包み、電子レンジで5分加熱し、包丁で実をそぎとる。**玉ねぎ1/2個**を薄切りに、**ベーコン2枚**は細切りにする。
2. フライパンにベーコンを入れて1分ほどいため、脂が出てきたら、玉ねぎ、とうもろこしを加え、弱めの中火でいためる。
3. 玉ねぎがしんなりしてきたら、**塩小さじ1/4、こしょう少々**で調味する。（夏梅）

VEGETABLE DISH CATALOG 180

上品なとうふのあえ衣でとうもろこしをまとめて

とうもろこしの白あえ

1人分152kcal　糖質12.2g

材料（4人分）と作り方

1. **とうもろこし2本**の皮をむいて5分ゆで、ラップで包んで冷めるまでおき、包丁で芯のやわらかい部分ごと実をこそげとる。
2. **木綿どうふ1/2丁**を厚手のキッチンペーパーで包み、1kgの重しをのせて15分ほどおいて水きりする。
3. ボウルに②、**ごま油大さじ1**、**はちみつ小さじ1**、**塩小さじ1/2**を入れてすりまぜ、①を加えてあえる。　　（藤井）

おやつ、お弁当でも大人気！

とうもろこしのバターしょうゆ煮

1人分99kcal　糖質12.7g

材料（4人分）と作り方

1. **とうもろこし2本**を3cm厚さに切る。
2. フライパンに**バター20g**を熱し、①を並べ入れて焼く。転がしながら全体に焼き色がついたら**だし1.5カップ**、**しょうゆ**、**みりん各大さじ1**を加え、ときどき揺すりながら、煮汁が少なくなるまで煮る。
3. 器に盛り、**七味とうがらし適量**を振る。　　（牛尾）

生を見つけたら、新鮮な香りと食感をシンプルに味わいたい

ヤングコーンのグリル焼き

1人分18kcal　糖質1.0g

材料（4人分）と作り方

1. ボウルに**サラダ油小さじ1**、**塩ひとつまみ**を入れてまぜ、**ヤングコーン（生）12本**をあえる。
2. 魚焼きグリルで7分ほど焼いて器に盛り、好みで**七味とうがらし少々**を振り、**しょうゆ少々**をかける。　　（牛尾）

枝豆

緑色の未熟なうちに収穫した大豆で、野菜と豆の栄養をあわせ持つ優等生

栄養

良質なたんぱく質がたっぷり。ビタミンB1、B2、C、葉酸をはじめ、カルシウム、カリウムなどのミネラルも豊富。大豆の栄養成分、レシチンやサポニンも含まれている。

見分け方

枝から切り離すと鮮度が急速に落ちるので、枝つきを選ぶ。さやの緑色が濃く、ふっくらとして丸みがあり、うぶ毛がしっかりついているものが良品。

保存方法

鮮度が落ちやすいのでその日のうちに調理を。保存するときは、ゆでてから冷蔵庫へ入れて2～3日以内に食べきる。

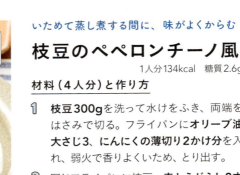

手作業 7分
☑ 糖質オフ
☑ おつまみにも

いためて蒸し煮する間に、味がよくからむ
枝豆のペペロンチーノ風
1人分134kcal　糖質2.6g

材料（4人分）と作り方

1. 枝豆**300g**を洗って水けをふき、両端をはさみで切る。フライパンに**オリーブ油大さじ3**、**にんにくの薄切り2かけ分**を入れ、弱火で香りよくいため、とり出す。
2. 同じフライパンに枝豆、**赤とうがらし2本**を入れてさっといため、ふたをして途中上下を返しながら3分ほど蒸し焼きにする。
3. **塩小さじ1/2**、**こしょう少々**で調味し、にんにくを戻し入れていため合わせる。（大庭）

手作業 3分
☑ 低カロリー
☑ 作りおきOK

香り豊かな中国酒につけた大人向けの味
枝豆の紹興酒漬け
1人分51kcal　糖質1.9g

材料（4人分）と作り方

1. 枝豆**200g**を洗って水けをふき、へたを少し切り落とす。**塩小さじ1**を振って軽くもみ、熱湯で4分ほどゆでる。
2. バットに**鶏ガラスープ1カップ**、**紹興酒（または酒）大さじ2**、**薄口しょうゆ大さじ1**、**しょうがの薄切り1かけ分**、**赤とうがらし1本**、好みで**八角1個**を入れてまぜる。
3. 1をざるに上げ、熱いうちに2に30分ほどつける。（牛尾）

手作業 15分
☑ 朝食にも
☑ 子どもも大好き

暑い季節は冷たく冷やしても
枝豆のポタージュ
1人分159kcal　糖質9.5g

材料（4人分）と作り方

1. 枝豆**250g**を塩少々を加えた熱湯で6～7分ゆで、さやから豆を出す。
2. なべに**バター10g**、**玉ねぎの薄切り1/2個分**を入れて熱していため、**小麦粉大さじ1**を振り入れていため、1を加えて1分ほどいためる。
3. フードプロセッサーで豆がざっとつぶれるまでかくはんし、なべに戻す。**牛乳2カップ**、**塩小さじ1/3**、**こしょう少々**をまぜて煮立たせ、まぜながら2分ほど煮る。器に盛り、**オリーブ油適量**をたらす。（夏梅）

みょうが

さわやかな香りが特徴の日本の夏を感じさせる香味野菜

さわやかな食感＆香りで箸休めにぴったり

みょうがの甘酢漬け

1人分25kcal　糖質5.2g

手作業 3分 / お弁当にも / 作りおきOK

材料（4人分）と作り方

1. みょうが6個を縦半分に切り、塩適量をまぶす。
2. ボウルに酢1/2カップ、水1/3カップ、砂糖大さじ2、塩小さじ1/4を合わせ、よくまぜてとかす。
3. たっぷりの熱湯に1を入れて1分ほどゆで、ざるに上げて湯をきり、熱いうちに2の甘酢に漬け、冷めるまでおく。（大庭）

みょうがの食感を残すように煮すぎないで

みょうがの卵とじスープ

1人分46kcal　糖質0.2g

手作業 3分 / 糖質オフ / 朝食にも

材料（4人分）と作り方

1. みょうが3個を斜め薄切りにする。
2. なべにだし4カップを熱して1を加え、しょうゆ小さじ1、塩小さじ2/3で調味する。煮立ったらとき卵2個分を流し入れ、ふんわりと固まったら火を止める。（牛尾）

薬味ではなく、たっぷり使って主役の具に

みょうがともずくのみそ汁

1人分32kcal　糖質2.3g

手作業 3分 / 朝食にも / 食物繊維補給に

材料（4人分）と作り方

1. みょうが3個を縦半分に切って、斜め薄切りにする。
2. なべにだし4カップを熱して1、生もずく100gを加え、みそ大さじ3をときまぜる。（牛尾）

栄養

特有の香り成分には、食欲増進、解熱作用などの効果があり、夏バテの解消に効果的。ビタミンC、カリウムも含まれている。

見分け方

色つやがよく、身がよく締まって、先端がみずみずしいものを選ぶ。花が開きかけたものは食感がやわらかすぎて、風味も落ちているので避けて。

保存方法

日ごとに風味が落ちるので早めに使いきる。使い残したときは、ぬらしたキッチンペーパーを敷いた保存容器に入れて冷蔵保存する。

とうがん

スープやだしを含ませた煮物はもちろん、いため物やあえ物にも活躍

食べごたえ十分で、低カロリー＆低糖質がうれしい

手作業 15分 ☑ ボリュームあり ☑ お弁当にも

とうがんと豚肉のオイスターソースいため

1人分246kcal 糖質6.0g

材料（4人分）と作り方

1. **とうがん400g**を食べやすい大きさの1cm厚さに切る。**ピーマン2個**を1cm幅に切る。**豚こまぎれ肉300g**を食べやすい大きさに切り、塩少々を振る。
2. フライパンに**ごま油大さじ1**を熱し、豚肉をいためる。火が通ってきたらとうがん、ピーマンの順に加えていため合わせ、**オイスターソース、みりん各大さじ1、しょうゆ小さじ2**を加え、こしょう少々で調味する。 （牛尾）

熱々も◎
つめたーく冷やしても◎

 ☑ 子どもも大好き ☑ おもてなしに

とうがんとえびの煮物

1人分72kcal 糖質6.3g

材料（4人分）と作り方

1. **とうがん400g**を一口大に切る。**むきえび150g**の背わたをとる。
2. なべに**鶏ガラスープ2カップ**を熱し、1、**薄口しょうゆ、酒各大さじ2、砂糖小さじ2**を加えて落としぶたをし、10分ほど煮る。
3. **かたくり粉小さじ2**を**水大さじ1**でといて回し入れ、ひと煮立ちさせてとろみをつける。 （牛尾）

栄養

食物繊維、ビタミンCが豊富。95％が水分で、カリウムを多く含んでいるため、体内の水分バランスをととのえる働きも。

見分け方

皮が濃い緑色で、ずっしりと重いものが◎。表面にうぶ毛が残っているものが新鮮。カットしたものは、切り口が真っ白で、みずみずしいものを選ぶ。

保存方法

切ったものは種とわたを除いて、ラップでぴったりと包み、冷蔵保存を。まるごとなら、へたを上にして立て、日の当たらない涼しい場所に。

鶏のうまみがとうがんにしみてしみじみ

とうがんと鶏肉のスープ煮

1人分105kcal　糖質3.5g

手作業 **7分**　☑ボリュームあり　☑糖質オフ

材料（4人分）と作り方

1. とうがん**500g**を4cm厚さの一口大に、**鶏もも肉150g**も一口大に切る。
2. **しょうが小1/2かけ**の皮をむいて薄切りにする（皮もとっておく）。
3. なべに**水3カップ**と①、皮も含めた②、**赤とうがらし1本**を入れて強火にかけ、煮立ったら火を弱めてアクをとる。**酒大さじ2**、**塩小さじ1**を加えてふたをし、弱火で15〜20分煮る。

（大庭）

塩もみ野菜＋コクだしベーコン＋さわやかドレ

とうがんときゅうりのマヨサラダ

1人分97kcal　糖質2.7g

手作業 **7分**　☑糖質オフ　☑＋もう1品に

材料（4人分）と作り方

1. とうがん**300g**を細切りに、**きゅうり1本**も細切りにする。ボウルに合わせて入れ、**塩小さじ1/2**を振り、軽くもんで水分が出てきたらしぼる。
2. **ベーコン2枚**を1cm幅に切り、フライパンでカリカリにいためる。
3. ボウルに①、②を入れ、**マヨネーズ大さじ2**、**レモン汁小さじ1**、**塩、こしょう各少々**であえる。器に盛り、**青じそのせん切り4枚分**をのせる。

（牛尾）

とうがんをすりおろしてトロトロの口当たり♪

おろしとうがんとベーコンのスープ

1人分186kcal　糖質4.1g

手作業 **7分**　☑子どもも大好き　☑＋もう1品に

材料（2人分）と作り方

1. とうがん**400g**を扱いやすい大きさに切り、すりおろす。**ベーコン2枚**を5mm幅に切る。
2. なべに**だし（またはスープ）1カップ**、①を入れて火にかけ、煮立ったらアクをとり、2〜3分煮る。
3. **塩小さじ1/3**を加え、**卵2個**を静かに割り入れ、さらに2分ほど煮る。器に盛って、**万能ねぎの斜め薄切り少々**をのせる。

（藤井）

秋

大地の恵みをたっぷり含んだ秋野菜には、寒い冬に備える栄養素がいっぱい。得意メニューをふやしましょう。

さつまいも

焼いても煮ても美味！ じっくり加熱すると濃厚な甘みが出る

栄養

食物繊維、ビタミンC が豊富。ビタミンCは主成分のでんぷんに守られて、加熱しても壊れにくい。ビタミンE、カリウムなども多く含まれている。

見分け方

全体がずんぐりとして太く、皮の色が鮮やかで張りのあるものを選ぶ。ひげ根のあとが小さいものが良品。ひげ根のあとが多いものは筋っぽいことがある。

保存方法

冷気に弱いので冷蔵庫に入れず、通気のよい紙袋に入れるか、新聞紙で包んで日の当たらない涼しい場所で保存する。使いかけはラップで包み冷蔵庫へ。

牛肉のうまみと
さつまいもの甘みの相乗効果

さつまいもと牛こまの肉じゃが風

1人分 532kcal　糖質 62.0g

手作業 **7分**
☑ ボリュームあり
☑ 作りおきOK

材料（2人分）と作り方

1. **さつまいも300g**を皮ごと一口大の乱切りにし、水にさっとさらし、水けをきる。**玉ねぎ1/2個**を2cm厚さのくし形に切る。
2. なべに**だし1.5カップ**、**しょうゆ大さじ2**、**砂糖大さじ1.5**、**酒**、**みりん各大さじ1**を入れてまぜ、**1**、**牛こまぎれ肉150g**を加えてざっとまぜ、強火にかける。
3. ひと煮立ちしたらアクをとり、落としぶたをして中火にし、10〜12分煮る。（小林）

何度も作りたくなる
ベーコン＆バター風味

さつまいもとベーコンのバターじょうゆいため

1人分 340kcal　糖質 42.5g

手作業 **7分**
☑ お弁当にも
☑ 子どもも大好き

材料（2人分）と作り方

1. **さつまいも250g**を皮つきのまま5cm長さの棒状に切り、水にさらして、水けをきる。**ベーコン2枚**を3cm幅に、**玉ねぎ1/2個**を横半分に切ってから縦1cm厚さに切る。
2. フライパンにさつまいもを入れ、**水大さじ4と塩少々**を加えてまぜ、強火にかける。煮立ったらふたをし、弱めの中火で5分ほど蒸し焼きにしてとり出す。
3. フライパンをふいて**バター大さじ2**をとかし、玉ねぎ、ベーコンの順にいため、**2**を戻し入れていためる。
4. 油が回ったら**しょうゆ大さじ1**、**こしょう少々**を加え、強火でいためる。器に盛り、**イタリアンパセリ適量**を添える。（小林）

VEGETABLE DISH CATALOG　186

PART3 秋／さつまいも

手作業 **7分**
- レンチンで
- ＋もう1品に

レンチンしたらあえるだけ。疲れた日でも大丈夫♪

さつまいもとレーズンの ヨーグルトあえ

1人分239kcal　糖質42.2g

材料（4人分）と作り方

1. **さつまいも400g**を1.5〜2cm角に切り、水にさっとくぐらせて水けをきる。耐熱皿に広げ入れてラップをかけ、電子レンジで7分ほど加熱し、冷ます。
2. ボウルに**プレーンヨーグルト、オリーブ油各大さじ2、塩小さじ1/3、こしょう少々**をまぜ合わせ、**1**、**レーズン大さじ5**を加えてあえる。　　　　　　　　　　（市瀬）

手作業 **7分**
- お弁当にも
- 作りおきOK

ゆずの皮を最後に加えて香りを生かすのがポイント

さつまいものゆずはちみつ煮

1人分156kcal　糖質36.6g

材料（4人分）と作り方

1. **さつまいも2本**を一口大の乱切りにし、水にさらし、水けをきる。
2. なべに**1**、**水1カップ**、**はちみつ大さじ1.5**、**塩少々**を入れ、火にかけてふたをし、煮立ったら弱火で15分ほど煮る。**ゆずの皮のせん切り少々**を加え、ひと煮立ちさせる。　（岩﨑）

手作業 **15分**
- ボリュームあり
- おもてなしに

香味野菜とスパイスで奥行きのある仕上がり

さつまいもとセロリのポタージュ

1人分100kcal　糖質10.1g

材料（4人分）と作り方

1. **さつまいも100g**の皮を厚めにむき、5mm厚さの半月切りにして水にさらし、水けをきる。**セロリの茎、ねぎ各1/2本**を斜め薄切りにし、**セロリの葉少々**はせん切りにする。
2. なべに**バター20g**を熱し、セロリの茎、ねぎ、さつまいもの順に加えていため、**ひたひたの水**、**ローリエ1枚**、**塩小さじ1/2**を加え、いもがやわらかくなるまで煮て、あら熱をとる。
3. ローリエを除き、ミキサーでかくはんする。なべに戻し、**牛乳2/3〜1カップ**を加えて火にかけ、煮立つ直前で火を止め、**塩少々**を振る。器に盛り、セロリの葉をのせ、**カルダモン（粉末）少々**を振る。　　　　　　　　　（上島）

里いも

独特のぬめりとねっとりとした食感を
和洋中さまざまな味つけで楽しみたい

具の約9割が里いも!
ひき肉なしでも大満足の食べごたえ

里いもの和風コロッケ

1人分429kcal 糖質26.5g

手作業15分 ボリュームあり お弁当にも

材料（2人分）と作り方

1. **里いも350g**を皮つきのままよく洗い、半分に切る。耐熱皿にキッチンペーパーを敷き、切り口を下にして並べる。ラップをかけ、電子レンジで6分加熱する。
2. 熱いうちに皮をむいてつぶし、**桜えび5g、青のり小さじ1、しょうゆ小さじ1/2、塩小さじ1/4、こしょう少々**を加えてまぜ合わせる。4等分して丸め、**小麦粉、とき卵、パン粉各適量**を順にまぶす。
3. **揚げ油適量**を170度に熱し、2を入れてカラリと揚げる。油をきって器に盛り、**サラダ菜適量**を添える。　　　（牛尾）

中濃ソースのしっかり味で、
熱々ごはんにぴったり

里いもと豚肉のソースいため

1人分426kcal 糖質33.7g

手作業15分 ボリュームあり お弁当にも

材料（2人分）と作り方

1. **里いも400g**の皮をむいて1.5cm厚さに切り、塩少々を振ってもみ、洗って水けをきる。**豚こまぎれ肉150g**に塩、こしょう各少々を振る。
2. **中濃ソース大さじ3、しょうゆ、酒、みりん各小さじ2、しょうがのすりおろし1かけ分**をまぜる。
3. フライパンに里いもを広げ入れ、豚肉を重ねて**水1/2カップ**を回し入れる。ふたをして火にかけ、8～9分蒸し煮にする。
4. ふたをとって水分をとばし、2を加えて強火でいため、**万能ねぎのざく切り5本分**を加え、さっといためる。　　（市瀬）

栄養

塩分の排出を助けるカリウムが豊富。食物繊維もさつまいもに匹敵する含有量。ぬめり成分には、粘膜の保護や免疫力アップなどの働きが。

見分け方

ほどよい湿りけがあり、重量感があってふっくらとしたものが良品。芽が出ているものや、軽く押さえてみて、ふかふかするものは避ける。

保存方法

乾燥や低温に弱いので、冷蔵保存は避ける。泥がついたまま紙袋に入れて風通しのよい場所におく。洗ったものは、水けをふいてポリ袋に入れ、冷蔵保存する。

VEGETABLE DISH CATALOG

クリームチーズのコクとたらこのうまみで大人気
里いものたらこチーズあえ

1人分134kcal　糖質16.7g

材料（4人分）と作り方

1. 里いも**600g**の皮をむいて一口大に切る。なべに入れ、かぶるくらいの水を加えて火にかけ、煮立ったらゆでこぼしてぬめりを洗い流す。再びかぶるくらいの水を加えて煮立ったら、弱火にして15分ほどゆでる。ざるに上げて熱いうちに**しょうゆ小さじ2**をからめて冷ます。
2. **たらこ40g**の薄皮を除く。
3. **クリームチーズ2個（36g）**をやわらかくして、**2**と**こしょう少々**を加え、味をみて足りなければ**塩少々**を加える。
4. **1**の汁けをきり、**3**であえる。　　　　　（岩﨑）

意外な組み合わせにごまをプラスしたヘルシー仕上げ
里いもとミックスビーンズのサラダ

1人分179kcal　糖質13.5g

材料（4人分）と作り方

1. 里いも小**10個**の皮をむいて5mm厚さの輪切りに、**万能ねぎ30g**を2cm長さに切る。
2. フライパンに**マヨネーズ大さじ2**を熱し、里いもを焼く。両面に焼き色がついて火が通ったらボウルに移し、**ミックスビーンズ200g**、万能ねぎ、**いり黒ごま小さじ2**を加えてまぜ、**塩小さじ1/3**、**こしょう少々**で味をととのえる。　（牛尾）

秋を感じる定番みそ汁を食卓へ
里いもと油揚げのごまみそ汁

1人分85kcal　糖質5.6g

材料（4人分）と作り方

1. 里いも小**2個（120g）**の皮をむいて7〜8mm厚さの輪切りにし、**塩少々**をこすりつけて洗う。**油揚げ1枚**を横半分に切り、縦に1cm幅に切って熱湯をかける。
2. なべに**だし3カップ**を入れて煮立たせ、**1**を加えて7〜8分煮、**みそ大さじ3**をとき入れる。
3. 器に盛り、**すり白ごま適量**を振る。　　　（市瀬）

冬

冬の野菜は寒さから身を守るために、養分をたっぷりと蓄えています。
寒い冬を元気に過ごせるように、滋味豊かな冬野菜を食べましょう

カリフラワー

クセのないほのかな甘みが特徴で、スープなど冬の食卓にぴったり

栄養

ビタミンCの含有量はキャベツの約2倍、しかもでんぷんでおおわれているため加熱しても壊れにくい。ビタミンC、カリウム、鉄なども含まれている。

見分け方

変色のない白色で、つぼみのきめがこまかく、かたく締まってこんもりとしたものが良品。

保存方法

湿らせた新聞紙などで包んでポリ袋に入れ、冷蔵保存する。長く保存するときはゆでて冷凍保存がおすすめ。

手作業 15分　☑ボリュームあり　☑お弁当にも

こんな食べ方もあったんだ！新しいおいしさ♪

カリフラワーのピリ辛そぼろいため

1人分341kcal　糖質6.9g

材料（2人分）と作り方

1. **カリフラワー1個**を小房に分け、さらに2〜3等分に切る。軸は皮を厚くむいて小さめの乱切りにする。
2. フライパンに**ごま油小さじ1**を熱して**1**を入れ、**塩少々**を振ってさっといためる。油がなじんだらふたをし、フライパンを揺すりながら3分ほど蒸し焼きにし、とり出す。
3. 同じフライパンに**ごま油小さじ1**を熱し、**豚ひき肉200g**を入れてポロポロにいため、**豆板醤、にんにくのすりおろし各小さじ1/2**を加えていためる。
4. 香りが立ったら**酒大さじ1.5、砂糖大さじ1/2、しょうゆ小さじ1/2、塩小さじ1/4**を加え、**2**を戻し入れ、いため合わせる。（きじま）

手作業 15分　☑子どもも大好き　☑おもてなしに

ガーリック風味＆ケチャマヨソースが◎！

カリフラワーとガーリックシュリンプのサラダ

1人分134kcal　糖質4.1g

材料（4人分）と作り方

1. **カリフラワー1個**を小房に分けてゆで、ざるに上げて冷ます。**えび200g**の殻、背わたを除き、**塩、こしょう各少々**を振る。
2. フライパンに**オリーブ油小さじ2、にんにくのみじん切り1かけ分**を熱し、えびをいためる。色が変わったら、**トマトケチャップ小さじ1強、カレー粉少々**を加えていため合わせ、冷ます。
3. **マヨネーズ大さじ2、プレーンヨーグルト大さじ1、トマトケチャップ小さじ2、ねりがらし、塩、こしょう各少々**をまぜてソースを作る。
4. 器にカリフラワー、**2**を盛り、**3**を回しかける。（岩﨑）

VEGETABLE DISH CATALOG　190

デパ地下サラダを超えちゃう人気味

カリフラワーとキドニービーンズのサラダ

1人分102kcal　糖質4.3g

材料（4人分）と作り方

1. **カリフラワー小1個**を小房に分け、6～7cm厚さに切る。**ハム2枚**を1cm角に切る。
2. ボウルに**1**、**キドニービーンズ水煮100g**を入れ、**オリーブ油大さじ1、酢小さじ2、カレー粉小さじ1、塩、しょうゆ各小さじ1/2、こしょう少々**を加えてあえる。　（牛尾）

ゆで卵をたっぷり加えてボリュームアップ♥

カリフラワーのタルタルサラダ

1人分183kcal　糖質3.2g

材料（4人分）と作り方

1. **カリフラワー2/3個（200g）** を小房に分け、**塩少々**を加えた熱湯で3分30秒ほどゆでる。ざるに上げて湯をきり、冷ます。**ゆで卵4個**の殻をむき、あらく割る。
2. ボウルに**マヨネーズ大さじ4、レモン汁、ねりがらし各小さじ2、塩、こしょう各少々**をまぜ合わせ、**1**を加えてあえる。器に盛り、あれば**パプリカパウダー適量**を振る。　（市瀬）

植物性のたんぱく質補給もできるホッとする一杯

カリフラワーの豆乳ポタージュ

1人分58kcal　糖質2.6g

材料（4人分）と作り方

1. **カリフラワー200g**を小房に分けて1cm厚さに、**マッシュルーム100g**を半分に切る。
2. なべに**1**、**ひたひたの水、ローリエ1枚**を入れて火にかけ、ふたをして5分ほど煮る。ローリエを除き、ミキサーでかくはんする。
3. なべに戻し、**豆乳（成分無調整）1カップ**を加えて火にかけ、あたたまったら**粉チーズ大さじ2、塩小さじ1**で調味する。器に盛り、**あらびき黒こしょう、オリーブ油各少々**を振る。

（牛尾）

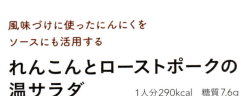

れんこん

冬のれんこんは甘みたっぷり！
切り方や調理法で食感の違いが広がる

栄養

食物繊維をはじめ、ビタミンB群、Cが多く、カリウム、カルシウム、鉄などもバランスよく含まれている。粘り成分ムチンは、のどを保護してかぜ予防に。

見分け方

全体がふっくらとして傷やへこみがないものが良品。カットされたものは、穴の周囲が黒ずんでいないものを選ぶ。

保存方法

ラップで包んで冷蔵保存。まるごとの場合は、キッチンペーパーなどで包んで日の当たらない涼しい場所におく。

手作業 15分 ☑ボリュームあり ☑お弁当にも

**風味づけに使ったにんにくを
ソースにも活用する**

れんこんとローストポークの温サラダ

1人分290kcal　糖質7.6g

材料（4人分）と作り方

1. **れんこん1節**を半月切りにする。**豚肩ロースかたまり肉300g**を3cm厚さに切り、**塩小さじ1/4、こしょう少々**をすり込む。
2. フライパンに**オリーブ油小さじ1、にんにくの薄切り1/2かけ分**を熱し、きつね色になったらとり出す。豚肉を入れて強火で焼き目をつけ、ふたをして弱火で両面を8分ずつ焼いてとり出し、アルミホイルで包んで休ませる。
3. 2のにんにくをみじん切りにし、**オリーブ油大さじ1.5、粒マスタード大さじ1/2、バルサミコ酢、酢各小さじ1、塩、こしょう各少々**とまぜる。
4. フライパンをふいて**オリーブ油小さじ1**を熱し、れんこんをこんがり焼く。器にれんこんと薄切りにした豚肉を盛り、3をかける。　（岩﨑）

手作業 15分 ☑作りおきOK ☑ボリュームあり

**たたいたれんこんの断面から、
うまみがぐんぐんしみていく**

れんこんと豚こまのトマト煮

1人分412kcal　糖質26.9g

材料（2人分）と作り方

1. **れんこん300g**を縦4等分に切ってポリ袋に入れ、めん棒で軽くたたいて一口大に砕く。
2. フライパンに**オリーブ油大さじ1.5**を熱し、**玉ねぎのみじん切り1/4個分、にんにくのみじん切り小さじ2**を入れ、**赤とうがらし1本**を半分にちぎって種ごと入れる。玉ねぎがしんなりするまでいため、**豚こまぎれ肉150g**を加えていため、八分どおり火を通す。
3. 1を加えていため、油がなじんだら、**顆粒スープ小さじ1/3、水1と1/4カップ**、つぶした**トマト缶200g**を加えてひと煮立ちさせ、アクをとる。落としぶたをし、中火で10分ほど煮て**塩、砂糖各小さじ1/2、こしょう少々**を加える。　（小林）

VEGETABLE DISH CATALOG　192

**肉は1人分50gでも、
れんこんでサンドしてボリュームアップ**

れんこんのはさみ揚げあんかけ

1人分287kcal　糖質25.1g

材料（4人分）と作り方

1. れんこん**2節**を24枚の輪切りにする。
2. **豚ひき肉200g**に**酒大さじ1**、**しょうがのすりおろし1かけ分**、**塩小さじ1/4**、**かたくり粉大さじ1/2**を順に加え、そのつどしっかりねりまぜ、12等分する。
3. れんこんに**かたくり粉適量**をまぶし、2枚で**2**をはさみ、外側にもかたくり粉適量をまぶす。同様に12個作る。
4. フライパンに**1.5〜2cm深さの揚げ油**を熱し、**3**を入れて5〜6分揚げ焼きにし、器に盛る。
5. なべに**水1カップ**、**しょうゆ大さじ2.5**、**砂糖、酢各大さじ2**、**赤とうがらしの小口切り1本分**、**かたくり粉大さじ1/2**を入れ、まぜながら煮立て、あんを作り、**4**にかける。　（藤井）

**黒酢特有の風味がしみた
れんこんのおいしさが格別**

肉巻きれんこんの黒酢煮

1人分481kcal　糖質27.6g

材料（2人分）と作り方

1. れんこん**200g**を12等分の半月切りにする。
2. **豚ロース薄切り肉12枚**を用意し、れんこん1切れに豚肉1枚をきつめに巻きつけて**塩少々**を振り、**かたくり粉適量**をまぶす。同様に12個作る。
3. フライパンに**サラダ油大さじ1**を熱し、**2**を並べて焼く。焼き色がついたら上下を返し、2分ほど焼いてとり出す。
4. フライパンの油をふき、**黒酢大さじ3**、**しょうゆ大さじ2**、**砂糖大さじ1**、**水大さじ5**を入れて煮立て、**3**を戻し入れて2分ほど煮る。**かたくり粉大さじ1/2**を**水大さじ1**でといて加え、まぜながらとろみをつけ、ひと煮立ちさせる。器に盛り、好みで**香菜適量**を添える。　（きじま）

にんにくの香りをアクセントに、ごはんがすすむ照り焼き味

れんこんの甘辛焼き

1人分109kcal　糖質15.6g

手作業 7分　☑ +もう1品に　☑ おつまみにも

材料（4人分）と作り方

1. **れんこん約300g**を1cm厚さの輪切りにする。太ければ半月切りにする。
2. フライパンに**サラダ油大さじ1、にんにくの薄切り1かけ分**を入れて熱し、香りが立ったら**1**を焼く。両面をこんがりと焼いたら**しょうゆ、みりん各大さじ2**を加えてからめる。
3. 器に盛り、**万能ねぎの小口切り適量**を散らす。　　（牛尾）

れんこんの食感を引き立てる梅肉入りの甘酢が◎

れんこんとひじきの梅甘酢あえ

1人分51kcal　糖質9.3g

手作業 7分　☑ 低カロリー　☑ 食物繊維補給に

材料（4人分）と作り方

1. **れんこん1節（200g）**を半月切りにし、酢水にさらす。
2. **芽ひじき10g**を水でもどし、洗う。**ピーマン3個**を細切りにする。
3. なべに湯を沸かし、**1**の水けをきって入れる。1分ほどして煮立ったら**2**を加えて20秒ほどゆで、ざるに上げて湯をきり、あら熱をとる。
4. **梅干し大2個**の種を除いて刻み、**酢、しょうゆ各大さじ1、砂糖小さじ1**とまぜ、**3**をあえる。　　（牛尾）

野菜不足もこれ1品で解消できるヘルシーサラダ

れんこんとわかめのサラダ

1人分134kcal　糖質7.4g

手作業 7分　☑ 食物繊維補給に　☑ +もう1品に

材料（4人分）と作り方

1. **れんこん150g**を縦半分に切り、薄い半月切りにする。さっと洗い、**塩、酢各少々**を入れた熱湯で透き通るまでゆで、ざるに上げて冷ます。
2. **塩蔵わかめ50g**をさっと洗い、たっぷりの水に5分ほどひたして水けをしぼり、食べやすく切る。
3. **レタス200g**を1cm幅に切り、器に盛る。
4. ボウルに**1、2**を入れ、**フレンチドレッシング（市販）1/2カップ**であえ、**3**にのせる。　　（大庭）

卵の衣をからめてこんがり焼くだけの簡単レシピ

れんこんピカタ

1人分110kcal　糖質7.4g

手作業 7分　☑お弁当にも　☑子どもも大好き

材料（4人分）と作り方

1. **れんこん1節**を薄い半月切りにし、**酢少々**を加えた水に5分ほどさらし、水けをふく。
2. **卵2個**を割りほぐし、**削り節5g**、**塩小さじ1/4**をまぜ合わせる。
3. **1**に**小麦粉少々**を薄くまぶし、**2**にくぐらせる。
4. フライパンに**サラダ油大さじ1〜2**を入れて弱めの中火で熱し、**3**を並べ入れて、両面1分ずつ焼く。　　　　　　（夏梅）

シャキシャキの食感を味わうなら甘酢漬けがいちばん！

れんこんとにんじんの甘酢漬け

1人分73kcal　糖質16.4g

手作業 7分　☑作りおきOK　☑＋もう1品に

材料（4人分）と作り方

1. **れんこん1節**を薄い半月切りに、**にんじん1/6本**を3cm長さの細切りにする。
2. たっぷりの熱湯で**1**をさっとゆで、ざるに上げて湯をきる。
3. バットに**砂糖大さじ4**、**酢大さじ3**、**塩小さじ1/3**をまぜ合わせ、**2**が熱いうちに加えてなじませる。　　（市瀬）

れんこんとかたくり粉のとろみで温活メニュー

おろしれんこんとしいたけのとろみ汁

1人分25kcal　糖質4.1g

手作業 7分　☑低カロリー　☑子どもも大好き

材料（4人分）と作り方

1. **れんこん100g**をすりおろし、水けを軽くきる。**しいたけ2個**をいちょう切りにする。
2. なべに**だし3カップ**を入れて煮立て、**しょうゆ、塩各小さじ1/2**、**1**を入れる。再び煮立ったら**かたくり粉小さじ1**を倍量の水でといて加え、ひと煮立ちさせてとろみをつける。（岩崎）

しゅんぎく

香りがよく葉もやわらか。アクが少ないので、下ゆでせずに使える

| 手作業 7分 | ☑ 低カロリー ☑ 糖質オフ |

だしの風味と鮭缶のうまみがしみたやさしい味わい

しゅんぎくと焼きどうふ、鮭缶のみそ煮

1人分127kcal　糖質2.3g

材料（4人分）と作り方

1. **しゅんぎく250g**を4〜5cm長さに、**焼きどうふ250g**を一口大に切る。
2. なべに**鮭缶（水煮）小2缶（90g）**を缶汁ごと入れ、**だし2カップ**を加えて火にかけて焼きどうふを加える。煮立ったら**みそ大さじ2**をとき入れ、しゅんぎくを加えて2〜3分煮る。
3. しゅんぎくがしんなりしたら煮汁ごと器に盛る。
(検見﨑)

| 手作業 15分 | ☑ ボリュームあり ☑ お弁当にも |

しゅんぎくのさわやかな香りがフワッと漂う

しゅんぎくとむきえびのフリッター

1人分382kcal　糖質19.4g

材料（4人分）と作り方

1. **しゅんぎく100g**を3cm長さのざく切りに、**玉ねぎ小1個**を薄切りにする。**むきえび250g**の背わたをとる。
2. ボウルに**1**を入れ、**小麦粉大さじ1**を加えてまぶす。
3. 別のボウルに**卵白1個分**を泡立て、**小麦粉75g、かたくり粉大さじ1/2、ベーキングパウダー小さじ1、水1/2カップ、サラダ油大さじ1**を加え、さっくりとまぜる。
4. **2**を適量ずつとって**3**にくぐらせ、170度に熱した**揚げ油適量**で揚げる。油をきって器に盛り、**レモンのくし形切り1/2個分、塩適量**を添える。
(牛尾)

栄養
β-カロテン、ビタミンB₂、C、E、カルシウム、鉄、食物繊維が豊富。香り成分には食欲増進、消化促進などの効果があるといわれている。

見分け方
葉が鮮やかな緑色で、みずみずしく香りが強いものが新鮮。葉が根元まで密集しているものを選ぶ。

保存方法
水で軽く湿らせたキッチンペーパーなどで包み、ポリ袋に入れて冷蔵保存する。日もちがしないので1〜2日で使いきりたい。

VEGETABLE DISH CATALOG　196

葉と茎に分けて、時間差で加熱するのがおいしさのポイント
しゅんぎくとむきえびのごま油いため

1人分146kcal　糖質1.5g

材料（2人分）と作り方

1. しゅんぎく200gの葉をつみとり、茎は4cm長さに切る。
2. フライパンにごま油大さじ1/2を熱し、むきえび200gを入れて塩、こしょう各少々を振ってさっといためる。全体が白っぽくなったら1の茎を加えていためる。
3. 茎がしんなりしたら葉を加えてさっといため、酒大さじ1、しょうゆ小さじ1、塩小さじ1/4で調味し、桜えび7〜8gをまぜてひといためする。（きじま）

しゅんぎくと水菜をダブルで使っておいしいソースで
しゅんぎくと水菜のベーコンソース

1人分148kcal　糖質0.8g

材料（4人分）と作り方

1. しゅんぎく1袋の葉をつみ（正味80g）、水菜100gを3〜4cm長さに切る。
2. 1を合わせて冷水にさらし、パリッとしたら水けをきり、器に盛る。
3. フライパンにオリーブ油大さじ2、ベーコンの細切り80gを入れ、弱火でカリカリになるまでいためる。酢大さじ2、塩小さじ1/3、こしょう少々をまぜてソースを作り、2にかける。（大庭）

しゅんぎくの風味をシンプルに味わうヘルシー小鉢
しゅんぎくとわかめのおひたし

1人分20kcal　糖質0.9g

材料（4人分）と作り方

1. しゅんぎく1束を葉と茎に分け、たっぷりの熱湯に茎を入れ、少しおいて葉を加えてゆでる。水にとって水けをしぼり、茎は3cm長さ、葉は食べやすい長さに切る。
2. カットわかめ10gをたっぷりの水に3分ほどひたしてもどし、水けをしぼる。
3. ボウルにだし1/2カップ、しょうゆ大さじ1を合わせ、大さじ2をとって1に回しかけ、軽くしぼる。
4. 3のボウルに1、2を加えてあえる。（藤井）

野菜売り場で大人気
赤い野菜で食卓に簡単アクセント

赤キャベツや赤玉ねぎ、赤大根やビーツなど、鮮やかな色合いで食卓を明るく彩ってくれる〝赤い野菜〟。料理の腕が上がった気分にもなれるので、特徴を押さえてトライしてみて。

赤大根

皮が赤く中心が白い「紅大根」や、皮が緑色または白色で中心が赤い「紅芯大根」など、品種や産地によって多くの種類があります。いずれも酢やかんきつ果汁と合わせることで色が鮮やかに。辛みがマイルドなので、生のままサラダやマリネ、浅漬けなどにぴったり。赤色の色素は抗酸化作用のあるアントシアニンです。

★こんな料理に！
生で利用してみずみずしい食感を楽しむのがいちばん。マリネをはじめ、サラダや浅漬けにぴったり。酢やかんきつ果汁を加えないと赤と白のコントラストがキープされ、加えると全体的にピンクがかって、鮮やかに。

手作業 **7**分

グレープフルーツと組み合わせてさわやかに味わう
赤大根とグレープフルーツのマリネ
1人分61kcal　糖質12.2g

材料（4人分）と作り方

1. 赤大根150gを皮ごと薄切りにし、塩小さじ1/3をまぶし、水けをしぼる。玉ねぎの薄切り1/2個分を水にさらして水けをきる。
2. グレープフルーツ1個の果肉をとり出し、残った薄皮をしぼって果汁大さじ3をとる。
3. 2の果汁、塩小さじ2/3、はちみつ大さじ1、こしょう少々をまぜ、2の果肉をまぜ、1をあえる。10分以上おいて味をなじませる。　　　　　　　　　　　　　（上島）

赤玉ねぎ

玉ねぎよりも辛みや刺激臭が少なく、ほのかな甘みとみずみずしい食感が特徴。加熱すると、鮮やかな赤色が落ちて見た目が残念なことに。玉ねぎにも含まれる硫化アリルなどの栄養成分に加え、アントシアニンも摂取できます。

★こんな料理に！
薄くスライスして生のままサラダに加えたり、ピクルスやマリネ、酢漬けにしたり、生食が◎。塩もみして水けをしぼった大根やかぶに、赤玉ねぎを薄切りにして加えるだけで、風味＆色合いがアップします。

ビーツ

濃い赤紫色と独特の甘みが特徴で、ロシア料理「ボルシチ」には欠かせない野菜。〝食べる輸血〟といわれるほど鉄分や葉酸などのミネラルが豊富です。煮込み料理以外に使う場合は、小さく刻むかまるごとゆでてから皮をむいて利用します。スライスして水煮した缶詰も便利。

★ビーツのゆで方
塩少々を加えた水に皮つきのまままるごと入れて火にかけ、煮立ったら火を弱めて10〜15分ゆで、そのまま冷まし、あら熱がとれたら皮をむく。使い残した分は冷ましてからラップで包み、冷蔵保存し、早めに使いきる。

★こんな料理に！
豚肉や玉ねぎと合わせた煮込み料理はもちろん、ゆでたビーツをゆで卵やチーズと合わせてサラダにしたり、ミキサーでかくはんしてスープにしたり。鮮やかな赤色を活用してマフィンやドーナツの生地にまぜ込むなどスイーツにも◎。

赤キャベツ

抗酸化作用のある色素・アントシアニンが含まれ、紫キャベツとも呼ばれています。ビタミンCやカロテンなどはふつうのキャベツより豊富ですが、水にとけ出しやすいので、水にさらしすぎないように注意。酢と合わせると、紫色が鮮やかな赤色に変わります。

★こんな料理に！
美しい色を生かしてサラダや酢漬けなどにおすすめ。煮物に利用するときは、レモンや酢を加えて煮るときれいな色に仕上がります。

手作業 **7**分

レモンの酸で紫色がきれいに発色！

赤キャベツとベーコンのレモン煮

1人分107kcal　糖質6.1g

材料（4人分）と作り方

1. **赤キャベツ550g**を1cm幅に、**ベーコン3枚**を2〜3cm幅に切る。**レモンの輪切り2枚**をさらに半分に切る。
2. なべに1、**水1/2カップ、レモン汁大さじ1.5、オリーブ油小さじ2、固形スープ1/4個、塩小さじ1/2、こしょう少々**を入れて火にかける。煮立ったら弱火にし、15分ほど煮る。　　（岩﨑）

里いもの和風コロッケ・・・・・・・・・・・188
▶長いも
せん切り長いものカレーしょうゆかけ・・・149
たたき長いもともずくの梅酢がけ・・・・・150
長いもと厚揚げのエスニックトマト煮・・・149
長いもとオクラのレモンじょうゆ漬け・・・151
長いもとまぐろのユッケ風・・・・・・・・・149
長いもとろろみそ汁・・・・・・・・・・・151
長いもの納豆あえ・・・・・・・・・・・・150
長いもの豚肉巻きフライ・・・・・・・・・148
長いものポン酢焼き・・・・・・・・・・・151
長いもの明太フワフワ焼き・・・・・・・・148
フライド長いも・・・・・・・・・・・・・150
焼きねぎと長いもの
　　ブルーチーズソース・・・・・・・・・94

【 きのこ 】
アボカドと鶏ささ身のにんにくいため・・・124
いんげんとエリンギの
　　チーズしょうゆいため・・・・・・・146
えのき入り豚肉の一口つくね焼き・・・・・66
えのきとオクラのみそ汁・・・・・・・・・73
えのきときくらげの中華スープ・・・・・・72
えのきとめかぶの簡単酢の物・・・・・・・71
えのきのカレーミルクスープ・・・・・・・72
えのきの肉巻き照り焼き・・・・・・・・・67
えのきもずく・・・・・・・・・・・・・・71
えのきレモンバター・・・・・・・・・・・69
エリンギとにんじんのおかかきんぴら・・・70
オクラのなめたけあえ・・・・・・・・・145
おろしれんこんとしいたけのとろみ汁・・・195
カリフラワーの豆乳ポタージュ・・・・・・191
きのこ3種のオイル蒸し・・・・・・・・・69
きのことかじきのトマトマリネ・・・・・・66
きのことマカロニのパセリマヨサラダ・・・68
きのこの梅おかかあえ・・・・・・・・・・72
きのこのとろ〜りかき玉汁・・・・・・・・73
きのこのレモンマリネ・・・・・・・・・・71
きゅうりとしいたけのマヨ白あえ・・・・・76
小松菜ときくらげの卵いため・・・・・・111
ささがきごぼうとなめこのみそ汁・・・・・103
しいたけの粉チーズ焼き・・・・・・・・・70
しめじと糸こんにゃくのごまいため・・・・70
しめじとはるさめのオイスターソース煮・・・68
じゃがいもとしいたけのミルクスープ・・・53
そら豆とマッシュルームのアヒージョ・・・174
チンゲンサイときくらげの卵いため・・・120
チンゲンサイときくらげ、
　　ゆでえびのごま酢あえ・・・・・・・120
チンゲンサイとちくわの塩いため・・・・・120
豆苗ときくらげ、いり卵のサラダ・・・・・134
にんじんと小松菜、しめじの煮物・・・・・22
ピーマンとしめじのバターみそいため・・・98
ほうれんそうときのこの
　　粒マスタードあえ・・・・・・・・・64

ほうれんそうとまいたけの中華いため・・・62
ほうれんそうのなめたけあえ・・・・・・・65
マッシュルームと豚肉のクリーム煮・・・・67
マッシュルームのガーリックソテー・・・・69
ミックスきのこのバルサミコソテー・・・・68
もやしときのこのホイル蒸し焼き・・・・・89
焼きまいたけのお吸い物・・・・・・・・・73
ゆでキャベツとしめじのサーモンサラダ・・・14

【 果実・木の実・ハーブ 】
▶アボカド
アボカドとえびのアヒージョ・・・・・・・124
アボカドと鶏ささ身のにんにくいため・・・124
アボカドとミニトマトのパン粉焼き・・・・125
アボカドのチーズ焼き・・・・・・・・・125
アボカドポテトサラダ・・・・・・・・・・51
きゅうりと豚しゃぶのエスニックサラダ・・74
小松菜とアボカドの
　　オリーブじょうゆあえ・・・・・・・112
冷製アボカド豆乳スープ・・・・・・・・125
▶レモン
赤キャベツとベーコンのレモン煮・・・・・199
えのきレモンバター・・・・・・・・・・・69
きのこのレモンマリネ・・・・・・・・・・71
長いもとオクラのレモンじょうゆ漬け・・・151
にんじんとセロリのレモンドレッシング・・・21
パプリカ&レモンのせ かじきのソテー・・・132
もやしと豚バラ肉のレモン包み焼き・・・・87
▶グレープフルーツ・りんご・レーズン
赤大根とグレープフルーツのマリネ・・・・198
さつまいもとレーズンの
　　ヨーグルトあえ・・・・・・・・・・187
新玉ねぎとグレープフルーツ、
　　サーモンのサラダ・・・・・・・・・35
大根とりんごのマリネ・・・・・・・・・・31
▶くるみ・ピーナツ
ほうれんそうとくるみのソテー・・・・・・62
ほうれんそうのくるみあえ・・・・・・・・63
焼きたけのことグリーンピースの
　　ピーナッツあえ・・・・・・・・・・171
ルッコラとくるみのサラダ・・・・・・・163
▶ハーブ
トマトととうふのカプレーゼ・・・・・・・41
トマトと豚肉のバジルいため・・・・・・・38
トマトのバジルマリネ・・・・・・・・・・43
にんじんと鶏肉のハーブ蒸し焼き・・・・・19
にんじんと生ハムのバジルドレッシング・・・21
にんじんのホイル焼き
　　ローズマリー風味・・・・・・・・・22

【 海藻 】
えのきとめかぶの簡単酢の物・・・・・・・71
えのきもずく・・・・・・・・・・・・・・71

オクラとトマトのもずくサラダ・・・・・・144
切り込み大根とわかめの塩もみ・・・・・・30
ごぼうとひじきのファイバーサラダ・・・・101
小松菜ともみのりのからしあえ・・・・・・113
塩こぶトマト・・・・・・・・・・・・・・43
しゅんぎくとわかめのおひたし・・・・・・197
たたき長いもともずくの梅酢がけ・・・・・150
ちぎりキャベツと焼きのりのサラダ・・・・16
豆苗とクリームチーズの磯辺あえ・・・・・135
トマトとわかめの酢じょうゆあえ・・・・・42
白菜と鶏ひき肉の塩こぶいため・・・・・・55
白菜とひじきの梅ドレサラダ・・・・・・・57
ほうれんそうと韓国のりの温玉あえ・・・・63
もやしとひじき、ちくわのマヨあえ・・・・90
もやしとわかめのスープ・・・・・・・・・91
もやしのめかぶあえ・・・・・・・・・・・91
みょうがともずくのみそ汁・・・・・・・183
れんこんとひじきの梅甘酢あえ・・・・・・194
れんこんとわかめのサラダ・・・・・・・194
わけぎと鶏ささ身の塩こぶあえ・・・・・・160

【 豆・穀類・その他 】
▶豆
いり大豆入りコールスローサラダ・・・・・15
かぼちゃのいとこ煮・・・・・・・・・・・84
カリフラワーと
　　キドニービーンズのサラダ・・・・・191
里いもとミックスビーンズのサラダ・・・・189
ブロッコリーと豆のホットサラダ・・・・・79
▶穀類
きのことマカロニのパセリマヨサラダ・・・68
スナップえんどうと
　　ショートパスタのスープ・・・・・・141
せりと鶏肉のもち麦スープ・・・・・・・161
▶はるさめ
小松菜と牛ひき肉のチャプチェ・・・・・・111
しめじとはるさめのオイスターソース煮・・・68
トマトとザーサイのはるさめスープ・・・・44
白菜たっぷりはるさめスープ・・・・・・・59
春キャベツの豚ひき肉のそぼろかけ・・・・15
ブロッコリーとはるさめの中華いため・・・78
▶こんにゃく・しらたき
しめじと糸こんにゃくのごまいため・・・・70
大根とこんにゃくのオイスター煮・・・・・29
にんじんとしらたきのそぼろいため・・・・20
にんじんとしらたきの明太子いため・・・・20
ほうれんそうとしらたきのたらこ酢あえ・・・63

▶みょうが
いためきゅうりとあじのおかずサラダ ‥‥ 74
みょうがともずくのみそ汁 ‥‥‥‥‥‥ 183
みょうがの甘酢漬け ‥‥‥‥‥‥‥‥‥ 183
みょうがの卵とじスープ ‥‥‥‥‥‥‥ 183
▶もやし
ゴーヤーチャンプルー ‥‥‥‥‥‥‥‥ 176
ジャージャーもやし ‥‥‥‥‥‥‥‥‥ 87
大豆もやしのナムル ‥‥‥‥‥‥‥‥‥ 91
豚肉のねぎ塩のっけ ‥‥‥‥‥‥‥‥‥ 92
水菜ともやしの中華サラダ ‥‥‥‥‥‥ 137
もやし入り鶏つくね焼き ‥‥‥‥‥‥‥ 88
もやしとあさりのにらキムチいため ‥‥ 89
もやしと厚揚げのガドガド風サラダ ‥‥ 89
もやしときのこのホイル蒸し焼き ‥‥‥ 89
もやしと牛肉の
　マヨカレーしょうゆいため ‥‥‥‥‥ 88
もやしとチンゲンサイのザーサイナムル ‥ 90
もやしと豆苗の桜えびいため ‥‥‥‥‥ 90
もやしとひじき、ちくわのマヨあえ ‥‥ 90
もやしと豚肉のカレーいため ‥‥‥‥‥ 86
もやしと豚バラ肉のレモン包み焼き ‥‥ 87
もやしとわかめのスープ ‥‥‥‥‥‥‥ 91
もやし肉だんごのケチャップ煮 ‥‥‥‥ 86
もやしのめかぶあえ ‥‥‥‥‥‥‥‥‥ 91
▶モロヘイヤ
モロヘイヤスープ ‥‥‥‥‥‥‥‥‥‥ 158
モロヘイヤとオクラの和風ガスパチョ ‥ 158
▶ルッコラ
ごぼうのバルサミコきんぴらと
　ルッコラのサラダ ‥‥‥‥‥‥‥‥‥ 102
ルッコラ&さばソテーのサラダ ‥‥‥‥ 163
ルッコラとくるみのサラダ ‥‥‥‥‥‥ 163
▶レタス
スモークサーモンのレタス巻き ‥‥‥‥ 152
レタスと牛肉の
　オイスターソースいため ‥‥‥‥‥‥ 153
ルッコラとくるみのサラダ ‥‥‥‥‥‥ 163
レタスとちくわのさっと煮 ‥‥‥‥‥‥ 153
レタスのジンジャースープ ‥‥‥‥‥‥ 153
レタスのひき肉のせサラダ ‥‥‥‥‥‥ 152
▶れんこん
おろしれんこんとしいたけのとろみ汁 ‥ 195
チンゲンサイとれんこんの
　黒こしょういため ‥‥‥‥‥‥‥‥‥ 121
肉巻きれんこんの黒酢煮 ‥‥‥‥‥‥‥ 193
れんこんとにんじんの甘酢漬け ‥‥‥‥ 195
れんこんとひじきの梅甘酢あえ ‥‥‥‥ 194
れんこんと豚こまのトマト煮 ‥‥‥‥‥ 192
れんこんとローストポークの
　温サラダ ‥‥‥‥‥‥‥‥‥‥‥‥‥ 192
れんこんとわかめのサラダ ‥‥‥‥‥‥ 194
れんこんの甘辛焼き ‥‥‥‥‥‥‥‥‥ 194
れんこんのはさみ揚げあんかけ ‥‥‥‥ 193

れんこんピカタ ‥‥‥‥‥‥‥‥‥‥‥ 195
焼きブロッコリーとれんこんの
　ガーリックマリネ ‥‥‥‥‥‥‥‥‥ 80
▶わけぎ
絹さやと厚揚げのチャンプルー風 ‥‥‥ 154
トマトとわけぎの冷たいお吸い物 ‥‥‥ 45
春キャベツと蒸し鶏の和風サラダ ‥‥‥ 11
わけぎと油揚げのみそ汁 ‥‥‥‥‥‥‥ 160
わけぎとたこのぬた ‥‥‥‥‥‥‥‥‥ 160
わけぎと鶏ささ身の塩こぶあえ ‥‥‥‥ 160

【 野菜加工品 】
▶甘酢しょうが
浅漬けガリ白菜 ‥‥‥‥‥‥‥‥‥‥‥ 58
▶梅干し
貝割れ菜の梅すまし汁 ‥‥‥‥‥‥‥‥ 165
きのこの梅おかかあえ ‥‥‥‥‥‥‥‥ 72
ごぼうと鶏手羽元の梅煮 ‥‥‥‥‥‥‥ 100
塩もみゴーヤーの梅オイルあえ ‥‥‥‥ 178
ししとうの梅びたし ‥‥‥‥‥‥‥‥‥ 156
大根の葉の梅おかかあえ ‥‥‥‥‥‥‥ 33
たたき長いもともずくの梅酢がけ ‥‥‥ 150
白菜とひじきの梅ドレサラダ ‥‥‥‥‥ 57
万能ねぎの梅おかかあえ ‥‥‥‥‥‥‥ 165
水菜といかそうめんの梅あえ ‥‥‥‥‥ 137
れんこんとひじきの梅甘酢あえ ‥‥‥‥ 194
▶キムチ
小松菜と豚バラ肉のキムチ煮 ‥‥‥‥‥ 110
新玉キムチ ‥‥‥‥‥‥‥‥‥‥‥‥‥ 37
菜の花といかのキムチいため ‥‥‥‥‥ 168
にんにくの茎とキムチのスープ ‥‥‥‥ 157
ピーマンとたこのキムチあえ ‥‥‥‥‥ 98
もやしとあさりのにらキムチいため ‥‥ 89
焼きピーマンのキムチみそあえ ‥‥‥‥ 99
▶ザーサイ
揚げいんげんのザーサイあえ ‥‥‥‥‥ 147
オクラザーサイやっこ ‥‥‥‥‥‥‥‥ 145
じゃがいものザーサイあえ ‥‥‥‥‥‥ 52
大根のザーサイあえ ‥‥‥‥‥‥‥‥‥ 30
トマトとザーサイのはるさめスープ ‥‥ 44
もやしとチンゲンサイのザーサイナムル ‥ 90
▶高菜漬け
大根と豚肉の高菜いため ‥‥‥‥‥‥‥ 28
▶ピクルス
トマトとゆで卵、ピクルスのサラダ ‥‥ 40
▶トマト缶
長いもと厚揚げのエスニックトマト煮 ‥ 149
ほうれんそうといわし缶の
　ピリ辛トマト煮 ‥‥‥‥‥‥‥‥‥‥ 60
れんこんと豚こまのトマト煮 ‥‥‥‥‥ 192
▶コーン缶
キャベツとコーンの塩いため ‥‥‥‥‥ 13

塩バター肉じゃが ‥‥‥‥‥‥‥‥‥‥ 46
菜の花の明太子サラダ ‥‥‥‥‥‥‥‥ 169
にんじんとコーンのホイル焼き ‥‥‥‥ 22
にんじんとひき肉のコーンクリーム煮 ‥ 18
ほうれんそうとコーンのごまあえ ‥‥‥ 62
ほうれんそうとじゃがいもの
　ミルクスープ ‥‥‥‥‥‥‥‥‥‥‥ 65
▶グリーンピース缶
新じゃがのカレー煮っころがし ‥‥‥‥ 49

【 いも 】
▶じゃがいも
アボカドポテトサラダ ‥‥‥‥‥‥‥‥ 51
いかじゃが ‥‥‥‥‥‥‥‥‥‥‥‥‥ 48
塩バター肉じゃが ‥‥‥‥‥‥‥‥‥‥ 46
じゃがいもとえびの粉チーズいため ‥‥ 47
じゃがいもとグリーンピースの
　塩バター煮 ‥‥‥‥‥‥‥‥‥‥‥‥ 49
じゃがいもとしいたけのミルクスープ ‥ 53
じゃがいもとソーセージの
　ケチャップいため ‥‥‥‥‥‥‥‥‥ 50
じゃがいもと鶏ささ身の
　エスニックサラダ ‥‥‥‥‥‥‥‥‥ 50
じゃがいもとにらのスープ ‥‥‥‥‥‥ 53
じゃがいもとブロッコリーのクリーム煮 ‥ 49
じゃがいものザーサイあえ ‥‥‥‥‥‥ 52
じゃがいものラペ ‥‥‥‥‥‥‥‥‥‥ 52
シャキシャキ和風タラモサラダ ‥‥‥‥ 52
新じゃがとそら豆のエッグサラダ ‥‥‥ 48
新じゃがと手羽先の韓国風煮物 ‥‥‥‥ 47
新じゃがのカレー煮っころがし ‥‥‥‥ 49
スナップえんどうとあさりのサラダ ‥‥ 140
すりおろしじゃがいもの豆乳スープ ‥‥ 53
中華風ポテトサラダ ‥‥‥‥‥‥‥‥‥ 51
豆苗とじゃがいものにんにくいため ‥‥ 134
ブロッコリーとポテトのミルクスープ ‥ 81
ベーコン入りポテトサラダ ‥‥‥‥‥‥ 51
ほうれんそうとじゃがいもの
　ミルクスープ ‥‥‥‥‥‥‥‥‥‥‥ 65
細切りじゃがいものマヨグラタン ‥‥‥ 50
ポテトの油揚げ コロッケ風 ‥‥‥‥‥ 46
▶さつまいも
さつまいもと牛こまの肉じゃが風 ‥‥‥ 186
さつまいもとセロリのポタージュ ‥‥‥ 187
さつまいもとベーコンの
　バターじょうゆいため ‥‥‥‥‥‥‥ 186
さつまいもとレーズンの
　ヨーグルトあえ ‥‥‥‥‥‥‥‥‥‥ 187
さつまいものゆずはちみつ煮 ‥‥‥‥‥ 187
▶里いも
里いもと油揚げのごまみそ汁 ‥‥‥‥‥ 189
里いもと豚肉のソースいため ‥‥‥‥‥ 188
里いもとミックスビーンズのサラダ ‥‥ 189
里いものたらこチーズあえ ‥‥‥‥‥‥ 189

| ゴーヤーとにんじんのきんぴら風 …… 178
| 小松菜と牛ひき肉のチャプチェ …… 111
| 小松菜とハムの煮びたし …… 112
| 塩バター肉じゃが …… 46
| せん切りにんじんのスープ …… 25
| 大根と鶏もも肉のクリームなべ …… 26
| 大根と冬野菜のミックスピクルス …… 31
| たけのこのギリシャ風マリネ …… 171
| にんじんとコーンのホイル焼き …… 22
| にんじんと小松菜、しめじの煮物 …… 22
| にんじんとしらす干しのサラダ …… 23
| にんじんとしらたきのそぼろいため …… 20
| にんじんとしらたきの明太子いため …… 20
| にんじんとセロリのレモンドレッシング …… 21
| にんじんとソーセージのソースいため …… 20
| にんじんととうふの中華風あえ …… 23
| にんじんととうふのポタージュ …… 24
| にんじんと鶏肉のハーブ蒸し焼き …… 19
| にんじんと生ハムのバジルドレッシング …… 21
| にんじんとひき肉のコーンクリーム煮 …… 18
| にんじんと豚こまのチヂミ …… 19
| にんじんとブロッコリーのごまみそ汁 …… 25
| にんじんと細切り牛肉のかき揚げ …… 18
| にんじんのきんぴら …… 23
| にんじんのチーズ白あえ風 …… 24
| にんじんの煮びたし …… 21
| にんじんのホイル焼き
　　ローズマリー風味 …… 22
| にんじんのみそ味しりしり風 …… 24
| フレッシュトマトのミネストローネ …… 45
| れんこんとにんじんの甘酢漬け …… 195

▶にんにく
アスパラガスとえびのペペロンチーノ …… 128
アスパラガスのガーリックソテー …… 129
アボカドとえびのアヒージョ …… 124
アボカドと鶏ささ身のにんにくいため …… 124
いんげんのガーリック焼き …… 147
カリフラワーと
　ガーリックシュリンプのサラダ …… 190
ズッキーニのにんにく風味焼き …… 131
大根のペペロンチーノいため …… 29
チンゲンサイのにんにくいため …… 121
豆苗とじゃがいものにんにくいため …… 134
にんにくのアンチョビーソース …… 166
マッシュルームのガーリックソテー …… 69
焼きブロッコリーとれんこんの
　ガーリックマリネ …… 80

▶にんにくの茎
にんにくの茎と厚揚げの
　中華風トマトいため …… 157
にんにくの茎とキムチのスープ …… 157

▶ねぎ
かぶの中華風すり流しスープ …… 117
さつまいもとセロリのポタージュ …… 187
チンゲンサイとボイルほたての
　中華風煮物 …… 119

ねぎ塩ごまの中華風スープ …… 95
ねぎ塩のせとうふ …… 95
ねぎといわしのマリネサラダ …… 93
ねぎとかにかまの簡単スープ …… 95
ねぎとじゃこの卵いため …… 93
ねぎと鶏肉のねぎま風オーブン焼き …… 92
ねぎとブロッコリーのスープ煮 …… 94
ねぎの生ハム巻き …… 93
ねぎのマリネ …… 94
白菜と豚バラ肉のとろとろスープ …… 59
豚肉のねぎ塩のっけ …… 92
焼きねぎと長いものブルーチーズソース …… 94

▶白菜
浅漬けガリ白菜 …… 58
白菜たっぷりはるさめスープ …… 59
白菜とえびの中華風ミルク煮 …… 54
白菜と桜えびの豆乳スープ …… 59
白菜とささ身の中華あえ …… 56
白菜とじゃこの和風サラダ …… 57
白菜とツナのマスタード蒸し煮 …… 56
白菜と鶏肉、とうふの白湯なべ …… 55
白菜と鶏ひき肉の塩こぶいため …… 55
白菜とひじきの梅ドレサラダ …… 57
白菜と豚バラ肉のとろとろスープ …… 59
白菜と豚バラ肉のはさみ焼き …… 54
白菜と焼き鮭の
　しょうがドレッシングサラダ …… 56
白菜の簡単水キムチ …… 58
白菜のシーザーサラダ …… 57
ほうれんそうと白菜の
　カリカリじゃこサラダ …… 61
ラーパーツァイ …… 58

▶パプリカ
ゴーヤーと豚肉のみそいため …… 177
大根と鶏もも肉のクリームなべ …… 26
なすとパプリカのいためマリネ …… 106
パプリカ＆レモンのせ かじきのソテー …… 132
パプリカのカポナータ風 …… 132
パプリカの甘酢いため …… 133
パプリカのたらこチーズあえ …… 133
パプリカの生ハム巻き …… 133

▶万能ねぎ
万能ねぎの梅おかかあえ …… 165

▶ピーマン
キャベツと厚揚げのホイコーロー風 …… 10
しらすピーマン …… 99
チンジャオロースー …… 96
とうがんと豚肉の
　オイスターソースいため …… 184
ピーマンとしめじのバターみそいため …… 98
ピーマンとたこのキムチあえ …… 97
ピーマンとなす、豚肉の甘辛みそいため …… 97
ピーマンの肉詰め煮込み …… 96
まるまるピーマンと豚バラ肉のいため煮 …… 97
焼きピーマンとちくわのからしあえ …… 98
焼きピーマンのキムチみそあえ …… 99

ゆでピーマンのマヨネーズあえ …… 99

▶ふき
ふきのナムル …… 172
ふきのみそおかかいため …… 172

▶ブロッコリー
じゃがいもとしいたけのミルクスープ …… 53
じゃがいもとブロッコリーのクリーム煮 …… 49
にんじんとブロッコリーのごまみそ汁 …… 25
ねぎとブロッコリーのスープ煮 …… 94
ブロッコリーとアスパラの豆乳みそかけ …… 81
ブロッコリーとハムの卵グラタン …… 78
ブロッコリーとはるさめの中華いため …… 78
ブロッコリーとポテトのミルクスープ …… 81
ブロッコリーと豆のホットサラダ …… 79
ブロッコリーのオイル蒸し …… 80
ブロッコリーのごまチーズあえ …… 80
ブロッコリーのチーズみそ汁 …… 81
ブロッコリーミートボール …… 79
焼きブロッコリーとれんこんの
　ガーリックマリネ …… 80

▶ほうれんそう
ほうれんそうといわし缶の
　ピリ辛トマト煮 …… 60
ほうれんそうと韓国のりの温玉あえ …… 63
ほうれんそうときのこの
　粒マスタードあえ …… 64
ほうれんそうとくるみのソテー …… 62
ほうれんそうとコーンのごまあえ …… 62
ほうれんそうとじゃがいもの
　ミルクスープ …… 65
ほうれんそうとしらたきのたらこ酢あえ …… 63
ほうれんそうと白菜の
　カリカリじゃこサラダ …… 61
ほうれんそうと豚バラ肉のチヂミ …… 60
ほうれんそうとベーコンのサラダ …… 61
ほうれんそうとまいたけの中華いため …… 62
ほうれんそうのかき玉スープ …… 65
ほうれんそうのくるみあえ …… 63
ほうれんそうのごま酢あえ …… 64
ほうれんそうのごまみそだれかけ …… 64
ほうれんそうのなめたけあえ …… 65
蒸し焼きほうれんそうの
　タルタルソースかけ …… 61

▶水菜
しゅんぎくと水菜のベーコンソース …… 197
水菜といかそうめんの梅あえ …… 137
水菜とちくわのからしあえ …… 137
水菜と鶏ささ身のナムル風 …… 136
水菜ともやしの中華サラダ …… 137
水菜の肉巻きフライ …… 136

▶三つ葉
スナップえんどうとたいのあえ物 …… 141
根三つ葉とたいのエスニックサラダ …… 155
三つ葉としらすの卵焼き …… 155
三つ葉のおかかポン酢 …… 155

大根の即席漬け ･････････････････ 32
大根の葉とじゃこの卵いため ･･････ 33
大根の葉とツナのソフトマヨふりかけ ･･ 33
大根の葉の梅おかかあえ ････････ 33
大根のピリ辛中華漬け ･･････････ 32
大根のペペロンチーノいため ･･････ 29
肉巻き大根のガリバタソテー ･･････ 28

▶たけのこ
たけのこのギリシャ風マリネ ･･････ 171
たけのこのそぼろ煮 ･･････････････ 170
たけのこの肉巻き香りフリット ･････ 170
たけのこのベーコン巻き ･･････････ 171
焼きたけのこと
　グリーンピースのピーナッツあえ ･･ 171

▶玉ねぎ
いかじゃが ･･････････････････････ 48
枝豆のポタージュ ･･･････････････ 182
おかひじきと新玉ねぎの酢の物 ･･･ 159
オクラと鶏ひき肉のカレー煮 ･･････ 144
おろしにんじんのミルクスープ ･････ 25
キャベツととうふのコールスロー ･･･ 15
香菜と牛しゃぶのおかずサラダ ･･･ 126
小松菜と厚揚げのみそクリーム焼き ･･ 110
さつまいもと牛こまの肉じゃが風 ･･ 186
さつまいもとベーコンの
　バターじょうゆいため ･･････････ 186
塩バター肉じゃが ･････････････････ 46
じゃがいもとしいたけのミルクスープ ･･ 53
じゃがいもとブロッコリーのクリーム煮 ･･ 49
新玉キムチ ･････････････････････ 37
新玉ねぎとあさりのみそ汁 ･････････ 37
新玉ねぎとグレープフルーツ、
　サーモンのサラダ ････････････ 35
新玉ねぎのえびあんかけ ･････････ 36
新玉ねぎのサラダ
　めんつゆドレッシング ･･･････････ 36
新玉ねぎのステーキ 牛肉ソースかけ ･･ 34
ズッキーニといかのエスニックいため ･･ 130
大根と赤玉ねぎの甘酢漬け ･･････ 32
玉ねぎと牛肉のとんカツソースいため ･･ 34
玉ねぎと卵の和風スープ ･････････ 37
玉ねぎのチヂミ風 ･･････････････････ 35
玉ねぎまるごとスープ煮 ･･･････････ 36
とうもろこしとベーコンのいため物 ･･ 180
トマトと玉ねぎのシンプルサラダ ･･･ 42
にらと玉ねぎの卵とじ ････････････ 139
ベーコン入りポテトサラダ ･････････ 51
ほうれんそうといわし缶の
　ピリ辛トマト煮 ･･････････････････ 60
ほうれんそうとじゃがいもの
　ミルクスープ ･･････････････････ 65
まるごと玉ねぎの和風グリル ･･････ 35

▶チンゲンサイ
チンゲンサイ入り塩マーボー ･････ 119
チンゲンサイといかの中華サラダ ･･ 118
チンゲンサイときくらげの卵いため ･･ 120

チンゲンサイときくらげ、
　ゆでえびのごま酢あえ ･･･････ 120
チンゲンサイとじゃこのおひたし ･･ 121
チンゲンサイとちくわの塩いため ･･ 120
チンゲンサイととうふの明太子煮 ･･ 118
チンゲンサイのにんにくいため ････ 121
チンゲンサイとボイルほたての
　中華風煮物 ･････････････････ 119
チンゲンサイとれんこんの
　黒こしょういため ･･････････････ 121
もやしとチンゲンサイのザーサイナムル ･･ 90

▶とうがん
おろしとうがんとベーコンのスープ ･･ 185
とうがんとえびの煮物 ･･･････････ 184
とうがんときゅうりのマヨサラダ ･･･ 185
とうがんと鶏肉のスープ煮 ･･･････ 185
とうがんと豚肉の
　オイスターソースいため ･･･････ 184

▶豆苗
大根と豆苗、豚肉のエスニックいため ･･ 26
豆苗ときくらげ、いり卵のサラダ ･･ 134
豆苗とクリームチーズの磯辺あえ ･･ 135
豆苗とさつま揚げのエスニックいため ･･ 135
豆苗とじゃがいものにんにくいため ･･ 134
豆苗とミニトマトのスープ ････････ 135
もやしと豆苗の桜えびいため ･･････ 90

▶とうもろこし
とうもろこしとベーコンのいため物 ･･ 180
とうもろこしの白あえ ････････････ 181
とうもろこしのバターしょうゆ煮 ･･ 181
とうもろこしの豚しゃぶサラダ ････ 180
ヤングコーンのグリル焼き ･･･････ 181

▶トマト
アボカドとミニトマトのパン粉焼き ･･ 125
オクラとトマトのもずくサラダ ････ 144
オクラと鶏ひき肉のカレー煮 ･････ 144
かつおのたたき 酢トマトソースがけ ･･ 38
きのことかじきのトマトマリネ ･････ 66
キャベツとあさりのトマトスープ煮 ･･ 13
香菜と牛しゃぶのおかずサラダ ･･ 126
ゴーヤーと豚肉、ミニトマトの煮物 ･･ 177
塩こぶトマト ････････････････････ 43
ジャージャーもやし ･････････････ 87
新玉ねぎとあさりのみそ汁 ･･･････ 37
ズッキーニとトマトのチーズ焼き ･･ 131
たたききゅうりとトマトのサラダ ････ 76
豆苗とミニトマトのスープ ････････ 135
トマトチーズしらす焼き ･･････････ 41
トマトとカリフラワーのかき玉スープ ･･ 44
トマトとザーサイのはるさめスープ ･･ 44
トマトと卵の中華スープ ･････････ 44
トマトと玉ねぎのシンプルサラダ ･･ 42
トマトとチーズのカルパッチョ ････ 40
トマトととうふのカプレーゼ ･･･････ 41
トマトと豚肉のバジルいため ･････ 38
トマトとゆで卵、ピクルスのサラダ ･･ 40

トマトとわかめの酢じょうゆあえ ･･ 42
トマトとわけぎの冷たいお吸い物 ･･ 45
トマトのグリル ･････････････････ 41
トマトの肉巻き照り焼き ･････････ 39
トマトのバジルマリネ ･･･････････ 43
トマトみそ汁 ･････････････････････ 45
にんにくの茎と厚揚げの
　中華風トマトいため ････････ 157
パプリカのカポナータ風 ･････････ 132
フレッシュトマトのミネストローネ ･･ 45
ブロッコリーミートボール ･････････ 79
まるごとトマトと卵の冷やし鉢 ･････ 39
ミニトマトとあさりの白ワイン蒸し ･･ 40
ミニトマトのピクルス ･･･････････ 43
ミニトマトのマスタードビネガーあえ ･･ 42
モロヘイヤとオクラの和風ガスパチョ ･･ 158

▶なす
いためなすと油揚げのみそ汁 ････ 109
いんげんと鶏胸肉のくず引き冷やし鉢 ･･ 146
なすと鶏肉の煮びたし しょうが風味 ･･ 106
なすとパプリカのいためマリネ ････ 106
なすと豚しゃぶ、
　香菜のエスニックサラダ ･･････ 104
なすと豚肉のしょうが焼き ････････ 105
なすのひき肉はさみ揚げ ････････ 105
なすのピリ辛浅漬け ･･･････････ 109
なすのフライパン焼き おかかのせ ･･ 108
なすのフライパン焼き 中華だれがけ ･･ 106
なすのみそチーズ焼き ･･････････ 108
なすの焼きびたし風 ･･･････････ 108
パプリカのカポナータ風 ･･････････ 132
ピーマンとなす、豚肉の
　甘辛みそいため ･･･････････････ 97
マーボーなす ････････････････････ 104
蒸しなすとボイルえび 中華風 ････ 107
蒸しなすのエスニックだれ ･･････ 107
蒸しなすのごまみそマヨあえ ････ 107
焼きなすのみそ汁 ･････････････ 109

▶菜の花
菜の花といかのキムチいため ････ 168
菜の花とサーモンのサラダ ･･････ 169
菜の花のからしじょうゆあえ ･････ 169
菜の花のシンプルかき揚げ ･･････ 168
菜の花の明太子サラダ ･･･････ 169

▶にら
じゃがいもとにらのスープ ････････ 53
ツナとキャベツのチャンプルー風 ･･ 13
にらとうなぎの卵いため ･････････ 138
にらと桜えびのチヂミ ･･･････････ 138
にらと玉ねぎの卵とじ ･･･････････ 139
にらと豚肉の塩いため ･･･････････ 139
にらみそ温やっこ ･･･････････････ 139
もやしとあさりのにらキムチいため ･･ 89

▶にんじん
エリンギとにんじんのおかかきんぴら ･･ 70
おろしにんじんのミルクスープ ･････ 25

春キャベツの豚ひき肉のそぼろかけ ····· 15
ゆでキャベツと桜えびのあえ物 ········ 14
ゆでキャベツとしめじのサーモンサラダ ·· 14
▶きゅうり
いためきゅうりとあじのおかずサラダ ···· 74
きゅうりごまだれ中華やっこ ············ 75
きゅうりとしいたけのマヨ白あえ ········ 76
きゅうりとセロリのヨーグルトサラダ ···· 76
きゅうりとツナのゆで卵サラダ ·········· 75
きゅうりと豚しゃぶのエスニックサラダ ·· 74
きゅうりの肉巻き焼き ·················· 75
きゅうりのヨーグルトスープ ············ 77
きゅうりの和風ピクルス ················ 77
大根と冬野菜のミックスピクルス ········ 31
たたききゅうりとトマトのサラダ ········ 76
たたききゅうりのピリ辛漬け ············ 77
たたき長いももずくの梅酢がけ ········· 150
とうがんときゅうりのマヨサラダ ······· 185
トマトとわかめの酢じょうゆあえ ········ 42
▶グリーンアスパラガス
アスパラガスとえびのペペロンチーノ ·· 128
アスパラガスと鮭のクリーム煮 ········· 128
アスパラガスのガーリックソテー ······· 129
アスパラガスの白あえ ················· 129
アスパラガスの
　ベーコンドレッシングサラダ ········ 129
豆苗とクリームチーズの磯辺あえ ······· 135
ブロッコリーとアスパラの豆乳みそかけ ·· 81
▶グリーンピース
カリカリグリーンピース ··············· 173
グリーンピースの鶏つくね照り焼き ····· 173
じゃがいもとグリーンピースの塩バター煮 49
焼きたけのことグリーンピースの
　ピーナッツあえ ···················· 171
▶クレソン
クレソンとあさりのみそスープ ········· 162
クレソンと鶏肉のマヨサラダ ··········· 162
▶香菜
おかひじきと桜えびのエスニックあえ ··· 159
香菜と牛しゃぶのおかずサラダ ········· 126
香菜と新ごぼうのサラダ ··············· 127
香菜とツナのクリームチーズあえ ······· 127
香菜と豚ひき肉の塩スープ ············· 127
香菜とベーコンの卵いため ············· 126
なすと豚しゃぶ、
　香菜のエスニックサラダ ············ 104
▶ゴーヤー
ゴーヤーチャンプルー ················· 176
ゴーヤーと油揚げのおかかサラダ ······· 179
ゴーヤーと桜えびのスープ ············· 179
ゴーヤーとにんじんのきんぴら風 ······· 178
ゴーヤーと豚肉のみそいため ··········· 177
ゴーヤーと豚肉、ミニトマトの煮物 ····· 177
ゴーヤーの肉詰めのスープ煮 ··········· 176
塩もみゴーヤーの梅オイルあえ ········· 178

塩もみゴーヤーのしょうがじょうゆあえ · 178
焼きゴーヤーのおかかあえ ············· 179
▶ごぼう
いためごぼうと油揚げのみそ汁 ········· 103
ごぼうと牛こまの黒こしょういため ····· 100
ごぼうと鶏手羽元の梅煮 ··············· 100
ごぼうとひじきのファイバーサラダ ····· 101
ごぼうのさんしょう漬け ··············· 102
ごぼうの酢じょうゆ煮 ················· 103
ごぼうのバルサミコきんぴらと
　ルッコラのサラダ ·················· 102
ささがきごぼうとなめこのみそ汁 ······· 103
香菜と新ごぼうのサラダ ··············· 127
新ごぼうの竜田揚げ ··················· 102
たっぷりごぼうと揚げさばの
　南蛮漬け風 ························ 101
▶小松菜
絹さやと小松菜のナムル ··············· 154
小松菜と厚揚げのみそクリーム焼き ····· 110
小松菜とアボカドの
　オリーブじょうゆあえ ·············· 112
小松菜といり卵のおひたし ············· 112
小松菜ときくらげの卵いため ··········· 111
小松菜と牛ひき肉のチャプチェ ········· 111
小松菜とちくわの
　オイスターソースいため ············ 111
小松菜とハムの煮びたし ··············· 112
小松菜と豚バラ肉のキムチ煮 ··········· 110
小松菜とベーコンのスープ ············· 113
小松菜ともみのりのからしあえ ········· 113
小松菜の黒ごまみそ汁 ················· 113
にんじんと小松菜、しめじの煮物 ········ 22
▶さやいんげん
揚げいんげんのザーサイあえ ··········· 147
いんげんとエリンギの
　チーズしょうゆいため ·············· 146
いんげんと鶏胸肉のくず引き冷やし鉢 ··· 146
いんげんのガーリック焼き ············· 147
いんげんのくたくた煮 ················· 147
▶ししとうがらし
ししとうと豚肉のみそいため ··········· 156
ししとうの梅びたし ··················· 156
▶しゅんぎく
しゅんぎくと水菜のベーコンソース ····· 197
しゅんぎくとむきえびのごま油いため ··· 197
しゅんぎくとむきえびのフリッター ····· 196
しゅんぎくと焼きどうふ、鮭缶のみそ煮 · 196
しゅんぎくとわかめのおひたし ········· 197
▶しょうが
塩もみゴーヤーのしょうがじょうゆあえ · 178
しょうがのじゃこ煮 ··················· 166
大根のピリ辛中華漬け ·················· 32
なすと豚肉のしょうが焼き ············· 105
白菜と焼き鮭の
　しょうがドレッシングサラダ ········· 56
レタスのジンジャースープ ············· 153

▶ズッキーニ
ズッキーニといかのエスニックいため ·· 130
ズッキーニとトマトのチーズ焼き ······· 131
ズッキーニと鶏手羽のスープ煮 ········· 130
ズッキーニのにんにく風味焼き ········· 131
ズッキーニのピリ辛漬け ··············· 131
パプリカのカポナータ風 ··············· 132
▶スナップえんどう
スナップえんどうとあさりのサラダ ····· 140
スナップえんどうとキャベツの卵とじ ·· 140
スナップえんどうと
　ショートパスタのスープ ············ 141
スナップえんどうとたいのあえ物 ······· 141
スナップえんどうの
　タルタルソースかけ ················ 141
▶せり
せりと鶏ささ身のさっぱりあえ ········· 161
せりと鶏肉のもち麦スープ ············· 161
根三つ葉とたいのエスニックサラダ ····· 155
▶セロリ
アスパラガスとえびのペペロンチーノ ·· 128
きゅうりとセロリのヨーグルトサラダ ···· 76
さつまいもとセロリのポタージュ ······· 187
新じゃがとそら豆のエッグサラダ ········ 48
セロリと牛こまのペペロンチーノ風 ····· 142
セロリと桜えびのサラダ ··············· 143
セロリとベーコンのスープ ············· 143
セロリのクリームチーズあえ ··········· 143
たけのこのギリシャ風マリネ ··········· 171
たっぷりセロリとたいのカルパッチョ ·· 142
にんじんとセロリのレモンドレッシング ·· 21
パプリカのカポナータ風 ··············· 132
フレッシュトマトのミネストローネ ····· 45
▶そら豆
新じゃがとそら豆のエッグサラダ ········ 48
そら豆とささ身のサラダ ··············· 175
そら豆とマッシュルームのアヒージョ ·· 174
そら豆のカレーチーズ焼き ············· 174
そら豆のチーズいため ················· 175
▶大根
赤大根とグレープフルーツのマリネ ····· 198
切り込み大根とわかめの塩もみ ·········· 30
スティック大根のみそクリームチーズ ···· 31
せん切り大根とじゃこのごまあえ ········ 29
大根と赤玉ねぎの甘酢漬け ·············· 32
大根とこんにゃくのオイスター煮 ········ 29
大根とすね肉のスープ煮 ················ 28
大根と手羽元の韓国風みそ煮 ············ 27
大根と豆苗、豚肉のエスニックいため ···· 26
大根と鶏もも肉のクリームなべ ·········· 26
大根とハムのナムル ···················· 30
大根と豚肉の揚げだし風 ················ 27
大根と豚肉の高菜いため ················ 28
大根と冬野菜のミックスピクルス ········ 31
大根とりんごのマリネ ·················· 31
大根のザーサイあえ ···················· 30

小松菜ときくらげの卵いため ・・・・・・・・ 111
新じゃがとそら豆のエッグサラダ ・・・・・ 48
スナップえんどうとキャベツの卵とじ ・・・ 140
スナップえんどうのタルタルソースかけ ・・・ 141
大根の葉とじゃこの卵いため ・・・・・・・・ 33
玉ねぎと卵の和風スープ ・・・・・・・・・・・ 37
チンゲンサイときくらげの卵いため ・・・・ 120
豆苗ときくらげ、いり卵のサラダ ・・・・・ 134
トマトとカリフラワーのかき玉スープ ・・・ 44
トマトと卵の中華スープ ・・・・・・・・・・・ 44
トマトとゆで卵、ピクルスのサラダ ・・・・ 40
長いもとまぐろのユッケ風 ・・・・・・・・・・ 149
長いもの明太フワフワ焼き ・・・・・・・・・・ 148
にらとうなぎの卵いため ・・・・・・・・・・ 138
にらと桜えびのチヂミ ・・・・・・・・・・・・ 138
にらと玉ねぎの卵とじ ・・・・・・・・・・・・ 139
ねぎとじゃこの卵いため ・・・・・・・・・・ 93
ブロッコリーとハムの卵グラタン ・・・・・ 78
ほうれんそうと韓国のりの温玉あえ ・・・・ 63
ほうれんそうと豚バラ肉のチヂミ ・・・・・ 60
ほうれんそうのかき玉スープ ・・・・・・・・ 65
細切りじゃがいものマヨグラタン ・・・・・ 50
まるごとトマトと卵の冷やし鉢 ・・・・・・ 39
三つ葉としらすの卵焼き ・・・・・・・・・・ 155
みょうがの卵とじスープ ・・・・・・・・・・ 183
蒸し焼きほうれんそうの
　　タルタルソースかけ ・・・・・・・・・・ 61
れんこんピカタ ・・・・・・・・・・・・・・・ 195

【 とうふ・大豆製品 】

▶とうふ
アスパラガスの白あえ ・・・・・・・・・・・ 129
オクラザーサイやっこ ・・・・・・・・・・・ 145
きゅうりごまだれ中華やっこ ・・・・・・・ 75
きゅうりとしいたけのマヨ白あえ ・・・・・ 76
ゴーヤーチャンプルー ・・・・・・・・・・・ 176
しゅんぎくと焼きどうふ、
　　鮭缶のみそ煮 ・・・・・・・・・・・・・ 196
ツナとキャベツのチャンプルー風 ・・・・・ 13
チンゲンサイ入り塩マーボー ・・・・・・・ 119
チンゲンサイととうふの明太子煮 ・・・・・ 118
とうもろこしの白あえ ・・・・・・・・・・・ 181
トマトととうふのカプレーゼ ・・・・・・・ 41
にらみそ温やっこ ・・・・・・・・・・・・・ 139
にんじんととうふの中華風あえ ・・・・・・ 23
にんじんととうふのポタージュ ・・・・・・ 24
ねぎ塩のせとうふ ・・・・・・・・・・・・・ 95
白菜と鶏肉、とうふの白湯なべ ・・・・・・ 55
春キャベツととうふのコールスロー ・・・・ 15

▶厚揚げ・油揚げ・納豆
いためごぼうと油揚げのみそ汁 ・・・・・・ 103
いためなすと油揚げのみそ汁 ・・・・・・・ 109
いんげんのくたくた煮 ・・・・・・・・・・・ 147
かぶと油揚げのあんかけ煮 ・・・・・・・・ 116
絹さやと厚揚げのチャンプルー風 ・・・・・ 154
キャベツと厚揚げのホイコーロー風 ・・・・ 10

キャベツと納豆のヘルシー春巻き ・・・・・ 12
ゴーヤーと油揚げのおかかサラダ ・・・・・ 179
小松菜と厚揚げのみそクリーム焼き ・・・・ 110
里いもと油揚げのごまみそ汁 ・・・・・・・ 189
長いもと厚揚げのエスニックトマト煮 ・・・ 149
長いもの納豆あえ ・・・・・・・・・・・・・ 150
にんにくの茎と厚揚げの
　　中華風トマトいため ・・・・・・・・・ 157
ポテトの油揚げ コロッケ風 ・・・・・・・・ 46
もやしと厚揚げのガドガド風サラダ ・・・・ 89

▶豆乳
カリフラワーの豆乳ポタージュ ・・・・・・ 191
すりおろしじゃがいもの豆乳スープ ・・・・ 53
白菜と桜えびの豆乳スープ ・・・・・・・・ 59
ブロッコリーとアスパラの豆乳みそかけ ・・・ 81
冷製アボカド豆乳スープ ・・・・・・・・・ 125

【 野菜 】

▶青じそ
青じそとたこのバターしょうゆいため ・・・ 164
かつおのたたき 酢トマトソースがけ ・・・・ 38
長いものポン酢焼き ・・・・・・・・・・・・ 151

▶枝豆
枝豆の紹興酒漬け ・・・・・・・・・・・・・ 182
枝豆のペペロンチーノ風 ・・・・・・・・・ 182
枝豆のポタージュ ・・・・・・・・・・・・・ 182

▶おかひじき
おかひじきと桜えびのエスニックあえ ・・・ 159
おかひじきと新玉ねぎの酢の物 ・・・・・・ 159

▶オクラ
えのきとオクラのみそ汁 ・・・・・・・・・・ 73
オクラザーサイやっこ ・・・・・・・・・・・ 145
オクラとトマトのもずくサラダ ・・・・・・ 144
オクラと鶏ひき肉のカレー煮 ・・・・・・・ 144
オクラのなめたけあえ ・・・・・・・・・・・ 145
オクラの焼きびたし ・・・・・・・・・・・・ 145
かぼちゃとオクラのカレー南蛮 ・・・・・・ 84
長いもとオクラのレモンじょうゆ漬け ・・・ 151
まるごとトマトと卵の冷やし鉢 ・・・・・・ 39
モロヘイヤとオクラの和風ガスパチョ ・・・ 158

▶貝割れ菜
貝割れ菜の梅すまし汁 ・・・・・・・・・・・ 165
ごぼうとひじきのファイバーサラダ ・・・・ 101
じゃがいものザーサイあえ ・・・・・・・・ 52
シャキシャキ和風タラモサラダ ・・・・・・ 52
新玉ねぎのサラダ
　　めんつゆドレッシング ・・・・・・・・ 36
そら豆とささ身のサラダ ・・・・・・・・・ 175

▶かぶ
かぶと油揚げのあんかけ煮 ・・・・・・・・ 116
かぶとオイルサーディンのソテー ・・・・・ 116
かぶと桜えびの中華スープ ・・・・・・・・ 117
かぶとソーセージのオーブン焼き ・・・・・ 114
かぶと鶏だんごの和風カレー煮 ・・・・・・ 115

かぶと鶏手羽のゆずこしょう煮 ・・・・・・ 114
かぶと豚こまの塩いため ・・・・・・・・・ 115
かぶのサラダ ゆずドレッシング ・・・・・・ 117
かぶの中華風すり流しスープ ・・・・・・・ 117
かぶのミルクチーズ煮 ・・・・・・・・・・・ 116
フレッシュトマトのミネストローネ ・・・・ 45

▶かぼちゃ
かぼちゃとオクラのカレー南蛮 ・・・・・・ 84
かぼちゃと牛肉の甘辛煮 ・・・・・・・・・ 82
かぼちゃとコンビーフのチーズ焼き ・・・・ 82
かぼちゃと鶏肉のココナッツカレー ・・・・ 83
かぼちゃのいとこ煮 ・・・・・・・・・・・・ 84
かぼちゃのごまあえ ・・・・・・・・・・・・ 85
かぼちゃの白みそスープ ・・・・・・・・・ 85
かぼちゃのソテー ・・・・・・・・・・・・・ 85
かぼちゃの鶏そぼろ煮 ・・・・・・・・・・ 83
かぼちゃのフライパン焼き
　　シナモン風味 ・・・・・・・・・・・・・ 84

▶カリフラワー
カリフラワーと
　　ガーリックシュリンプのサラダ ・・・・ 190
カリフラワーと
　　キドニービーンズのサラダ ・・・・・・ 191
カリフラワーのタルタルサラダ ・・・・・・ 191
カリフラワーの豆乳ポタージュ ・・・・・・ 191
カリフラワーのピリ辛そぼろいため ・・・・ 190
大根と冬野菜のミックスピクルス ・・・・・ 31
トマトとカリフラワーのかき玉スープ ・・・ 44

▶絹さや
いかじゃが ・・・・・・・・・・・・・・・・ 48
絹さやと厚揚げのチャンプルー風 ・・・・・ 154
絹さやと小松菜のナムル ・・・・・・・・・ 154

▶キャベツ
赤キャベツとベーコンのレモン煮 ・・・・・ 199
アボカドポテトサラダ ・・・・・・・・・・・ 51
いためキャベツのごまみそ汁 ・・・・・・・ 17
いり大豆入りコールスローサラダ ・・・・・ 15
かぶとソーセージのオーブン焼き ・・・・・ 114
キャベツチーズスープ ・・・・・・・・・・・ 17
キャベツとあさりのトマトスープ煮 ・・・・ 13
キャベツと厚揚げのホイコーロー風 ・・・・ 10
キャベツとコーンの塩いため ・・・・・・・ 13
キャベツと納豆のヘルシー春巻き ・・・・・ 12
キャベツとベーコンのスープ ・・・・・・・ 17
キャベツとミートボールのコンソメ煮 ・・・ 10
キャベツとやりいかのピリ辛いため ・・・・ 11
キャベツのカレーコールスロー ・・・・・・ 16
キャベツのさばみそあえ ・・・・・・・・・ 14
塩キャベツ ・・・・・・・・・・・・・・・・ 16
スナップえんどうとキャベツの卵とじ ・・・ 140
せん切りキャベツの豚肉巻き焼き ・・・・・ 12
ちぎりキャベツと焼きのりのサラダ ・・・・ 16
ツナとキャベツのチャンプルー風 ・・・・・ 13
春キャベツととうふのコールスロー ・・・・ 15
春キャベツと冷しゃぶの中華みそソース ・・・ 12
春キャベツと蒸し鶏の和風サラダ ・・・・・ 11

じゃがいもとブロッコリーのクリーム煮 ··· 49
白菜とえびの中華風ミルク煮 ········ 54
ブロッコリーとポテトのミルクスープ ···· 81
ほうれんそうとじゃがいもの
　ミルクスープ ················· 65
マッシュルームと豚肉のクリーム煮 ····· 67

▶チーズ
アボカドとミニトマトのパン粉焼き ···· 125
アボカドのチーズ焼き ············ 125
いんげんとエリンギの
　チーズしょうゆいため ··········· 146
かぶのミルクチーズ煮 ············ 116
かぼちゃとコンビーフのチーズ焼き ···· 82
キャベツと納豆のヘルシー春巻き ······ 12
香菜とツナのクリームチーズあえ ····· 127
里いものたらこチーズあえ ········· 189
しいたけの粉チーズ焼き ··········· 70
じゃがいもとえびの粉チーズいため ···· 47
ズッキーニとトマトのチーズ焼き ····· 131
スティック大根のみそクリームチーズ ··· 31
セロリのクリームチーズあえ ······· 143
そら豆のカレーチーズ焼き ········· 174
そら豆のチーズいため ············ 175
豆苗とクリームチーズの磯辺あえ ····· 135
トマトチーズしらす焼き ··········· 41
トマトとチーズのカルパッチョ ······· 40
なすのみそチーズ焼き ············ 108
にんじんのチーズ白あえ風 ·········· 24
パプリカのたらこチーズあえ ······· 133
ブロッコリーとハムの卵グラタン ······ 78
ブロッコリーのごまチーズあえ ······· 80
ブロッコリーのチーズみそ汁 ········ 81
ほうれんそうのかき玉スープ ········ 65
焼きねぎと長いものブルーチーズソース · 94

▶ヨーグルト
アボカドポテトサラダ ············· 51
きゅうりとセロリのヨーグルトサラダ ··· 76
きゅうりのヨーグルトスープ ········ 77
さつまいもとレーズンのヨーグルトあえ · 187
ルッコラとくるみのサラダ ········· 163

【魚介類】
▶魚
アスパラガスと鮭のクリーム煮 ······ 128
いためきゅうりとあじのおかずサラダ ·· 74
かつおのたたき 酢トマトソースがけ ··· 38
きのことかじきのトマトマリネ ······· 66
スナップえんどうとたいのあえ物 ····· 141
たっぷりごぼうと揚げさばの
　南蛮漬け風 ·················· 101
たっぷりセロリとたいのカルパッチョ ·· 142
長いもとまぐろのユッケ風 ········· 149
菜の花とサーモンのサラダ ········· 169
ねぎといわしのマリネサラダ ········ 93
根三つ葉とたいのエスニックサラダ ··· 155

白菜と焼き鮭の
　しょうがドレッシングサラダ ······· 56
パプリカ＆レモンのせ かじきのソテー · 132
ルッコラ＆さばソテーのサラダ ······ 163

▶貝類
キャベツとあさりのトマトスープ煮 ···· 13
クレソンとあさりのみそスープ ······ 162
新玉ねぎとあさりのみそ汁 ·········· 37
スナップえんどうとあさりのサラダ ··· 140
ミニトマトとあさりの白ワイン蒸し ···· 40
もやしとあさりのにらキムチいため ···· 89

▶いか・えび・かに・たこ
青じそとたこのバターしょうゆいため ·· 164
アスパラガスとえびのペペロンチーノ ·· 128
アボカドとえびのアヒージョ ······· 124
いかじゃが ···················· 48
カリフラワーと
　ガーリックシュリンプのサラダ ···· 190
キャベツとやりいかのピリ辛いため ···· 11
じゃがいもとえびの粉チーズいため ···· 47
しゅんぎくとむきえびのごま油いため ·· 197
しゅんぎくとむきえびのフリッター ··· 196
新玉ねぎのえびあんかけ ··········· 36
ズッキーニといかのエスニックいため ·· 130
チンゲンサイといかの中華サラダ ···· 118
チンゲンサイときくらげ、
　ゆでえびのごま酢あえ ·········· 120
とうがんとえびの煮物 ············ 184
菜の花といかのキムチいため ······· 168
白菜とえびの中華風ミルク煮 ········ 54
ピーマンとたこのキムチあえ ········ 98
水菜といかそうめんの梅あえ ······· 137
蒸しなすとボイルえび 中華風 ······ 107
わけぎとたこのぬた ············· 160

【魚介加工品】
▶桜えび・ちりめんじゃこ
おかひじきと桜えびのエスニックあえ ·· 159
かぶと桜えびの中華スープ ········· 117
ゴーヤーと桜えびのスープ ········· 179
里いもの和風コロッケ ············ 188
しょうがのじゃこ煮 ············· 166
しらすピーマン ················· 99
セロリと桜えびのサラダ ·········· 143
せん切り大根とじゃこのごまあえ ····· 29
大根の葉とじゃこの卵いため ········ 33
チンゲンサイとじゃこのおひたし ···· 121
トマトチーズしらす焼き ··········· 41
にらと桜えびのチヂミ ············ 138
にんじんとしらす干しのサラダ ······ 23
ねぎとじゃこの卵いため ··········· 93
白菜と桜えびの豆乳スープ ········· 59
白菜とじゃこの和風サラダ ········· 57
春キャベツととうふのコールスロー ···· 15

ほうれんそうと白菜の
　カリカリじゃこサラダ ··········· 61
三つ葉としらすの卵焼き ·········· 155
もやしと豆苗の桜えびいため ········ 90
ゆでキャベツと桜えびのあえ物 ······· 14

▶魚缶詰
かぶとオイルサーディンのソテー ···· 116
きのことマカロニのパセリマヨサラダ ·· 68
キャベツと納豆のヘルシー春巻き ····· 12
キャベツのさばみそあえ ··········· 14
きゅうりとツナのゆで卵サラダ ······ 75
香菜とツナのクリームチーズあえ ···· 127
しゅんぎくと焼きどうふ、鮭缶のみそ煮 ·196
大根の葉とツナのソフトマヨふりかけ ·· 33
ツナとキャベツのチャンプルー風 ····· 13
白菜とツナのマスタード蒸し煮 ······ 56
ほうれんそうといわし缶のピリ辛トマト煮 60
細切りじゃがいものマヨグラタン ····· 50

▶ねり製品
アスパラガスの白あえ ············ 129
小松菜とちくわの
　オイスターソースいため ········ 111
チンゲンサイとちくわの塩いため ···· 120
豆苗とさつま揚げのエスニックいため ·· 135
ねぎとかにかまの簡単スープ ········ 95
水菜とちくわのからしあえ ········· 137
もやしとひじき、ちくわのマヨあえ ···· 90
モロヘイヤスープ ··············· 158
焼きピーマンとちくわのからしあえ ···· 98
レタスとちくわのさっと煮 ········· 153

▶魚卵・その他
里いものたらこチーズあえ ········· 189
シャキシャキ和風タラモサラダ ······ 52
新玉ねぎとグレープフルーツ、
　サーモンのサラダ ·············· 35
スモークサーモンのレタス巻き ······ 152
チンゲンサイととうふの明太子煮 ···· 118
チンゲンサイとボイルほたての
　中華風煮物 ·················· 119
長いもの明太フワフワ焼き ········· 148
菜の花の明太子サラダ ············ 169
にらとうなぎの卵いため ·········· 138
にんじんとしらたきの明太子いため ···· 20
にんにくのアンチョビーソース ······ 166
パプリカのたらこチーズあえ ······· 133
ほうれんそうとしらたきのたらこ酢あえ · 63
ゆでキャベツとしめじのサーモンサラダ · 14

【卵】
カリフラワーのタルタルサラダ ······ 191
絹さやと厚揚げのチャンプルー風 ···· 154
きのこのとろ～りかき玉汁 ·········· 73
きゅうりとツナのゆで卵サラダ ······ 75
香菜とベーコンの卵いため ········· 126
ゴーヤーチャンプルー ············ 176
小松菜といり卵のおひたし ········· 112

材料別さくいん

(項目内は五十音順)

【肉】

▶豚肉

- えのき入り豚肉の一口つくね焼き ……… 66
- えのきの肉巻き照り焼き ……… 67
- かぶと豚こまの塩いため ……… 115
- きゅうりと豚しゃぶのエスニックサラダ ……… 74
- きゅうりの肉巻き焼き ……… 75
- ゴーヤーチャンプルー ……… 176
- ゴーヤーと豚肉のみそいため ……… 177
- ゴーヤーと豚肉、ミニトマトの煮物 ……… 177
- 小松菜と豚バラ肉のキムチ煮 ……… 110
- 里いもと豚肉のソースいため ……… 188
- ししとうと豚肉のみそいため ……… 156
- しめじとはるさめのオイスターソース煮 ……… 68
- せん切りキャベツの豚肉巻き焼き ……… 12
- 大根と豆苗、豚肉のエスニックいため ……… 26
- 大根と豚肉の揚げだし風 ……… 27
- 大根と豚肉の高菜いため ……… 28
- たけのこの肉巻き香りフリット ……… 170
- とうがんと豚肉の
  オイスターソースいため ……… 184
- とうもろこしの豚しゃぶサラダ ……… 180
- トマトと豚肉のバジルいため ……… 38
- トマトの肉巻き照り焼き ……… 39
- 長いもの豚肉巻きフライ ……… 148
- なすと豚しゃぶ、
  香菜のエスニックサラダ ……… 104
- なすと豚肉のしょうが焼き ……… 105
- 肉巻き大根のガリバタソテー ……… 28
- 肉巻きれんこんの黒酢煮 ……… 193
- にらと豚肉の塩いため ……… 139
- にんじんと豚こまのチヂミ ……… 19
- 白菜と豚バラ肉のとろとろスープ ……… 59
- 白菜と豚バラ肉のはさみ焼き ……… 54
- 春キャベツと冷しゃぶの中華みそソース ……… 12
- ピーマンとなす、豚肉の甘辛みそいため ……… 97
- 豚肉のねぎ塩のっけ ……… 92
- ほうれんそうと豚バラ肉のチヂミ ……… 60
- マッシュルームと豚肉のクリーム煮 ……… 67
- まるまるピーマンと豚バラ肉のいため煮 ……… 97
- 水菜の肉巻きフライ ……… 136
- もやしと豚肉のカレーいため ……… 86
- もやしと豚バラ肉のレモン包み焼き ……… 87
- れんこんと豚こまのトマト煮 ……… 192
- れんこんとローストポークの
  温サラダ ……… 192

▶鶏肉

- アボカドと鶏ささ身のにんにくいため ……… 124
- いんげんと鶏胸肉のくず引き冷やし鉢 ……… 146
- かぶと鶏手羽のゆずこしょう煮 ……… 114
- かぼちゃと鶏肉のココナッツカレー ……… 83
- クレソンと鶏肉のマヨサラダ ……… 162
- ごぼうと鶏手羽元の梅煮 ……… 100
- じゃがいもと鶏ささ身の
  エスニックサラダ ……… 50
- 新じゃがと手羽先の韓国風煮物 ……… 47
- ズッキーニと鶏手羽のスープ煮 ……… 130
- せりと鶏ささ身のさっぱりあえ ……… 161
- せりと鶏肉のもち麦スープ ……… 161
- そら豆とささ身のサラダ ……… 175
- 大根と手羽元の韓国風みそ煮 ……… 27
- 大根と鶏もも肉のクリームなべ ……… 26
- とうがんと鶏肉のスープ煮 ……… 185
- なすと鶏肉の煮びたし しょうが風味 ……… 106
- にんじんと鶏肉のハーブ蒸し焼き ……… 19
- ねぎと鶏肉のねぎま風オーブン焼き ……… 92
- 白菜とささ身の中華あえ ……… 56
- 白菜と鶏肉、とうふの白湯なべ ……… 55
- パプリカのカポナータ風 ……… 132
- 春キャベツと蒸し鶏の和風サラダ ……… 11
- 水菜と鶏ささ身のナムル風 ……… 136
- わけぎと鶏ささ身の塩こぶあえ ……… 160

▶牛肉

- かぼちゃと牛肉の甘辛煮 ……… 82
- 香菜と牛しゃぶのおかずサラダ ……… 126
- ごぼうと牛こまの黒こしょういため ……… 100
- さつまいもと牛こまの肉じゃが風 ……… 186
- 新玉ねぎのステーキ 牛肉ソースかけ ……… 34
- セロリと牛こまのペペロンチーノ風 ……… 142
- 大根とすね肉のスープ煮 ……… 28
- 玉ねぎと牛肉のとんカツソースいため ……… 34
- チンジャオロースー ……… 96
- にんじんと細切り牛肉のかき揚げ ……… 18
- もやしと牛肉のマヨカレー
  しょうゆいため ……… 88
- レタスと牛肉のオイスターソースいため ……… 153

▶ひき肉

- オクラと鶏ひき肉のカレー煮 ……… 144
- かぶと鶏だんごの和風カレー煮 ……… 115
- かぼちゃの鶏そぼろ煮 ……… 83
- カリフラワーのピリ辛そぼろいため ……… 190
- キャベツとミートボールのコンソメ煮 ……… 10
- グリーンピースの鶏つくね照り焼き ……… 173
- 香菜と豚ひき肉の塩スープ ……… 127
- ゴーヤーの肉詰めのスープ煮 ……… 176
- 小松菜と牛ひき肉のチャプチェ ……… 111
- 塩バター肉じゃが ……… 46
- ジャージャーもやし ……… 87
- たけのこのそぼろ煮 ……… 170
- チンゲンサイ入り塩マーボー ……… 119
- なすのひき肉はさみ揚げ ……… 105
- にんじんとしらたきのそぼろいため ……… 20
- にんじんとひき肉のコーンクリーム煮 ……… 18
- 白菜と鶏ひき肉の塩こぶいため ……… 55
- 春キャベツの豚ひき肉のそぼろかけ ……… 15
- ピーマンの肉詰め煮込み ……… 96
- ブロッコリーミートボール ……… 79
- マーボーなす ……… 104
- もやし入り鶏つくね焼き ……… 88
- もやし肉だんごのケチャップ煮 ……… 86
- レタスのひき肉のせサラダ ……… 152
- れんこんのはさみ揚げあんかけ ……… 193

【肉加工品】

▶ウインナソーセージ

- かぶとソーセージのオーブン焼き ……… 114
- じゃがいもとソーセージの
  ケチャップいため ……… 50
- にんじんとソーセージのソースいため ……… 20

▶ベーコン

- 赤キャベツとベーコンのレモン煮 ……… 199
- アスパラガスの
  ベーコンドレッシングサラダ ……… 129
- おろしとうがんとベーコンのスープ ……… 185
- 香菜とベーコンの卵いため ……… 126
- キャベツとベーコンのスープ ……… 17
- 小松菜とベーコンのスープ ……… 113
- さつまいもとベーコンの
  バターじょうゆいため ……… 186
- じゃがいもとしいたけのミルクスープ ……… 53
- しゅんぎくと水菜のベーコンソース ……… 197
- セロリとベーコンのスープ ……… 143
- たけのこのベーコン巻き ……… 171
- とうがんときゅうりのマヨサラダ ……… 185
- とうもろこしとベーコンのいため物 ……… 180
- トマトのグリル ……… 41
- 白菜のシーザーサラダ ……… 57
- フレッシュトマトのミネストローネ ……… 45
- ベーコン入りポテトサラダ ……… 51
- ほうれんそうとベーコンのサラダ ……… 61

▶ハム

- カリフラワーと
  キドニービーンズのサラダ ……… 191
- 小松菜とハムの煮びたし ……… 112
- 大根とハムのナムル ……… 30
- にんじんと生ハムのバジルドレッシング ……… 21
- ねぎの生ハム巻き ……… 93
- パプリカの生ハム巻き ……… 133
- ブロッコリーとハムの卵グラタン ……… 78
- ポテトの油揚げ コロッケ風 ……… 46

▶コンビーフ

- かぼちゃとコンビーフのチーズ焼き ……… 82

【乳製品】

▶牛乳・生クリーム

- アスパラガスと鮭のクリーム煮 ……… 128
- 枝豆のポタージュ ……… 182
- えのきのカレーミルクスープ ……… 72
- おろしにんじんのミルクスープ ……… 25
- 小松菜と厚揚げのみそクリーム焼き ……… 110
- さつまいもとセロリのポタージュ ……… 187
- じゃがいもとしいたけのミルクスープ ……… 53

STAFF

- デザイン／マルサンカク
- 新規撮影レシピ
  料理／検見崎聡美
  撮影／千葉 充
  スタイリング／坂上嘉代
- 再掲載レシピ／
  あまこようこ　市瀬悦子　岩﨑啓子　牛尾理恵　上島亜紀　大庭英子
  きじまりゅうた　検見崎聡美　小林まさみ　夏梅美智子　藤井 恵
- 栄養計算／新 友歩
- 構成・文／大嶋悦子（大嶋事務所）
- 編集アシスタント／高柳友里
- 編集担当／望月聡子（主婦の友社）

3分 7分 15分
レパートリー10倍！
野菜の人気おかず478品

2019年4月20日発売　　第1刷発行

編者　　主婦の友社
発行者　　矢﨑謙三
発行所　　株式会社主婦の友社
　　　　　〒101-8911
　　　　　東京都千代田区神田駿河台2-9
　　　　　電話 03-5280-7537（編集）
　　　　　　　 03-5280-7551（販売）
印刷所　　大日本印刷株式会社

■本書の内容に関するお問い合わせ、また、印刷・製本など製造上の不良がございましたら、主婦の友社（電話03-5280-7537）にご連絡ください。
■主婦の友社が発行する書籍・ムックのご注文は、お近くの書店か主婦の友社コールセンター（電話0120-916-892）まで。
＊お問い合わせ受付時間　月〜金（祝日を除く）9:30〜17:30
主婦の友社ホームページ　http://www.shufunotomo.co.jp/

©Shufunotomo Co., Ltd. 2019 Printed in Japan
ISBN978-4-07-437412-0

R〈日本複製権センター委託出版物〉
本書を無断で複写複製（電子化を含む）することは、著作権法上の例外を除き、禁じられています。本書をコピーされる場合は、事前に公益社団法人日本複製権センター（JRRC）の許諾を受けてください。また、本書を代行業者等の第三者に依頼してスキャンやデジタル化することは、たとえ個人や家庭内での利用であっても一切認められておりません。
JRRC〈http://www.jrrc.or.jp　eメール：jrrc_info@jrrc.or.jp　電話:03-3401-2382〉